昭和二十年

第7巻　東京の焼尽

鳥居 民

草思社文庫

昭和二十年　第7巻　東京の焼尽　目次

第21章　「一体此戦争ノ終末ヲ何レニ帰着セントスルヤ」（五月十日〜十四日）

第22章　市街地爆撃、火から逃れて、火と闘って（五月二十五日）

第21章

「一体此戦争ノ終末ヲ何レニ帰着セントスルヤ」

（五月十日〜十四日）

「投了はドイツの店じまいと同時にあるべし」

今日は五月十日である。東京は快晴だ。

昨日の午後七時半、情報局は「帝国ト盟ヲ一ニセル独逸ノ降伏ハ帝国ノ衷心ヨリ遺憾トスル処ナリ……欧州戦局ノ急変ハ帝国ノ戦争目的ニ寸毫ノ変化ヲ与ウルモノニアラズ」との政府声明を発表した。今日の朝刊には、これがトップに載っている。

昨日はサイレンが一度も鳴らなかった。こんなことは珍しかった。今日は午前十一時にB29一機が志摩半島の上空をかすめ、名古屋、浜松、静岡の空域をゆっくりと飛び、富士山上空から大月の空、そして中央線のはるか上を進み、東京では正午に警戒警報がでた。敵機は東京上空から千葉にでて、海に消えた。大空に残った純白な飛行機雲はやがてぼやけてひろがり、薄れ、いつか消えた。

午後一時二分に警戒警報は解除になった。内大臣の木戸幸一は執務室にいる。

かれはなにを考えているのであろう。

かれが思い出すのは、杉山元《はじめ》が一カ月前の四月はじめに語った言葉だ。前に述べたことだが、もう一度繰り返そう。

小磯内閣が総辞職した四月五日だった。杉山はその二日前に陸軍大臣辞任を決め、第一総軍司令官に就任を予定していた。杉山は木戸に向かって、ソ連がドイツを倒したあと、日本にたいし戦いをやめるように申し入れてくるのではないかと語った。杉山はつづけて言った。その申し入れをソ連は単独でやるか、米英とともにやるかだ。

二月に重臣の上奏がおこなわれたとき、元総理大臣の岡田の述べたことが杉山元の語ったことと同じだった。木戸は岡田啓介のその上奏の内容を聞き知っていた。

岡田はつぎのような推測を述べた。ソ連が米英と組んで日本に申し入れてくるとなれば、降伏の呼びかけとなる。拒否すれば、ソ連の参戦となる。ソ連一国の呼びかけとなれば、ソ連が要求する代償の支払いいかんによっては、ソ連は日本のために米英との和平を仲介してくれるのではないか。

ドイツが倒れたときには決断しなければならないということは、外務省や陸軍省の専門官の分析の助けを借りるまでもなかった。このさき触れる機会もあろうが、三日前の五月七日、木戸に面会を求めた東京帝大法学部長の南原繁《なんばらしげる》が説いたことであったし、少なからずの人がひそかに語ってきたことだ。

三田村鳶魚《えんぎょ》は、このさきで語ることになると思うが、江戸時代についての研究家である。かれは三月八日の日記につぎのように記した。

「碁なら投げ時はドイツの店じまいと同時にあるべし」(1)

そして、だれかれの話を聞くまでもなく、木戸幸一自身が考えてきたことでもある。

同じ三月八日のことになるが、麹町三番町の官邸で、そのときに外務大臣だった重光葵《まもる》と交わした三つの約束をかれは現在も忘れてはいないだろう。第一に、和平の調停をソ連に依頼する。第二に、これにたいする反対を抑えるために、お上のお声がかりとする。その責任は私が負う。第三に、ソ連との交渉は重光が責任を負う(2)。

この外交交渉をいつはじめるのかははっきり決めていなかったが、ドイツが壊滅したときと、お互いに理解していたはずである。

ところが、木戸は重光を失ってしまった。

前に記したことを繰り返そう。重慶政府との和平を望み、繆斌《ミョウヒン》との交渉をすすめようとした小磯国昭にたいし、ばかばかしい、繆斌ごとき詐欺漢に手玉にとられてと重光が猛烈に反対し、木戸の支援を得た。木戸がかげで邪魔をしていると知って、小磯は天皇に向かって、木戸を更迭すべきだと言上した。これを知った木戸は黙っていなかった。繆斌の問題をとりあげ、閣内不一致を天皇に指摘させ、小磯を総辞職に追い込んだ。

木戸は次期首相の鈴木貫太郎に重光を留任させるようにと求めた。ここで小磯が木戸に復讐した。小磯は鈴木に向かって、重光を外したほうがいいと告げた。

こうして鈴木貫太郎は広田弘毅《こうき》を外相にしようとしたのだが、広田は信頼する東郷茂《しげ》徳《のり》を推し、東郷が外務大臣となった。

戦いを終わりにするためには、木戸は、重光葵と組んだように、つぎの外相の東郷と約束をとりきめなければならない。この二日前の五月八日、木戸は東郷に会ったとき、和平の仲介はソ連に頼むしかあるまいという話になって、必要なときにはお上のお声がかりにしたらどうかと東郷に語ったのである(3)。

さて、東郷茂徳のことになるが、かれはこの戦いをどうやったら終わらせることができると考えているのか。

いまから四カ月前のことになるが、東郷は自分の考えを口にしたことがある。坂本直道がこれを聞いた。浅間山が五合目まで雪をかぶっていた今年一月か二月はじめのことだった。樅《もみ》の並木がつづく細道で二人は行き合った。東郷はモスクワの大使時代に使っていた耳覆いのついたロシア製の毛皮帽をかぶり、坂本はパリで買った毛皮の帽子をかぶっていた。

五十三歳になる坂本直道は満鉄の参与である。それ以前には満鉄のパリ事務所長だった。交際費をふんだんに使うことができたから、フランスの政治家や新聞記者と話し合い、日本から来る代議士や評論家の面倒をみて、さながら民間大使といった活躍ぶりだった。欧州で戦いがはじまって、かれは帰国した。昭和十七年にかれは軽井沢に住まいを移した。疎開といった言葉がまだなかったときだ。やがて東京や横浜は焼け野原になるとかれは言ったのである。

これまた昭和十七年から軽井沢にとどまっている鳩山一郎が、坂本と気が合い、二人は行き来する仲となっている。

鳩山一郎は軽井沢に「国内亡命」している。三年前の総選挙で政府与党に反対するかれの仲間のあらかたが落選してしまったからだ。九人が当選しただけ、二十七人が落選するという惨憺たる状況だった。

清沢洌《きよし》は軽井沢に行ったとき、鳩山の別荘で何度か坂本と話したことがある。坂本がこのさきの見通しを歯切れよく語り、戦争が終わるのはそんなに先のことにはならないと言った。清沢が予想するのと同じである。

東郷茂徳と坂本が行き合ったとき、あたりに人影はなかったが、ときどき木を折る音が聞こえてきた。疎開している人が唐松《からまつ》の枯れ枝を集めているのだ。

どうして相手のふりまわす赤い布に突き進んだのかととがめる気持ちが坂本の側にあったかもしれない。言わずと知れて東郷は開戦時の外相である。だが、そんなことに触れるはずもなく、戦争をやめる方法はないものだろうかと東郷に尋ねた。ソ連に頼むしかあるまいと元外相は答えた。

東郷は浪人の身だったためか、気軽に本心を喋ったようであった。

「ソ連に口をきかせるためには、樺太を返し、共産党を公認などすれば、充分でしょう」(4)

坂本はうなずいたのであろう。第一次大戦に敗北したドイツとロシアの歴史書を読んでいると本人の口から聞いていたのだが、それだけでなく、現在のヨーロッパにおける米ソの対立状況を調べているなと坂本は思ったのである。昨年三月、ソ連は米英軍の占領管理下にあるイタリアのバドリオ政府を勝手に外交承認し、正式の外交代表の交換をおこなう用意があると表明して米英両国に大きな衝撃を与えたのだが、その十日あと、モスクワに十八年のあいだ亡命していたイタリア共産党の首領、パルミーロ・トリアッティがナポリに帰国し、国王ヴィクトル・エマヌエル三世と宰相ピエトロ・バドリオに協力するといった声明をだして、米英両国政府をもう一度驚かせた(5)。東郷はそれを調べたにちがいないと坂本は考えたのであろう。

だが、外相に就任した東郷はもはやこんなことを口外しない。そして坂本に話したほど簡単にことは運ばないことを承知している。

初登庁したかれが早々に会ったのは、モスクワから戻ってきていた守島伍郎である。守島はモスクワの日本大使館の参事官である。守島は昨年から言いつづけてきたことを東郷茂徳にも繰り返した。かれは対ソ工作などすべきではないと言い、ソ連を相手に対話の糸をたぐろうとすれば、逆にひきずり込まれるだけだと説いてきた。東郷はうなずかなかった。時局打開のためにソ連にたいしてなんらかの手を打つことが絶対に必要であると言った。だが、時局打開とはなにを指しているのか、打つ手とはなんなのか、かれはこの微妙な問題に立ち入らなかった。

守島伍郎は重ねて自分の考えを述べたてた。かれはこれを言うために東京へ戻ってきたのである。

四月二十五日のぎりぎりまでソ連は日本をじらし、土壇場で日ソ中立条約を更新しようと切りだし、法外な代償を要求してくるのではないかという推測は東京でだれもが語っていたことであり、一日も早くソ連と交渉をはじめなければならないと説いていた。

守島はクレムリンに弱みを見せたらつけ込まれるだけだと見てきた。かれは大使の佐藤尚武《なおたけ》と協議して、ソ連と外交交渉を試みようとしてはならないと政府首脳に訴えることにした。ところが、かれが東京に戻って一週間のあいだに、内閣総辞職が起き、ソ連がいきなり条約の廃棄を通告してきた。だれもがびっくりしたのだが、不意をつかれたのは守島も同じだった。

前陸相の杉山元も、前外相の重光葵も、クレムリンはこのさき日本になにを仕掛けてくるのだろうともう一度考え直すことになった。

それでも守島は自分の持論を弁じたてた。

「なんの手もありません。佐藤大使も、私も、刀折れ矢尽きたのです。ほかの人がなにか適切な手を考えついたら、佐藤さんはもちろんがんばりましょうが、しからざる限り、動きようがありません[6]」

佐藤尚武を駐ソ大使に任命したのは、東郷が外相だったときだ。守島伍郎を参事官にしたのは佐藤だった。昭和十七年二月末、シンガポール占領直後のことだった。東郷は佐藤の手堅さを買ってかれをモスクワへ送ったのだが、佐藤は守島の押しの強さを買ってかれをモスクワへ連れていくことにしたのだった。

佐藤の読みどおり、かれにとって守島はまことに有能な渉外係となった。渉外係といっても、クレムリンにたいしてではない。東京にたいしてだ。昭和十八年には四カ月、昨十九年には三カ月、守島は東京に滞在して口八丁手八丁の活躍をした。

佐藤尚武がいくじがない、及び腰だから、日ソ関係は進展しないのだ。佐藤は能無しだ、特使を派遣しなければいけない。陸軍省の幹部が息巻き、新聞記者がまくしたてた。守島はこんな主張に猛然と嚙みつき、身勝手な不平不満だと笑いとばし、いい加減な素人談義だと反駁してまわり、しばらくのあいだは佐藤はだめだという声を封じたのである。

ところで、東郷茂徳は守島伍郎から対ソ外交の説教を聞くつもりはない。守島はソ連の幹部職員と交渉した経験はなかった。ロシア語はできなかったし、かつてソ連に勤務したこともなかった。そのうえ、大使館員は伝染病病棟に放り込まれでもしたかのように周囲から完全に隔離され、モスクワ市民とも接触できなかった。無聊《ぶりょう》のまま、釣り好きの守島は、秘密警察員の監視のもとモスクワ川に釣り糸をたれていた。

東郷は守島の話を聞こうとしなかった。守島に与えられたわずかな面会時間は終わった。それから毎日、守島は面会の約束をとりつけようとして外務省を訪れてきた。だが、東郷からほうっておかれている。守島は今日、五月十日もまだモスクワに帰任していない。

東郷茂徳、モロトフとの会談を望んだが

一カ月ほど前、四月十三日のことだ。東郷は前芝確三からの電話にでた。前芝は毎日新聞の記者である。召集されて上海にいる。かれは東郷に向かって外相就任を祝い、自分は数日中に上海に戻ると言った。東郷は会おうと言い、昼と夜は忙しいから明朝七時に来いと告げた。

東郷はとっつきは悪いが、だれにでも親切である。威張らない。一から十まですべてのことを隠しだてせず、問題の焦点をはっきりと語るから、新聞記者にも好かれる。

東郷が駐ソ大使だったとき、ロシア通の森正蔵のあとを継いでモスクワ支局詰めとなったのが前芝確三である。第七高等学校の先輩後輩ということもあって、前芝が大使官邸を訪ねれば、東郷は機嫌よく迎えた。週末にはモスクワ河畔の「鈴の森」にある大使の別荘に招かれ、森で採った蕗《ふき》や蕨《わらび》を肴にペルツォフカをともに飲んだ。

前芝は四十二歳になる。昭和十八年十一月に兵役法が改正されて、満四十五歳まで召集されることになった。前芝はモスクワに勤務したときに知り合った武官補だった佐々木克己が陸軍報道部にいることから、かれに頼み込み、馴れ合いの召集をしてもらった。

召集令状がくるのを恐れたというより、上海に行きたいというのが本心だった。希望どおり上海陸軍部に配属された。かれの仕事は情報の収集と整理である。

東郷に明日の朝来いと言われ、四月十四日の朝、前芝は外相官邸のある三年町の坂を登った。朝の太陽は煙を通し、橙《だいだい》色の月のようだった。四谷、新宿の方角にはまだ黒煙があがっていた。昨夜の午後十一時から、今日未明、午前二時半までの空襲は三月十日未明の空襲に次ぐ大規模な空襲だった。

きちんと黒のダブルを着込んだ東郷が前芝に向かって、笑いながら、「しょうがないからウイスキーでも飲もうか」と言った。淀橋からの水道本管が爆弾にやられ、官邸の水道が止まっていた。それでも貯め置きの水はあったのであろうが、ささやかな送別の宴を開こうという考えだった。

東郷はウイスキーの入ったタンブラーを口に持っていきながら、ソ連と交渉したいと匂わせた。前芝は首をかしげ、ソ連が今日明日にも米英側に立って参戦するとも思えないが、いまになってそんなことをしてもだめではないかと言った。

東郷はソ連に戦争終結の仲介を求めるつもりだとは言わず、笑いながら言った。「そんなことはおれにもわかっている。だが、溺れる者は藁をもつかむと言う譬《たと》えもあるからね(7)」

つづけてかれは言った。「上海ではソ連の領事館が情報を収集しているし、タス通信の特派員がいるが、これは大物だ。できればスズクレフかシベツォフと接触してみてくれないか。あんまり無理はせんでもいいが、わかっただけのことは知らせてくれんか」

そして東郷は自分宛ての手紙が私信のかたちで確実に届く方法を前芝に教えた。

東郷は米英との和平交渉のための仲介国はソ連以外にないと考えている。

前芝を招く三日前の四月十一日のことだ。東郷は昌谷《さかや》忠《ただし》と会った。

昌谷はフィンランド駐在公使だった。アメリカと英国の圧力でフィンランドは日本との関係を絶ったことから、昌谷は昨年末に帰国していた。東京に戻ったかれはスウェーデンの日本駐在公使のウィダー・バッゲに会った。その昔、二人はドイツ駐在時代に知り合い、二十年来の友人である。

バッゲは昌谷に向かって、スウェーデンの自発的な提案として、日本のために平和斡旋の労をとろうと言った。昌谷はこれを外相の重光葵に報告した。重光はバッゲに会った。スウェーデン政府が講和の条件について、アメリカの意向を探ってくれればありがたいと重光は言った。

ところが、小磯内閣が瓦解し、重光は外務大臣の椅子から離れた。東郷とのあいだで事務引き継ぎをおこなったが、重光が熱心に喋ったのは、なおも腹の虫が収まらない、小磯国昭と緒方竹虎が繆斌を使ってやろうとした重慶工作だった。一時間も喋った。だが、バッゲ工作のことはなにも言わなかった。

重光はうっかり忘れたのか。そうではないだろう。バッゲの善意が本物であり、スウェーデン政府の好意を期待できるとしても、スウェーデン政府がアメリカ政府を相手に、日本のために休戦の条件を緩和する交渉をしてはくれまい。スウェーデンは米英にたいして政治的影響力を持っていないし、日本のためにそのような努力をすることがスウェーデンの利益にはならないからだ。重光はこのように見たのだろう。

東郷は昌谷からバッゲの話をはじめて聞いたのであろう。会ってみようと言った。ところが、バッゲは満洲行きの旅客機への搭乗が突然に決まり、会うことができないまま帰国してしまった。

しかし、東郷はバッゲと会えなかったことを格別残念には思っていない。かれはスウェーデン駐在公使の岡本季正《すえまさ》にバッゲと接触するようにとの訓令も与えていない。東郷も、重光と同じように、バッゲにはなんの期待もかけていない。

交渉相手はソ連だけだ。

じつは東郷はソ連大使のヤコフ・マリクと会った。四月二十日のことだ。かれは秘書官の加瀬俊一や東郷文彦にもこのことを言わなかったのではないか。文彦は東郷の娘いせの夫であり、東郷家に籍を移している。外務省政務局一課にいるが、秘書官を兼任している。東郷はマリクとの会談にロシア語の通訳を連れて行くこともしなかったのではないか。

かれらだけではない。かれがマリクと会見したことは、憲兵隊、軍事調査部も気づかなかったようだ。だれにも知られないようにするためには、マリクとの会談場所をどこにしたのであろうか。

東郷がマリクと会ったのは、モロトフとの会談を望んでのことだった。

ソ連と米英との対立は激化していた。三月二十九日にはモロトフはサンフランシスコで開かれるユナイテッド・ネイションズの創設総会に出席しないと発表した。ところが、四月十二日にソ連に宥和的だったルーズベルトが死んでしまった。アメリカとの関係をさらに悪化させるのはよくないとスターリンは判断したようだった。モロトフが創設総会に出席するとソ連政府は発表した。

東郷はマリクに向かって、モロトフ外相の帰りのルートがベーリング海、シベリア経由であるのなら、この機会を利用してモロトフ氏に面会できることになれば私にとってこれ以上の喜びはないと思っていると語り、これは公式のものではなく個人的な招待だとつけ加えた。

アメリカがソ連に供与した一万三千機にものぼる飛行機の大部分がベーリング海越えで運ばれ、重要人物もベーリング海越えのルートを利用していることを、東郷は外電から承知していたのだろう。

マリクは慎重に答えた。この時期のベーリング海は荒天の日が多いので問題があると言った。東郷がうなずいた。たしかに四月は暴風雨の日が多い。

モロトフ外相の帰国ルートが決まったら連絡してほしいと東郷は言った。

数日あと、東郷はマリクから、モロトフ外相が行き帰りとも大西洋ルートをとるという返事を受けとった。(8)

東郷は同盟通信の電報を読み、四月二十二日にモロトフが大西洋を飛んで、ワシントンに到着し、新大統領のトルーマンとただちに会談し、そのあとサンフランシスコのオペラハウスでの会議に出席して、四人の議長のひとりとなったことを承知し、五月九日にはサンフランシスコから東海岸に向けて出発し、再び大西洋経由で帰国したことを知った。ヒトラーの死、ベルリンの占領、各地のドイツ軍の降伏、そしてドイツの降伏の電報がつづくさなかのことだった。

このさきでいつか述べなければならないが、ひとことここで触れておけば、新聞は「サンフランシスコ会議」と記し、「ザ・ユナイテッド・ネイションズ」という名称の、誕生したばかりの新しい国際機構には触れないようにしている。訳語もつくっていない。

外務省や同盟通信の担当者であれば、「ザ・ユナイテッド・ネイションズ」という言葉が同盟国という意味から大きく脱皮したことを承知しているはずだ。ルーズベルトが昨年十月二十一日に大統領選挙のためにニューヨークを訪れ、ウォルドーフ・アストリア・ホテルの大舞踏場に集まった二千人の人びとに向かって、このさきつくる予定の「ザ・

ユナイテッド・ネイションズ」の説明をおこない、古い皮袋に新しい酒を盛った。

朝日新聞や毎日新聞がザ・ユナイテッド・ネイションズに触れなかったのは、情報局の指示があってのことだったのであろう。太平洋のこちら岸では、都市という都市が敵爆撃機によって思いのままに焼かれ、好き勝手に暴れまわる敵の空母部隊になにも反撃できないでいる。ところが、太平洋の向こう岸のサンフランシスコでは、敵は世界の国々の代表を集め、「敗戦国」日本とドイツを排除した世界組織をつくろうとしている。あまりにも情けない。あまりはっきり書くのは国民の士気にとって面白くない。こういうことだったのであろう。

余計な話、そして日本側が知らない話をするなら、アメリカの政府首脳は日本の使用可能な状態にある最後の空母部隊がサンフランシスコを襲うのではないかと警戒し、海軍は空母二隻と水上部隊を前線から呼び戻し、サンフランシスコ沖に集結させていたのである。

東郷茂徳のことに戻れば、サンフランシスコ会議を注視していたかれが面白いと思ったのは、その会議場で、モロトフに近づくのはフランス代表のジョルジュ・ビドーひとりだったという外電にちがいない。外務省の幹部がずっと注意を払い、熱心に論議してきたのは、シャルル・ドゴールがロンドンに亡命していたときから、かれが英米を嫌悪する態度をとり、英国、アメリカの指導者もドゴールを信頼することなく、双方が公然と非友好的となり、すでに二年も前から、ドゴールがソ連に接近しようとしていたことだった。サンフランシスコで、ドゴールの部下、外務大臣のビドーが、これまたひとり孤立しているモロトフと接触していたのは当然のことだったのである。

東郷はうなずいたのであろう。そこで、日本のことになる。モロトフは日本にたいして駆け引きをいっさいおこなおうとしてこなかった。なにもしないとみせることが駆け引きなのだろうか。それはともかく、モロトフはこちらに協議の意図があることをはっきり知ったはずだ。

ドイツが崩壊して、ソ連と正式に交渉をはじめる決意を、東郷がいよいよ首相と陸軍首脳に言おうとした矢先、参謀総長の梅津美治郎《よしじろう》が東郷に向かって、ソ連との外交交渉が必要だと言い、構成員だけの会議を開きたいと言った。

梅津美治郎はなにを考えているのであろう。かれは自分の考えを東郷に語ったことはない。それどころか、かれは部下たちにも自分の考えを漏らしたことはない。

かれについては前にも語ったし、このさきで語る機会が何回もあろう。

満洲国境に大軍が送られてくる

ところで、梅津を含めて陸軍中央の軍人たち、戦略・政策決定者たちの心に潜在意識的な影響を与えてきた、あるひとつのことがある。これを語らねばならないのだが、これを語るのもさきに延ばすことにして、陸軍大臣の阿南惟幾《あなみこれちか》と梅津美治郎の部下たちがソ連にたいしてどう考えているのかを見ることからはじめよう。

半月ほど前、四月半ばのことだった。陸軍大臣室の阿南惟幾は地図をひろげていた。満洲の地図だ。斉斉哈爾《チチハル》を探し、そこに目がとまった。懐かしい光景が浮かびあがった。かれはチチハルに一年余りいて、二度の夏を過ごした。

かれが司令部として使っていたのは、以前にロシア人が住んでいた野中の一軒家だった。庭にあった大きな楡《にれ》の木が瞼に浮かんだ。夏の日の昼食のあと、その楡の木の下に椅子を持ちだし、参謀長や副官たちと雑談を楽しんだものだった。

つづいてかれの視線は、海拉爾《ハイラル》、満洲里《マンチユーリ》、孫呉《そんご》の地名を追った。配下の師団の駐屯地であり、視察してまわったことが何回かあった。

かれがチチハルにいたのは関東軍の絶頂期だった。昭和十七年七月から昭和十八年十月までそこにいた。関東軍は満洲に二つの方面軍を置き、司令部をチチハルに置いていたのが第二方面軍であり、かれが司令官だった。第一方面軍は司令部を牡丹江《ぼたんこう》に置き、司令官はシンガポールを攻略した山下奉文《ともゆき》だった。

阿南と山下は広島の陸軍幼年学校から士官学校までいっしょであり、気の合った仲だった。阿南が牡丹江に行けば、山下はかならず自分の宿舎にかれを招き、二人だけの気楽な食事となった。柳橋の「亀清」にいたことのある板前がいるのが、山下の自慢だった。山下の酒量はせいぜい一、二本だったから、かれは阿南の酌をして、代わりに阿南の皿を全部平らげたのである。

山下が第十四方面軍の司令官となってマニラに向かったのは昨年の十月はじめだった。この一月はじめ、敵軍がリンガエン湾に上陸して、山下はバギオに戦闘司令部を移した。いよいよ敵軍が迫り、かれは軍司令部の要員とともにバギオを撤収した。いまごろは北へ向かっているはずだ。阿南が思いにふけっていたとき、部屋のドアを人事局長の額田《ぬかだ》坦《ひろし》が叩いた。

部屋に入ってきた額田は机の上にひろげられているのが満洲の地図であることに気づいた。阿南は地図の上に腕を伸ばし、斜めに大きく線を引き、額田に顔を向けた。

阿南の指は満洲里からハルピン、ハルピンから綏芬河《すいふんが》を結んだのだろう。賓《びん》洲線《しゆう》と賓《びん》綏《すい》線の鉄道の上をなぞったのである。昭和十年に日本がソ連から一億七千万円で買収した北満鉄道である。青森から尾道までの距離に等しい千四百八十キロにものぼるその鉄道は、満洲の中央を斜めに大きく横切っている。

阿南がいたチチハルの第二方面軍司令部をはじめ、かれの指揮下にあった部隊の駐屯地はいずれもその鉄道の北側にあった。

阿南は額田に顔を向け、再び地図に目を落とし、「だれかこれをやってくれる者はいないだろうか」と半分ひとり言のように呟いた。北満鉄道をソ連に譲渡する考えであることは明瞭だった。そして阿南の意図がソ連の参戦を阻止することにあるのも明らかだった。

もちろん、北満鉄道だけで済むものではないことを、阿南は知らないわけではない。前に触れたことだが、市谷台でだれもが懸念していることがある。

モスクワを往復する伝書使、帰国する外交官、チタやブラゴベシチェンスクの領事が、シベリア鉄道の不穏な動きを伝えてきている。東行きの軍用列車が増えているという情報である。いよいよソ連は満洲国境の兵力増強に乗りだしてきている。

ソ連が満洲を攻撃しようとすれば、兵員、兵器、食糧をはじめ、なにもかもシベリア鉄道で東に運んでこなければならない。

シベリア鉄道の一カ月の列車の本数を数え、運ばれてくるロシア軍の兵力を計算したのは、日露戦争のときにさかのぼる。それ以来ずっと、参謀本部はこの鉄道のデータの収集に努めてきた。

万事秘密主義のソ連に日本側はお手あげの状態だったが、シベリア鉄道だけは存分に観察できた。ウラジオストクには日本と満洲国の領事館があり、モスクワには大使館があることから、伝書使は国際急行列車で十二夜十三日の鉄道旅行ができた。

伝書使役の陸軍将校がこの仕事をやってきた。満洲からまっすぐモスクワに向かう者は、満洲里でソ連のモロトフ鉄道の貨客連結車に乗り換えた。国境線を越えると、ボーイが窓のブラインドを下ろすように指示してまわる。ブラインドが上げられるのはつぎの日の朝である。列車は大草原か針葉樹林のなかを走りつづけている。

伝書使は、車窓を過ぎる橋やトンネル、信号装置を頭にたたき込んだ。シベリア鉄道の鉄橋の長さの総計が四十八キロになると計算した若い大尉もいる。乗換駅のチタでは、機関車の数を数え、留置されたタンク車を数え、列車の編成車輛を数えた。車体を揺りながらバイカル湖南岸の山岳地帯をゆっくり走るときには、四十幾つあるトンネルをしっかり観察した。

夏であれば、窓を開け放ち、黒い霰《あられ》のように飛び込んでくる煤煙《ばいえん》に閉口しながら、複線工事の状況を覗き込み、駅に入れば貯炭庫に目を配り、駅を出れば支線の有無に注意を払った。

そして、シベリア鉄道を各区分に分け、夏季と冬季の一日の東行きの列車本数を数え、一列車の積載量を計算し、戦時における輸送能力を推定しようとした。

伝書使だけではなかった。シベリア経由でドイツやポーランドに向かう陸軍将校は、その旅行の報告書を書いた。モスクワ、チタをはじめ、ヨーロッパの公館長はシベリア鉄道の情報を収集し、満鉄の社員はシベリアの鉄道員の働きぶりや保線工事の様子を報告した。

そしてだれもが忘れかねたのは、シベリア鉄道の各駅で見る木造の丸屋根をのせた煉瓦建ての建物だった。この白く塗られた美しい建物は帝政ロシア時代につくられた給水塔である。

さて、ソ連側から見れば、シベリア鉄道を利用する日本人はすべてがスパイである。もともとサービスの悪い列車の乗務員の親切など望めようはずがない。

だが、食堂車の支配人が愛想笑いをして、伝書使や大使館員を食卓に案内した時期があった。独ソ戦争がはじまった直後のことだった。この支配人が列車内の秘密警察の元締めだった。

そしてそのとき、モスクワへ向かう西行きの列車、満洲里に向かう東行きの列車、そのどちらもが目的地に着くのに何日かかるかわからなくなっていた。東行きの列車に乗った者は西へ向かう軍用列車とぶつかるごとに待避線で待たされた。引き込み線には行く先のない貨車があふれていた。

そして、そのときに関東軍と参謀本部が注意を払っていたのは、西行きの軍用列車だった。満洲の国境の向こうのソ連極東方面軍がどれだけ引き抜かれ、ヨーロッパの戦線に送られるかを注視していた。大量の部隊が西送されているようであったが、代わりに未教育兵が東に送られてきていた。

現在、曾野明は外務省の政務三課員であり、ソ連担当である。昭和十六年十一月に伝書使としてクイビシェフの建川美次《たてかわよしつぐ》大使のところまで行ったことがある。モスクワ駐在の外交団と外国人特派員は疎開するように命じられ、ヴォルガ河畔にある田舎町のクイビシェフに移っていた。

曾野が乗った西行きの列車は日に何回となく待避線に入り、そのたびごとに二時間、四時間と待たされた。窓から外を覗くと、貨物列車が複線の線路の双方を使って東に向かっていた。そして待避線に止まった貨車には、工場の床から外したものと思われる機械類が乱雑に積まれ、雪をかぶっていた。

曾野が乗る客車の乗客のあらかたは若者だった。召集を受け、どこかの兵営に向かうらしかった。オムスクからクイビシェフまで、東京から下関までの距離に等しいのだが、四昼夜もかかった。若者たちは静かに本を読んでいた。かれは何人もの青年が同じ本を読んでいるのに気づいた。ロシアの将軍の伝記だった。ナポレオン軍にたいして、ロシア軍の殿《しんがり》を指揮した軍人だった。さらに気づいたことは、ひとりが読みおえれば、ほかの者がそれを借りて読んでいた。

あとで曾野は調べてみた。五十万の軍隊を率いたナポレオンがロシア攻撃を開始したのは一八一二年六月二十四日だった。ヒトラーがロシアへの攻撃を開始したのは同じ六月のそれより二日前だった。ヒトラーがナポレオンと同じ運命になることを祈って、あの青年たちはあの伝記を読んでいたのだとあらためて思ったのだった。

大使の佐藤尚武と館員たちがクイビシェフにとどまっていたのは、昭和十六年と十七年の二年間だった。このあいだに日本はアメリカと戦うことになり、戦いはたちまちアメリカ側が優勢となった。独ソ戦も同じだった。昭和十八年、三度目のドイツ軍の夏期攻勢は短かった。ソ連軍の反撃は八月にははじまった、もはやモスクワは安泰であり、外交団のモスクワ帰還となったのだった。

この時期の伝書使がため息をついたのは、西行きの貨物列車の無蓋車が積んでいるアメリカの軍用トラックを見てのことだった。列車という列車が大きなトラックを積んでいた。アメリカにはこれだけの余裕があるのかと思うと気が滅入ったのである。

同じときに、モスクワに向かった伝書使は新しい事実に気づいた。ウラン・ウデ駅、イルクーツク駅、ノボシビルスク駅、シベリアのどこの駅でも側線がなくなっていた。オムスクからスヴェルドロフスクのあいだは複線であったのが、いつしか単線に変わり、レールは二本だけとなっていた。

これまた、愉快なことではなかった。モスクワを正面から睨み、東方司令部を置いていたスモレンスクをドイツ軍は放棄してしまっていた。ドネツ盆地からもドイツ軍は撤退した。ドイツ軍は自分たちが再建した停車場と給水塔を焼き、線路を爆破して後退した。ソ連軍を助けたのは大量のアメリカ製の軍用トラックだったが、鉄道の再建は不可欠だった。そこでシベリア鉄道のレールをはずして、ドイツ軍の撤退したあとへ送っていたのだった。

シベリア鉄道を利用する外務省や陸軍の旅行者は、青い制服の女性乗務員の態度が日に見えてよそよそしくなり、意地の悪い目つきとなるのを我慢しなければならなくなった。そしてモスクワに着けば、戦場のどこかでの勝利を祝って砲の音がとどろくのを三日に一度は聞くことになった。

昨十九年十一月のことだった。市谷台と外務省の幹部たちはモスクワ大使館からの一通の電報を読んで、顔色を変えた。モスクワ行きの列車に乗っていた二人の伝書使が人事不省に陥り、そのうちのひとりが死んだというのだ。

列車の二人は隣のコンパートメントの愛想のいいロシア人将校に招じられ、酒を飲んだ。そのあと二人は激しい苦痛に襲われた。外へ出ようとしたが、ドアがあかなかった。ドアのガラスを破って廊下に出ようとしたとき、二人は取り押さえられた。「国家財産破壊」の現行犯である。二人は引き離され、ウラルの中心都市のクラスノヤルスク駅で下ろされた。新しい信号書を携行していた参謀本部暗号班長は死んだ。

そして今年に入って、前に見たとおり、シベリア鉄道の不穏な動きについての情報資料の綴り込みが急速に増えはじめた。

シベリア鉄道の東行き列車の数は一日に五十本ほどだが、四月に入って、そのうちの八本が軍用列車となっているらしいと市谷台は見るようになった。軍需品を含めて一個師団を運ぶには三十五本から四十本の列車が必要である。満洲国境のソ連軍は五日ごとに一個師団ずつ増えていく勘定となる。

　国境沿いに置かれている関東軍の監視所はソ連軍の動静をつかもうとしてきている。満洲側からソ連の極東鉄道を望見できるところがある。豆粒のようなアメリカ製の機関車と四十輌の有蓋貨車が止まっている。軍用列車に間違いない。だが、なんの動きも見えない。昼間は人影ひとつないが、夜のあいだに兵士や軍需品を下ろしているのであろう。こちらから見えるところに無蓋貨車が止まっていることはない。

　しかし、シベリア鉄道の途中ではなにも隠すことができない。伝書使が機関車に乗り込む堂々たる体躯の女性の機関士と機関助士を見てため息をついたことは前に述べたが、現在の伝書使のため息は、これこそほんとうのため息だ。

　通過する駅の構内に、兵士たちとトラック、軍需品の山を見る。列車が詰まり、進むことができず、途中駅を倉庫代わりにしているのだ。

　無蓋貨車は戦車を運んでいる。その長い砲身と傾斜の大きな外形からT34戦車であることは、伝書使役の軍人にはすぐにわかる。

　このT34は昭和十四年のノモンハンの戦いにはまだ出現しなかった。独ソ戦争がはじまって、昭和十六年の十月にはじめて登場した。ドイツ軍の戦車と対戦車砲を時代遅れのものにしてしまったのが、この戦車の装甲と口径七十六ミリの主砲だった。

　T34はモスクワの守り神となった。スターリングラードへのドイツ救援部隊の前進をくい止め、ウクライナ、ポーランド、ハンガリーの平野でドイツ軍をじりじりと後退させた主役でもあった。

無蓋貨車の上の戦車の油で汚れた砲塔の側面に黒ペンキで乱暴に書かれた文字の羅列は、占領したポーランド、ハンガリー、ドイツの都市の名前である。

いま、ドイツを打ち負かしたその戦車が満洲国境に運ばれてきているのだ。

いったいクレムリンは満洲の国境に五十個師団を運んでくるつもりか。百万の兵力を展開するのか。T34戦車を五百台運び込むのか。一千台持ってくるのか。砲塔につぎの都市の名前が書かれるのはいつのことになるのか。

「余程大きな思い切りをなすことが」

二十日近く前のこと、四月二十二日は日曜日、快晴だった。この日の午後、参謀次長の河辺《かわべ》虎四《とらし》郎《ろう》は第二部長の有末《ありすえ》精《せい》三《ぞう》を帯同して、麹町三年町の外相官邸を訪ねた。表向きは表敬訪問だった。東郷茂徳が外相に就任するのと前後して、河辺も次長になったばかりだった。

河辺と東郷は前からの知り合いである。河辺の兄も東郷をよく知っている。兄の正三は陸軍士官学校第十九期、虎四郎の五期上である。現在、正三は航空総軍司令官になったばかりである。

河辺正三と東郷が知り合ったのは、スイスのベルンでのことだった。第一次大戦のさなか東郷はベルンにいた。三等書記官だった。正三は武官補佐官だった。ベルンの町中を大きく蛇行して流れるアーレ川は深い渓谷をつくっている。キルヘンフェルト橋のたもとから崖を降りて行ったところに川魚の料理屋があった。ほかに行くところもなく、ここへ出かけるのがこの小さな町に住む日本人のただひとつの楽しみだった。東郷や河辺はニューシャッテルブロンを飲み、酢で身がよくしまった川鱒《かわます》をつつきながら、東京の話や郷里の思い出に興じたのである。

大戦が終わって、東郷はベルンからベルリンへ派遣されたのだが、かれと入れ代わりにベルンに来た二人の陸軍軍人について触れておいてもいいだろう。

川魚の料理屋に集まってベルンの町の話になると、着任したばかりの痩せて背の高い武官補佐官の語る話にだれもが耳を傾けた。暇さえあれば時計塔や噴水を写し、アーレ川の水しぶきに立つ虹について語るその軍人が山下奉文だった。山下と仲がよく、集まりでもっとも口数の少ない武官補佐官が東条英機だった。

ベルリンに移った東郷が三十六歳、東条が三十四歳、山下が三十三歳、河辺正三が三十二歳だった。二十五年昔の話である。

河辺虎四郎と有末精三は東郷茂徳に向かって、ソ連軍の東方輸送の状況を説明した。つづいて河辺はどうにかしてソ連を参戦させないようにしてもらいたいと訴え、「対ソ大工作」に腕をふるってほしいと言った。

そして河辺は、そのためには、小物を相談相手にせず、直属の補佐役にも秘密にして、最小限の閣僚と両総長だけでことをすすめたらどうであろうと言い、軍部内に関するかぎり、自分は全力で外相のこの方面の処理を支援すると約束した。

東郷は基本的には賛成だと答えたが、遅きにすぎたと言い、前内閣時代になんらかの対ソ策をとらねばならないはずであったと不満を洩らした。

もちろんかれは、二日前の四月二十日にソ連の駐日大使と会い、ソ連外相との会談を申し入れ、その回答を待っているのだとは言わなかった。かれは考案をめぐらそうと語り、ソ連にどの程度の引出物を覚悟しているのかと尋ねた。河辺は具体的にはなにも言わなかった。「余程大きな思い切りをなすことを必要としましょう」と答えた(9)。

河辺はソ連が日本に戦いを仕掛けてくると思わないのか。かれはどう考えているのか。かれの経歴から見よう。現在、五十四歳になるかれは陸軍指導部の構成員となるためのお定まりのコースを歩んできた。ソ連周辺の国でロシア語を学び、ソ連駐在武官としてモスクワの地を踏む。虎四郎の前任の次長だった秦彦三郎も同じ経歴だ。

河辺は大正十五年に新独立国ラトビアの首都リガに派遣された。ソ連は外国人の入国を厳しく制限していたから、バルト三国にロシア語専攻生を送るのが決まりだった。話は脇道に逸れるが、リガに派遣された者を一人、二人挙げておこう。

阿南惟幾の秘書官になったばかりの林三郎がリガに留学した。昭和十三年のことだ。ソ連大使館武官補佐官、ロシア班長、ロシア課長をやり、これも重要ポストの動員編成課長となっていた。それがこの四月に陸軍大臣秘書官に任命された。

林は阿南とまったく面識がなかった。人事局長の額田の話から、自分の対ソ情報勤務歴を買われたようだと知った。だが、秘書官となって一カ月になるが、陸軍大臣からソ連についての質問を受けたことは一度もない。

外交官の卵もリガでロシア語を学んだ。新関欽哉が外務省の在外研究員としてリガに留学したのも同じ昭和十三年だった。昭和十五年にソ連軍の戦車がラトビア領内に侵入し、ラトビアはたちまちソ連領となってしまい、かれは国外退去を求められることになった。

もう少し新関欽哉のことをつづけよう。しばらくかれはトルコにいたが、そのあとずっとベルリン勤務である。いよいよベルリンが戦場になって、大使館籠城組のかれは不安と異常な興奮の毎日を送ることになった。

朝日新聞の守山義雄が支局員ひとりとともに砲撃のなかを逃げてきて、籠城組は十六人となった。新関は毎日の日記を欠かさずつけた。四月二十七日にはつぎのように記した。

「昨今大使館前面の道路を独軍兵士が女子を連れ移動しある風景をしばしば目撃す。戦車に女子が出入しおる有様など誠に異様に感じられたり。大使館前に遺棄せられたる軍用車内に女下着、靴下等散らばりおるをすら発見せり。思うに、蘇兵《そへい》の襲撃を逃れんとする婦女子が住居を離れ、独軍兵士と行動を共にしおるなるべし。軍律厳しき独逸軍も愈々《いよいよ》末期的、頽廃的症状を露呈するに至れるか。

午後七時頃、大使館より約五十メートル離れたるティーアガルテン内ガソリン置場に砲弾命中、物凄き勢にて火焔天に沖《ちゆう》し、薄暮の中に怪しくも美しき光景を描き出せり」(10)

大使館の構内をうろつくソ連兵をはじめて見たのが五月二日だった。前庭に捨ててあったオートバイをいじくりまわしていた。案外無邪気な様子で、サーカスの熊を見ているような感じだった。

翌三日の夕刻、ロシア語のできる新関欽哉は市内のソ連軍の司令部に連れて行かれた。乗せられたジープから見る町の破壊の状況はすさまじいばかりだった。ソ連軍将校の尋問がつづいて、三日間拘禁された。やっとのこと五月六日の朝、大使館に戻ることができた。ベルリンの中心部でどうにか壊れないで残っているのは国立オペラ劇場と日本大使館だとBBC放送が言っているのは事実なのだと新関は館員たちと話し合った。

二十年に近い昔のリガの話に戻れば、河辺虎四郎の二年半のその町の思い出は鉛色の空と長雨であり、五百年の歳月を経た、雨に濡れた教会堂と城壁だった。

河辺がリガにいたあいだに、ロシアではスターリンが絶対的な支配者になろうとしていた。その独裁者は先輩と同僚をことごとく追放して、すべての競争者を排除するのに成功していた。河辺が武官としてモスクワへ赴任したのは昭和七年一月だった。異様な熱気に包まれた地下鉄工事のさなかのことであり、スターリンの綱領「総路線」に拍車がかかっているときだった。そして、かれは大粛清がはじまる以前の昭和九年三月に帰国した。かれのあとを継ぎ、昭和十一年はじめまでソ連駐在武官だったのが秦彦三郎だった。

河辺がモスクワにいたあいだ、いやでも耳に入り目に入ったのは、しつこいばかりに繰り返される大向こうをねらった平和キャンペーンだった。ところが、閲兵式に招かれるたびにひしひしと感じたのは、着々と強化されていく軍事力だった。フランス製のルノーの戦車などいつしか姿を消してしまった。ウラル山脈の向こうでつくられるようになった重戦車が登場した。雛壇の前を戦車が行進し、編隊を組んだ飛行機が頭上を圧した。

小心で用心深く、そしてまた頑固な意思を持っているのだと河辺はスタリーンのことを思った。そのあと、かれのスターリンにたいする見方はずっと変わっていない。あの深謀遠慮の独裁者がアメリカの要請に応じて日本に戦いを挑むだろうか。いや、参戦することはあるまいと河辺は考えている。

じつはかれの考えには根拠がある。

もっとも、これは根拠とは言えないであろう。かれだけでなく、かれの上司、同僚、部下たちが共有してきたひとつの秘密があると言うべきなのであろう。

かれらに影響を与えてきたあることがあると最初に語ったが、それがこの秘密なのである。

「哈特課《はとくちょう》はまだか」

さて、この秘密である。

参謀次長の河辺、前任者の秦、市谷台の部課長たちが、ソ連はこのさきどういう行動にでるだろうかと考えるときに、真っ先に思い浮かぶ文書がある。伝書使の謀殺に当惑させられても、十月革命記念日の前夜にスターリンが演説し、「侵略国たる日本」と言ったことにだれもが息を呑んでも、このさきで述べることになろうが、ソ連政府が旅順奪回の必然性を国民に示唆した「旅順港」といった歴史小説を大々的に宣伝していることにまごつかされても、あるいはまた、なによりも肝心な満洲国境への大軍の集結はなにを意図しているのかと思い悩むことになっても、これらの不安や疑惑を溶かすような働きをする文書が、かれらそれぞれの机に置かれているのだ。

市谷台で毎日配布されるタイプ印刷、謄写版刷りの日報と情報速報の山のなかに、天と地が赤く塗られた機密情報の電報がある。そのなかに「軍事極秘」の判、ときに「極秘親展」の判が押され、「哈機電《はきでん》」「特諜《とくちょう》」の見出しのあるタイプ印刷の数枚の紙片がある。宛て先は参謀本部次長であり、発信者は関東軍情報部長である。

「哈機電」は哈爾賓《ハルピン》特務機関電報の略であり、「特諜」は特別課報のことだ。これが「哈特諜《はとくちょう》」と呼ばれ、太平洋での戦い、大陸での戦いの情報と分析から、アメリカの外交、政治の流れや力を検討した情報を伝えてくる電報である。

「哈特諜」は奇妙なというよりは奇怪な歴史を持つ。これについてまずは語らねばならないだろう。

関東軍情報部と哈爾賓特務機関は実質的には同じ機関である。このあと片仮名で綴ることにするが、ハルピン特務機関は長い歴史を持つ。そして自分のところから分離独立した満洲各地の特務機関を指揮していた。ところが、関東軍第二課もこれら特務機関に命令し、二元指揮の弊害が起きていた。ノモンハンの戦いのあと、昭和十五年に関東軍情報部が創設されて、ハルピン特務機関が本部となった。各地の特務機関は支部となり、ハルピン本部がこれらの支部を専管統括するようになった。

リガやワルシャワでロシア語を学び、参謀本部のロシア班に勤務し、モスクワの武官室にいたことのある将校は、一度はハルピン機関長となり、関東軍情報部長を兼任するのが出世のための通過駅となった。

現在、情報部長は秋草俊である。五十一歳になる秋草は陸軍士官学校第二十六期の出身である。東京外国語学校でロシア語を学び、ハルピンに留学したかれは、そのあとずっと情報畑を歩いてきたが、なによりも優秀な教育家だった。昭和十三年、兵務局防衛課にいたとき、かれは後方勤務要員養成所をつくった。中野昭和通りにあることから、「中野学校」と呼ばれてきた。現在、二千五百人にのぼる卒業生は、中国、フィリピン、タイをはじめ、南方各地に派遣されている。

だが、いまとなってはかれらの活躍の場はない。それでも、関東軍情報部の本部と支部、ソ連駐在の大使館、領事館にいる若手のパリパリはいずれも中野学校の出身者である。

秋草がハルピン特務機関の補佐官だったときのことになる。ハルピンのソ連総領事館の電信課員を抱き込む工作をおこなおうとした。モスクワと東京のソ連大使館とのあいだの電報、モスクワとハバロフスクとのあいだの電報は、ハルピンのソ連総領事館へも送られてきていた。そして電信課員であれば、すべての書類に目を通すから、領事や大使よりも情報に通じていた。

ソ連総領事館はかつてロシアが建設したハルピン新市街の南崗《なんこう》にある。日本総領事館をはじめ各国総領事館がその地域にある。ソ連総領事館はコンクリートの高い塀をめぐらし、その構内には松花江《しょうかこう》から切り出した石材を積みあげ、鍛鉄の重い扉と鎧戸で守られた本館があり、そのうしろに館員宿舎があり、三十人の職員はそこに居住している。

電信課員獲得の工作に成功したのは昭和十一年の秋だった。直接に手掛け、電信課員を懐柔したのは、ミハイロフというチタ出身の白系ロシア人だった。現在、五十四歳になるミハイロフは、大正八年に崩壊したコルチャーク政府の大蔵大臣をやったことがあり、満洲へ亡命したあとハルピン特務機関の協力者になっていた。

ソ連総領事館から矢継ぎ早に情報が流れてくるようになって、ハルピン特務機関の幹部は興奮した。やがて疑いを挟むようになり、ミハイロフにだまされているのではないかと懸念した。提供する情報がないとき、スパイが報告をでっちあげるのは珍しいことではない。ミハイロフは頭の切れる利口者である。だが、かれひとりでこんな仕事ができるはずはなかった。そこでハルピン特務機関と関東軍第二課が抱いたもうひとつの疑惑は、これはソ連側によって仕掛けられた謀略ではないかということだった。

新京《しんきょう》でも東京でも、これら情報の分析をおこなった。時期遅れの情報があり、部分的に作為の跡がうかがえるものもあったが、内容はだいたいにおいて信頼がおけるということになった。「哈特諜」の名称で呼ばれるようになったソ連の機密情報はずっと流れつづけてきた。

昭和十四年五月、ノモンハンでソ連軍との戦いがはじまった。七月末から八月はじめのことだった。「哈特諜」に興味をそそられる情報が頻々と現れるようになった。関東軍の作戦参謀のなかには、「空軍ノ劣勢ヲ砲兵ヲモッテ補ウヲ要ス」のくだりに朱筆を入れ、ソ連空軍戦力を無力にしてしまったと推定したこちらの判断は正しかったのだと思った者がいたであろうし、「八月攻勢ノ準備ハ不十分、時期ヲ遅ラセヨ」と命じた箇所に付箋をつけ、こちらが予測したとおりだと思った者もいたことであろう。

これらの情報はほかの情報と符合した。七月中旬から、前線のソ連軍の無線電報のなかに生文《なまぶん》電報が混じるようになった。それらの電報は食糧、飲料水や陣地構築資材の不足を訴えていた。

敵は大攻勢の準備をしているのではない、防衛の準備に懸命なのだとだれもが思った。ハルハ川前面の戦場で、雷鳴のような音が頭上を圧したと思うまもなく、大地が激しく震動し、敵の砲撃がはじまり、高射砲陣地が吹き飛ばされた。つづいて百五十機の爆撃機の編隊から落とされる爆弾が防禦陣地を破壊した。ソ連軍の大攻勢がはじまったのは八月二十日の午前六時少し前だった。

新京と三宅坂の陸軍幹部は愕然とした。だれもが油断していたのは、シベリア鉄道の鉄道駅から七百キロも離れた不毛の地に、敵がこちらを圧倒することのできる戦車、火砲、兵員を集結できるはずがないと考え、その判断を裏づけるのが「哈特諜」の情報と思っていたからだった。

してやられたと関東軍と参謀本部は地団駄を踏んだ。ソ連総領事館の電信課員をこちらの協力者にしたと思い込んでいたのは間抜けもいいところだった。まき餌にだまされ、針の付いた餌に食いついただけのことだった。第二十三師団は包囲殲滅されてしまった。すべてはソ連参謀本部麾下の中央情報本部が仕掛けた罠だったと気づいた。

小火器から火砲、戦車だけでなく、諜報活動も防諜活動も、こちらは数段劣っていたのだとだれもが頭を抱えた。

ソ連はその長期にわたる投資から一挙に莫大な配当を得て、そのまま引き揚げるものと思えた。ところが、ハルピンのソ連総領事館からは、九月にノモンハンの戦いが終わったとき、そしてそのあとになってもずっと情報が流れてきた。だれもが狐につままれた気持ちとなり、これはどういうことだと不安げな笑い声をあげることになった。

独ソ戦争、つづいてアメリカとの戦いがはじまってからも依然情報は入ってきた。そして昨年の半ばから、目に見えてその量が豊富となり、行き届いた内容となった。だれもがいぶかり、首をひねりながらも、いつしか参謀次長や軍務局長が「哈特諜」はまだかと催促するようになった。

徳川末期の幕府首脳が「阿蘭陀風説書《オランダふうせつがき》」を待ちわびていたのと似ていよう。

だれも同盟通信社の「海外政治」「海外経済」の無味乾燥な日報をめくったり、リスボン、ストックホルムから送られてくるアメリカの新聞や雑誌の大要、捕虜の尋問資料を丁寧に読んだりする余裕はない。「哈特諜」に手を伸ばす。

西原征夫は高知市にいる。四十歳になったばかりの西原は、東部満洲の最前線、虎頭《ことう》に駐屯する第十一師団の参謀長である。かれの師団は高知へ移駐を命じられ、かれは先遣された。

第十一師団は四国を防衛する第五十五軍の中核となる予定だ。奥に高知市がある浦戸《うらど》湾から物部川のあいだの十キロの海岸に陣を敷かねばならないとかれは考えている。

ところで、かれは昨年十一月まで関東軍情報部にいたから、「哈特諜」については詳しい。

たいしたものだと西原は思っている。よくもこれだけ分析整理した資料をあとからあとからだすものだと感心し、よくぞこれだけみごとな情報を送ってよこすと舌を巻いたものだ。(11)

池田純久《すみひさ》は関東軍参謀副長である。かれについては前に触れたことがあるし、このさきでも述べることになろうが、かれの昇進の年譜を見ればわかるとおり、純粋の武弁ではない。ずっと政治の領域に手を染めてきた。だからこそ近衛文麿にアカと言われるのだが、それはともかく、かれの机にも「哈特諜」は置かれている。

かれも「哈特諜」を手にして、うなることがしばしばだ。ほとんど休むことなく毎日、アメリカの軍事、政治、経済、すべてにわたっての情報を提供し、さらにアメリカが企てていることまでを明らかにしている。太平洋方面の戦いの結果については、「哈特諜」のほうが大本営の発表よりも早いことがあるし、「哈特諜」が告げるアメリカのつぎの

ねらいには教えられることが多いと思っている。(12)

もちろん、参謀本部でも「哈特諜」の評価は高い。昨年の秋のことになるが、そのとき参謀次長だった秦彦三郎は関東軍情報部長に宛てて、つぎのような電報を打った。

「最近ノ『哈特諜』ニ現レル南方方面ノ敵ノ動キニ関スル情報ハ誠ニ貴重デアリ、今ヤ大本営ニ於テモ、南方方面ノ情報収集ニツイテハ、一ニ『哈特諜』ニ期待ヲ寄セテイル次第デアル。感謝スルトトモニ今後一層ノ努力ヲ要請シタイ」(13)

秦彦三郎は現在、関東軍参謀長である。ソ連通であることは前に述べた。モスクワ駐在の武官だったあと、ハルピン特務機関長をやったことがあり、そのときにかれはノモンハンでソ連軍の八月の大攻勢があると予測し、(14)実際にそのとおりとなったのだから、「哈特諜」がなんであったのかは、だれよりもはっきりと承知していたはずである。

そこで、現在の「哈特諜」とはなんなのであろうと秦彦三郎は考えたこともあるはずだ。ソ連はどうして日本が盗みだしているというかたちにして、日本にアメリカについての分析情報を与えてきているのか。

秦彦三郎、河辺虎四郎、かれらの部下たちが共有してきたひとつの秘密があると最初に述べたが、かれらがこの秘密から考えることはいずれも同じである。梅津美治郎、阿南惟幾の考えも同じであろう。日米戦争が長期化することをスターリンは望んでいるのだ。日本とアメリカがともに力を消耗することを期待しているのだ。

ソ連はアメリカにせっつかれたからといって参戦することはない。河辺は両手を合わせ、身を乗りだし、声を低めてつぎのように語るのだろう。ソ連は日本と手を結び、アメリカの軍事力と経済力に対抗しようと望んでいるのではないか。

前に見たとおり、このあとも述べることになろうが、内大臣の木戸幸一も、外務大臣の東郷茂徳も、前外務大臣の重光葵も、首相経験者たちも、ソ連が戦争終結の仲介をしてくれるのではないか、日本の友情をかちとることが自国の長期的利益となることをソ連は理解しているにちがいない、アメリカと英国の優勢に張り合うために日本の存在という対抗力を持ちたいとスターリンは願うはずだと考えている。かれらがこのように考えるようになっているのも、阿南や梅津、河辺といった陸軍の将領たちの考えにいくぶんか影響を受けてのことなのである。

この一月に、鉄鋼、軽金属、アルコール工業の一部を満洲に移駐することを決め、二月のことか、軍需省は航空機製造会社三十二社に、設備の二割から三割を満洲に移駐し、四月産四百機をめざすようにと内命し、[15]鉄嶺《てつれい》の南の乱石山《らんせきさん》に洞窟工場の建設をはじめ、四月には、北海道のアルコール工場が施設を解体し、満洲への輸送をはじめ、[16]富士フイルムの足柄工場の設備の一部を満洲新京に移すために取りはずしにかかっているのも、[17]あるいはまた、同じ四月、航空兵器総局の幹部が北朝鮮、満洲をまわり、工業施設の受け入れ工場を視察したのも、[18]ソ連が日本に戦いを仕掛けてくることはないと市谷台の幹部たちが考えるからなのである。そして、前に述べたことを繰り返すなら、参謀本部と陸軍省の局長、部長、課長たちの思考のなかに入り込み、いつしか影響を与えることになっているのが、かれらの机の上に載せられている「哈特諜」なのである。

なるほど、クレムリンは日本側が推測するようなことを考えているのかもしれない。だが、肝心の日本が頑張りきれないのではないか。いまや沖縄の守備隊は壊滅を待つだけとなり、残るのは本土決戦だ。ところがあいも変わらず、後退配備だ、いや水際防禦だと、まるっきり自信のない論議を繰り返しているだけで、敵軍を海に突き落とすことができるとはだれひとり思っていない。

アメリカ軍が南九州に上陸してしまい、志布志《しぶし》湾と鹿屋《かのや》に海空基地をつくってしまって、ソ連はなお日本に期待をかけるだろうか。そのときになって、日本と取引をしようとするだろうか。満洲は言うに及ばず、樺太、千島、北海道、朝鮮、華北を自力で占領しようとするのではないのか。そのためにこそ、ソ連は大軍を満洲国境に送り込んでいるのではないか。

陸軍幹部は口にはださないながら、本土での戦いとなる以前にソ連と交渉しなければならないと思っていよう。

河辺虎四郎と有末精三が東郷茂徳を訪ねたのは、こうしたわけからなのである。河辺も、有末も、東郷になにも言わなかったが、「対ソ大工作」と語ったなかには、戦争終結の仲介を頼むことまでが入っているのである。

じつは河辺が外相官邸を訪ねた三日前のこと、四月十九日のことになるが、戦争指導基本大綱案が陸軍内でまとまった。御前会議で制定しなければならないこの大綱については、このさきで述べねばならないが、参謀本部の第二十班、いわゆる戦争指導班がつくった最初の案には、「ソ連ヲ通ジテ戦争終末ヲ図ル」と入っていた(19)。

これを削ったのは河辺だったのであろう。第二十班は四月二十四日をもって軍務局に吸収合併されるのだが、それまでは参謀次長に直属していた。

河辺の部下たちは、河辺の考えていることを承知しているからこそ、「ソ連ヲ通ジテ戦争終末ヲ図ル」と記した項目を加えたのであろうが、これを提議するのは総長か陸相だと考えて、河辺は削ることにしたのであろう。

最高会議、梅津美治郎の意図

今日は五月十一日、金曜日である。薄曇りだ。

最高戦争指導会議が午前九時から宮内省第二庁舎の会議室で開かれる。

最高戦争指導会議は大本営政府連絡会議の後身である。不可欠の機関でありながら、官制上の機関ではない。そこで、名称を変えようとする試みが何回かあり、会議出席者を少なくしようとする動きが起きることにもなった。

最高戦争指導会議といった重々しい名前にしたのは、小磯国昭が首相になったときである。この四月はじめ、鈴木内閣が発足したときには、参謀総長の梅津美治郎が会議の出席者を減らそうとした。

会議の構成員は総理大臣、外務大臣、陸軍大臣、海軍大臣、参謀総長、軍令部総長である。参謀次長、軍令部次長が列席し、必要に応じてほかの国務大臣が出席し、ほかに幹事の内閣書記官長、陸軍軍務局長、海軍軍務局長、さらに何人かの幹事補佐の列席が認められていた。

ところが、外務大臣は臨時の構成員でいいと梅津美治郎が言いだした。外務大臣の東郷茂徳が怒った。辞職やむなしと脅した。ごたごたがつづき、結局は梅津が外相排除をとりさげた。

梅津には東郷を忌避する理由があったのか。梅津は東郷を警戒していたわけではないだろう。外務大臣が広田弘毅であっても重光葵であっても、かれは同じことを言ったにちがいない。梅津は会議の参加者を減らそう減らそうとしてきただけなのである。

昨年八月、大本営政府連絡会議を最高戦争指導会議に衣替えしたとき、梅津は「機微な事項審議の際には、幹事抜きで会議する場合も予期される」と言い、全員の支持を得ていた。そしてこの四月には、かれは外務大臣の除外には失敗したものの、総長出席の場合は次長は出席しないことにすると定めた。

これは昭和十二年十一月に大本営政府連絡会議がはじめてつくられたとき、陸海軍の総長がともに老齢の皇族であり、しっかり受け答えができなかったことから、介添え役として両次長を正規メンバーに加えたといういきさつがあった。参謀総長の閑院宮《かんいんのみや》は昭和十五年十月に、軍令部総長の伏見宮《ふしみのみや》は昭和十六年四月に退陣していたのだから、次長の補佐は必要なくなっていたのである。

それはともかく、梅津美治郎が会議の人数を少なくしよう、首相と軍の最高首脳だけにしようとしてきたのは、会議の内容が外部へ漏れるのを恐れたからであろう。では、いったい梅津はなにが漏れるのを恐れたのか。かれはなにを考えているのか。

かれについては何度も触れ、このさきで語ることもあろうと前に述べたが、ここで少しばかり思いだしてみよう。

かれは大分県の出身だ。かれを中心とする大分閥があると言われてきた。池田純久、秋永月三といった顔ぶれである。このことは前にも述べた[20]。実際には、梅津は党派性の強い男ではない。親分子分といった関係をつくるのは不得手である。たしかに大分出身の池田、秋永を目にかけはしたが、かれらを自分の家や料理屋に呼び、密議を交わすといったことをしたこともない。

大分出身といえば、ほかに陸軍大臣の阿南惟幾がいる。梅津はかれと親しい。陸軍士官学校では梅津が三期先輩である。梅津が歩兵第一連隊の新任の中尉だったとき、阿南は見習士官だった。梅津が次官だったとき、阿南は人事局長だった。梅津が山西省太原《たいげん》に司令部を置く第一軍司令官だったときには、阿南は麾下の第百九師団長であり、梅津が関東軍総司令官だったときには、阿南は麾下方面軍の司令官だった。同郷後輩の阿南はつねに梅津に兄事してきたのである。

だが、梅津美治郎の大分閥は危険だと語る人びとは、かれの秘密グループに阿南惟幾を加えない。精神主義者であり、昭和四年からまる四年間、侍従武官をやったことがあり、宮廷内で評判のよかった阿南を梅津のグループに入れたのでは、宮廷に仕える人びとを説得できないと読んだからであろう。かれらが名前を挙げるのは、池田純久と秋永月三の二人なのだが、この二人については前にも述べたし、このさきでも触れねばならないから、ここでは説明はしない。

かれらを共産主義者だと言い、梅津を中心とする「かの一味」が日本の共産化を図ってきたと言ってきたのは、吉田茂と近衛文麿である。吉田と近衛、そしてかれらの部下たちは多くの人たちにこの話をしてきた。

吉田茂と近衛文麿は自分たちが語る話を心から信じているかのように喋ってきた。だが、心の底からそう信じているわけではなかったにちがいない。前に述べたことを繰り返すなら、これは、この戦争の終結、そしてこの戦争の責任問題までを解決しようとする巧緻なシナリオなのである。冷血な一括解決案と言い換えたほうがいいのであろう。

21「一体此戦争ノ終末ヲ何レニ帰着セントスルヤ」

吉田と近衛は、つぎのように考えてきた。陸軍内に共産主義者による敗戦を見込んでの日本赤化の計画があるのだと言えば、宮廷から重臣たち、枢密院、貴族院、衆議院を揺さぶることができるだろう。政界上層グループを疑心暗鬼にさせ、どうにかしなければならないとだれをも思わせることができよう。

そして、ソ連に仲介を求めるなどといったことをこの段になってしようとするのは、それこそ「命《めい》、仇《きゅう》ト謀《はか》リ、敗《はい》ヲ取ルコト幾時《いくとき》ゾ[21]」とまったく同じではないかと吉田と近衛は思っている。

前にはドイツと組んで、負けると運命づけられていた戦いに踏みだし、今度はソ連に頼って奈落の底まで落ちようとするのかということだ。自分に授けられた天命を自分の仇敵と共謀させてしまうことを、この期に及んでもう一度繰り返す愚を犯してはならないと考える。

日本がとるべき道はひとつしかない。

梅津を地下共産主義の一団の首領だと糾弾して、追放する。代わりに皇道派の将軍の真崎甚三郎《まざきじんざぶろう》と小畑敏四郎《おばたとししろう》を持ってくる。昭和十一年の二・二六事件の直後に現役を追われたかれらは、アメリカとの戦いに無関係なのはもちろんのこと、中国との戦いとも関係はない。かれらならこの戦いを終わりにすることができる。そしてアメリカとの戦いの責任は東条の陸軍に負わせる。中国との戦いの責任を梅津の陸軍に押しつけ、支那事変の責任を共産主義者の一団の陰謀にしてしまう。二つの解決策をひとつにまとめたパッケージ案なのだ。

近衛文麿が天皇に向かって、戦争を引き起こした共産主義者の大陰謀があると奏上したのが二月十四日だった。だが、天皇と内大臣の木戸幸一は近衛の主張に耳を貸さなかった。昭和十一年二月のクーデター始末のガイドラインをいち早くつくったのは木戸だったのだし、これがクーデターを支援した皇道派の将官を追放することになり、当然ながら木戸と天皇はクーデターに厳しい態度をとった梅津を支持することになっていたからである。

近衛と吉田は自分たちの計画が天皇と内大臣の同意をただちに得られないことをはじめから承知していた。かれらの作戦展開は、ほかの重臣たち、平沼騏一郎、岡田啓介、若槻礼次郎に自分たちと同じ構想を上奏させ、お上に再考を促し、木戸幸一の反対を打ち砕くことにあった。

ところが、平沼、岡田、若槻は天皇に向かって、支那事変に関与しなかった将官を参謀総長、陸軍大臣に起用すべきときでありましょうと上奏しなかった。

トップで上奏した平沼騏一郎に、近衛と吉田はもっとも大きな期待を寄せていたにもかかわらず、あろうことか、煙草、桑、麻の栽培をやめ、耕地は食糧用とすべきだと他愛のないことを言上していた。近衛がのちにこれを知って、平沼の背信を激しく怒り、かれが計画のすべてをぶち壊してしまったと無念に思ったのだった。

ところで、梅津のことになるが、かれは自分が近衛と吉田によって標的とされているのを承知していた。かれは憲兵司令官の大城戸三治からの報告を受けていたから、近衛と吉田が考えていることの奥底はともかく、かれらがやろうとしていることを知っていた。

そして、真崎甚三郎か小畑敏四郎を陸軍大臣や参謀総長にしたところで、かれらがこの戦いを簡単に終わりにすることなどできるはずがないと梅津は思っていたのであろう。知っていると言えば、天皇と内大臣が真崎甚三郎や小畑敏四郎に陸軍を任せる考えのないことも、梅津ははっきりと承知していたのであろう。

近衛の上奏から二カ月あとの四月十五日、吉田茂は軍誹謗の嫌疑で憲兵隊に捕らえられた。吉田茂の逮捕については、このさきで述べる機会があろうが、これは梅津美治郎の側の反撃だった。

そして、なによりも肝心なのは、近衛・吉田の構想が完全に葬り去られたことなのである。ソ連に仲介を求めたら、ソ連への政治的従属をもたらすことになる、直接にアメリカに停戦、降伏を申し入れるべきだ、あれこれ心配は無用だ、戦争責任の重荷は梅津美治郎一派に負わせればよいとした計画は、現在まで日の目を見る気配はない。

近衛文麿と吉田茂を除いて、多くの人びとはソ連と取引するしかないと考えてきている。ソ連の永遠なる利益に訴え、アメリカの優越と張り合うためにソ連が日本との協調を望むことに期待をかけ、ソ連に和平の斡旋を求め、日本の利益のためにアメリカと交渉してくれることを願っている。

前に見てきたとおり、木戸幸一が、重光葵が、東郷茂徳が、岡田啓介が考えてきたことだ。

市谷台の幹部たちも同じ考えであることは、これも前に述べてきたとおりだ。参謀次長の河辺虎四郎、第二部長の有末精三が東郷茂徳に述べた「対ソ大工作」が視野に入れているのは、こうしたシナリオであり、梅津美治郎が考えていることもかれらと同じなのである。阿南惟幾も考えは同じはずである。

そこで、梅津美治郎のことに戻るが、かれは自分の戦争終結の計画を池田純久や秋永月三に語ったことがあるのだろうか。

池田純久は満洲新京にいる。関東軍参謀副長だ。秋永月三は綜合計画局長官だ。

梅津はかれらとこの問題を話し合ったことはなかったにちがいない。梅津は慎重のうえに慎重だ。胸のうちを打ち明けて率直な話ができる男ではない。ましてや参謀総長になってからのかれが、戦いをどうやって終わらせたらいいかと秋永に問うたりはしない。池田や秋永以外の部下たちにどうやって戦争を終結させるかと尋ねたりするはずもない。かれは次長の河辺から、ソ連との交渉をやってほしいと外相に言ったと報告を受けても、うなずいただけだったのである。

ところで、前に述べたとおり、梅津は首相と外相に向かい、ドイツが崩壊した、ソ連との外交交渉をはじめなければならない、「機微な事項審議」となろうから、構成員の会議にしようと言った。

梅津は口には出さないながら、ソ連の参戦を阻止するだけでなく、戦争終結の仲介をソ連に頼むことを会議で決めようと考えている。だが、自分の口から言うつもりはない。だれかほかの者に言ってもらうつもりである。

最高会議、米内光政の策略

午前九時をすぎた。殺風景な会議室に構成員が座っている。肩ごしにささやく補佐官もいなければ、かれらが持ち込んだ討議書類もない。六人だけだ。

もっとも、秘書官がひとりいる。首相鈴木貫太郎の長男の鈴木一《はじめ》だ。四十三歳になる。首相の五人の秘書官のなかでは最年長だ。かれが農林省山林局長だったことは前に述べた。松根油《しょうこんゆ》大増産の指揮をとってきた。かれの父が首相になり、耳が遠いことから、かれは秘書官になった。介添え役である。

だれもが痩せ、顔色は悪い。自宅に住んでいる者、官邸で寝起きしている者、いずれも毎日の食事は粗末をきわめ、毎夜の空襲のために睡眠不足である。もちろん、空襲がなかったからといって熟睡できるわけではない。

参謀総長の梅津が口を切り、討議しなければならない主題をとりあげたのであろう。ヨーロッパの戦いが終わり、ソ連軍がぞくぞくと極東に移送されてきている。ソ連の参戦を阻止しなければならない。こんな具合に語ったにちがいない。

だれもがうなずいたのであろう。東郷茂徳が早急に交渉をはじめなければならないと説く。阿南惟幾は黙ったままだ。つぎに口を開いたのは米内光政《よないみつまさ》であろう。ソ連と交渉し、軍艦と飛行機の交換ができるのではないかと語りだす。

東郷がびっくりする。なにをつまらないことを考えているのか、これではまともな交渉ができなくなると思い、ただちに口を開く。すでに手遅れだ、軍艦を取引に使ってソ連を利用できる余地などまったくないと語りだす。

阿南惟幾と梅津美治郎は驚きを隠している。二人が即座に思いだしたのは、一カ月前、ソ連側が日ソ間交易の交渉中止を告げてきたことであろう。

ロケット燃料の生産には触媒として白金《はっきん》が必要である。白金はソ連で大量に採れる。関東軍の幹部がソ連と満洲のあいだで白金と大豆のバーターを考えた。大連のソ連総領事と交渉を開始し、ずるずると話し合いがつづいていた。外蒙古を通じての密貿易というかたちにしようとソ連側から提案があった。ところが、四月五日にモスクワからの指令があったとして、大連総領事が打ち切りを申し入れてきた[22]。

日ソ中立条約の破棄通告の翌日のことだったから、市谷台の失望は倍となった。

だが、大豆ではなく戦艦や駆逐艦との交換なら、ソ連は俄然乗り気になるのであろうか。「哈特諜《はとくちょう》」の供与にとどまっていたクレムリンはいよいよ大きな一歩を踏みだすのか。

梅津と阿南はなにくわぬ顔をしながら考え込んだのではないか。

けっして手遅れではないと米内が頑張りつづける。思いつきを語っている様子ではない。海軍はソ連の海軍武官からなにかしっかりとした感触をつかんでいるのであろうかと梅津と阿南は思う。

米内はさらにつづけ、元外相であった人もこの工作は見込みがあると言っているのだと語る。

米内は元外相の名前を口にしなかった。梅津や東郷は思ったのであろう。元外相と言うからには、広田弘毅のことではあるまい。ソ連に嫌われている重光葵ではないだろう。松岡洋右《ようすけ》だなと思う。

ところで、米内はどこまでこの計画に真剣なのか。

東郷に言われるまでもなく、米内は自分の提案が非現実的なものであることを承知しているのであろう。クレムリンはこんな取引を日本とすればアメリカと正面切っての喧嘩となるのを覚悟しなければならなくなる。とてもできまい。

それでは、米内はどうしてこんなことを構成員会議の席上で語ったのか。かれのねらいはべつにある。ロシアをこの取引に誘い込むことができなくても、陸軍をこちらの土俵に誘い込むことができると考えたのではないか。

米内はいささかの策を弄し、この心理ゲームにおける主導権を握ろうとしているのだ。米内は東郷と激しくやりあった。首相の鈴木貫太郎は東郷があまりにも理屈っぽいと思ったのだが、自分の主張を引っ込めようとしない米内のほうも理屈っぽいことでは同じである。米内は東郷と争いをつづけることで、梅津と阿南を安心させることに成功したのである。

米内と東郷がひそかに手を握っているのではないか、陸軍になんの相談もなく、そっと戦争終結のための協議をはじめているのではないかと陸軍側が海軍に抱いていた疑いは消えたはずである。それどころか、戦争継続のためにソ連の助力を求める意図を海軍がはっきりとさせたばかりか、陸軍以上に熱心であることを示したことで、会議室内の冷え冷えとした空気はほぐれ、ぐっとよくなったのである。

陸軍と海軍が、戦争をつづけるために対ソ交渉をおこなうのだといった大義名分を最初にしっかりと確認し合えば、そのさきへと論議を進めるのは容易となる。戦争終結の言葉がはじめて口にされ、それが対ソ交渉の最終目的とならざるをえないと米内が言いだしても、阿南や梅津、そして鈴木は目くじらをたてない。もちろん、これこそが梅津が心ひそかに待ち望んでいた議題なのである。

午前十時二十三分、再び警戒警報が鳴った。またもＢ29一機だ。駿河湾から陸地に入った敵機は西に向かった。

じつは今日の警報は三度目である。午前零時三十分に警戒警報がでた。三十五分あとに解除になった。午前八時三十分に二度目の警戒警報がでた。二十五分のちに解除になった。

五月一日から、警戒警報の発令を告げるサイレンが、それまで三分間鳴らしつづけていたのを、一分間にちぢめるようにした。おかげで、だれもの胸を圧迫する重苦しい不快感は薄らいだのだが、半日に三度もサイレンが鳴れば、いささか疲れる。

これら偵察飛行、気象観測飛行とはべつに、今月に入ってからも、三日、四日、五日、七日、八日、昨日十日とつづいて、今日もまた九州の航空基地へのＢ29の爆撃がつづいている。午前八時すぎ、大分の航空基地が爆撃された。十七機だった。八時半、佐伯の航空基地が爆撃された。七機だった。わがほうの特攻部隊の沖縄水域への出撃を阻止しようとする作戦である。

そして、今日三度目の警戒警報は二十分で解除になったと会議室の梅津美治郎のところに知らせが入り、同時にべつの紙片が届けられたのではないか。午前十時前から、川西航空機の神戸の甲南製作所がＢ29九十機による一トン爆弾の攻撃を受け、被害は大きいという内容だったのであろう。

さて、このときまでには、六人の話し合いは、有利な条件で和平斡旋を求める国はソ連以外にはないという話になり、六人はうなずき、会議の進展にだれもが満足している。会議を明日もつづけることを約束して、散会した。午前十一時を少しすぎたばかりだ。会議の二時間のあいだに、面舵《おもかじ》いっぱいを号令したのは米内であり、だれにも文句を言わせなかったのは、かれの最初の話にだれもが毒気を抜かれたからだが、だからといって、かれが語ったことはまったくの嘘ではない。海軍は軍艦と航空機のバーターをソ連に持ちかけるといった計画を進めようとしているのだ。

この計画を立案したのは末沢慶政である。昨年の二月、トラック島が敵空母機動部隊に急襲されたとき、かれは巡洋艦那珂《なか》の艦長だった。船は沈められ、かれ自身も大怪我を負った。東京に戻り、軍令部にしばらくいたが、古巣の軍務局第二課へ戻り、課長となっている。ソ連との交渉を考えていたかれが、ある決意を固めたのはこの一週間足らず前のことである。沖縄の守備隊の反攻は失敗に終わった。海軍主導の沖縄航空決戦もすでに終わった。最後の期待は崩れ、いよいよ本土決戦が残されるだけとなったとかれは思った。

どうあっても必要なのは航空機である。沖縄の第三十二軍の牛島満司令官の意見具申電報の中身を聞くまでもなく、一千機の銀河《ぎんが》をもって嘉手納《かでな》沖に群がる九百隻の敵船舶の半分を沈めさえすれば、間違いなく沖縄の守備隊は敵四個師団を嘉手納の海岸まで追い詰め、降伏させることができるのだ。一千機の雷電《らいでん》が厚木と木更津にあれば、東京を襲うB29のあらかたを撃墜することができ、敵司令官のルメイを解任に追い込むことができるのだ。

軍艦と引き換えにソ連から爆撃機を手に入れることはできないかと考えた。

すでに軍艦は使い道がない。航空機の傘なしには、戦艦はもはやなんの役にもたたないし、航空機のない空母は無用の長物である。日本海にまわして、大豆と高粱《こうりゃん》を運ぶのに使いたいが、石炭焚きではないから動かすことができない。

末沢はこの交換計画を考えるにあたって、大和と武蔵がないことがただひとつの救いだと思ったことであろう。あの二隻をソ連に与えるかどうかといった論議になったら、だれもがどれほど落ち込むことになるだろうか。残っている軍艦は、横須賀に繋留されている長門《ながと》、呉の榛名《はるな》、さらに伊勢、日向がある。空母が四隻あり、駆逐艦と潜水艦がある。呉と舞鶴に繋がれている戦艦と空母は連合艦隊から外され、「予備艦」となっている。近く「特殊警備艦」と名前を変えることになる[23]。

かれは軍務局次長の保科善四郎に向かい、戦艦長門、重巡洋艦利根、空母鳳翔と数隻の駆逐艦をウラジオストクに回航し、燃料付きのイリューシンIL2型と交換する計画を説明した。IL2型は、エンジンはもちろんのこと、乗員、燃料、冷却系統を防禦鋼板の箱のなかに収めた、敵からの攻撃に強い爆撃機だ。

ソ連の軍艦はレニングラード防衛のために沿岸砲台となった旧式戦艦と旧式巡洋艦があるだけだ。そしてソ連がイタリアの残存艦隊の分け前を得ようと目の色を変えていることも話したのであろう。スターリンが降伏したイタリアの軍艦と商船の三分の一を寄越せと頑張り、米英両国が引き渡しを拒んでいた。

さらにマリク大使との交渉には平塚常治郎に頼むことにして、特使に松岡洋右を考えていると語った。「いいだろう。やってみろ」と保科が言った。(24)

六十四歳になる平塚常治郎は日魯《にちろ》漁業の社長である。かれは札幌の露清ロシア語学校を出て、鉄砲と酒を持ってカムチャツカへ密猟にでかけ、それからずっとカムチャツカ半島の西海岸と東海岸で鮭、鱒を採ってきた。北洋漁業の主といった存在であり、かれほどロシア人との交渉で場数を踏んだ者はいない。マリクとも面識がある。末沢の申し入れを平塚はただちに引き受けた。

じつは平塚にとって、気が気でないことがある。鮭、鱒がソ連領のカムチャツカに産卵のために岸に近づくのは六月だ。四隻の船と六百人の作業員をそろえた。かれらの行く先はカムチャツカ半島西海岸南部のオゼルナヤ、ウトカ、ケフタ、オロスコイといった漁区である。ところが、ソ連領事館の査証がまだでていないために、いわゆる「送り込み」ができない。

カムチャツカを中心とする北洋漁場は、すべての経済活動と同じように縮小をつづけてきた。アッツ玉砕のあとには、ベーリング海の制空権と制海権はアメリカの手に渡ってしまい、船を送ることができず、昭和十八年にはカムチャツカ半島東海岸の操業はとりやめとなった。カムチャツカ半島西海岸での操業は安全だったが、南に下がった北千島では、漁船は低空で飛来するB25の機銃にやられ、鮭、鱒の運搬船が敵潜水艦の魚雷の餌食となった。

船、資材、人員は不足していたが、昭和十八年は大漁だった。昭和十九年は不漁だったうえに、敵の飛行機は北千島ばかりか中千島を襲うようになり、敵潜水艦も北海道近海で活動するようになって、多くの船が沈められた。じつは今日の午前中、五月十一日だが、北千島に敵機の来襲があった。

今年の操業はさらに限られたものになる。昨年、船腹不足からカムチャツカの罐詰工場に残した製品の輸送を優先させることにしている。そしてできれば、操業しようという考えだ(25)。

マリクと会うことになるなら、査証の発給を催促しようと平塚は考えている。

つぎに末沢慶政は伊豆長岡の古奈《こな》温泉に松岡洋右を訪ねた。松岡は特使を引き受けるとは言わなかったが、末沢の着想を否定しなかった。体の具合がよくないのだと言いながら、それでもひとりで元気よく喋った。

米内光政は軍務局次長の保科からこれらの報告を聞いていたのであろう。そんなことはやめろとは言わなかった。
そして、米内は今日の会議で軍艦と航空機の交換計画を語ったのである。

米内、さらに策略をめぐらす

ところで、今日の会議が午前中に終わったあと、米内はもうひとつのことをしようとする。
午後も遅くなってのことであろうが、米内は陸軍省に阿南惟幾を訪ねる。
市谷台に入る情報ならなんでも知っている軍務局員たちがなにごとかとざわめいた。海軍大臣が市谷台に来ることなどかつてないことだ。軍務課の高級課員を兼任するようになっている参謀本部戦争指導班の種村佐孝《すけたか》は、米内が帰ったあと、陸相から話を聞いた。
米内海軍大臣とのあいだでつぎのような問答があった。
米内「海軍は米一割の配給を減じた」
阿南「陸軍も同様に処置している」
米内「三国同盟を廃棄してはどうだろう。またその責任者をどうするか」
阿南「いまさらその必要はない。三国同盟の責任者を云々するとすれば、ロンドン条約の責任者をどうするのか[26]」

種村佐孝は日誌にこの問答を書いて、首をひねり、考え込んだにちがいない。三国同盟の責任者などといった話をどうして海軍大臣は持ちだしたのか。責任者と言えば、たしかにその筆頭は陸軍である。三国同盟の締結に反対した米内を首相の座からひきずりおろした人たちのなかには、そのとき陸軍次官だった阿南大臣もいる。

だが、三国同盟が締結されたのはつぎの近衛内閣のときだ。海軍大臣は及川古志郎だった。及川だって責任者のひとりのはずだ。米内は軍令部総長の及川をやめさせるのか。

種村は海軍大臣がわざわざ市谷台を訪問したほんとうの目的はなんだったのだろうと、もう一度考えたことであろう。種村だけではない。軍務局のだれもが海軍大臣の来訪に目を見張り、種村からその奇妙な会話を聞いて、おかしいと思ったにちがいない。大臣は米内との会談について、なにかを隠しているのではないか。午前中の構成員の最高会議となにか関係があるにちがいない。こう思ったのであろう。

たしかに米内はもう少し他のことを阿南に喋ったのであろう。米内が三国同盟の責任論を持ちだしたのは、松岡洋右の名前を挙げてのことであったにちがいない。

米内は、陸軍の幹部が現在なお松岡を高く買っていることを承知している。阿南にしても松岡のファンだ。海軍だってまったく同じだ。保科や末沢はソ連への特使といえば、さっそく松岡洋右の名前を挙げる。そして末沢は意見拝聴に伊豆に住む松岡のところまで行く。かれらにはなにも言わなかったが、とんでもないことだと米内は思っている。

ところがまずいことに、今日の午前中の会議で、かれ自身も松岡を買っているかのような印象を出席者全員に与えてしまった。軍艦と航空機を交換する計画に元外相も見込みがあると言っていると語ったのだが、元外相とはだれのことか、阿南も梅津も見当がついたはずだ。

明日の会議で、モスクワへの特使には松岡がいいと阿南が言うかもしれない。首相も梅津も、松岡を特使とするのに賛成するかもしれない。どうあっても松岡の起用をくいとめなければならないと米内は考え、明日では遅すぎると思い、阿南のところに赴いたのである。

なぜ米内は松岡に反対なのか。米内は松岡が外相だったときにやったことは支離滅裂だと思っている。

ドイツと手を握れば、これによる威圧効果はアメリカを引っ込ませる。アメリカは英国を助けることはできなくなる、参戦できなくなるというのが松岡の説くところだった。

致命的な誤りだった。逆だった。三国同盟はアメリカをさらに硬化させた。日本とドイツはアメリカの共通の敵だとルーズベルトに言わせることになってしまった。

松岡が結んだ日ソ中立条約にしても、松岡外交の離れ業と当人は得意満面だったが、とんでもなかった。ソ連を叩くぞと告げたヒトラーのサインを松岡は見誤っただけでなく、クレムリンの策略にひっかかっただけのことではないのか。それが証拠に、独ソ戦争がはじまってソ連と戦うべしとまっさきに説いたのは松岡だったではないか。そもそも、そのようなことを公然と主張した者を対ソ交渉の代表とするわけにはいかないのだ。酔歩《すいほ》蹣跚《まんさん》のスターリンは千鳥足の松岡洋右をモスクワの駅頭で熱烈に抱擁し肩を叩き合ったではないかとつまらぬことを嬉しげにとりあげる者は、なにもわかっていないのだ。保科や末沢、そして陸軍の連中は、知らないか、きれいさっぱり忘れてしまっているようだが、クレムリンは松岡がソ連と戦うべしと主張したことをけっして忘れてはいないはずだ。

そしてもうひとつ肝心なことがあると米内は考えるのではないか。昭和十六年に松岡はヨーロッパを訪問して、ヒトラーやムッソリーニと重要会談をおこなった。ところが、かれはひとつの電信も東京に打とうとせず、帰国しても、会議録をつくることをしなかった。おれがやったことだ、おれが知っていればいい、馬鹿どもが知る必要はないといった考えを持つ男に、このさきソ連との交渉を任せるわけにはいかない。

最後にもっとも重大なことを米内は承知していよう。保科善四郎から末沢慶政の報告を聞き、松岡が抱いている考えを米内は知っている。クレムリンに調停を頼むようなことをしてはならない、戦争終結の意図があることを匂わせてはならぬというのが松岡の考えなのである。

松岡を公式の舞台にひきずりだしたりすれば、再び松岡は陸軍と手を握る可能性があり、ずるずると戦いをつづけることになってしまうかもしれないと米内は考えるのであろう。

そこで米内は、構成員会議が終わったあと、まず東郷を訪ね、松岡を特使とすることには反対だと語ったのであろう。そのあとに米内は阿南を市谷台に訪ね、三国同盟の責任者をソ連への特使とするのはまずいだろうと告げたのである。

小細工をしない、権謀術数をやらないというのが、米内光政を知る高木惣吉や他の米内の部下たちが語るところだ。もう少しはっきり語れば、風見章《あきら》のつぎのような批評となるのであろう。「まったくの素人で、政治感覚がない」

第一次近衛内閣で、米内が海軍大臣、風見は内閣書記官長だった。ところで、米内評のすべてがこういったものだったわけではない。

かつて米内光政を首相に推薦したことがあり、昨年七月にはかれを海軍大臣に推した岡田啓介は、かれのものの考え方やその政治力量を高く買っている。

「米内は頭のいい男だ。

……ちょっと見ると政治などには関係のないような、とぼけた顔をしているが、実は非常に興味を持っているんだ。グズなんとか言われたけれど、どうしてどうして頭は切れる。グズみたいな顔をしていて、こういうことをやれば、この方が利益があると思えば、すかさずやっている(27)」

海軍兵学校の卒業が十四期上の大先輩の岡田が米内を見る目と、米内から十四期下の高木惣吉の米内にたいする見方が大きくちがうのはどうしてなのであろう。

米内は部下たちにグズと言われて、平然としていた。「金魚大臣」と言われて、素顔をうかがわせたことはなかった。部下になにやらの相談をしたこともなければ、自分のやろうとすることの説明をしなかったし、やったことの自慢話をしたこともなかった。だが、考えもせずに喋っているようにみえて、かれの発言は事前にしっかり準備されているのだ。

ザカリアスの仕掛けに対応

ところで、今日、五月十一日、米内光政は松岡洋右を特使とするのがよいといった考えを上手につぶしてしまっただけでなく、もうひとつのことをやったのであろう。横山一郎を大臣室に呼び、つぎのように言ったのではないか。

「君、モスクワへ武官として行ってくれ」

米内の言葉に横山はびっくりした。

「大臣、私はアメリカのことはよく知っていますが、ソ連のことは全然知りません。第一、ロシア語のアルファベットすらわかりません。店の名前も駅の名前もわからない武官になにができますか」

米内光政は無表情なまま言った。

「ソ連行きの使命は聞くな。ロシア語は勉強しなくてよろしい。堪能な通訳をつける。ただ君にモスクワに行ってもらいたいのだ。文句を言わずにすぐモスクワ行きの準備をせよ(28)」

横山一郎については前に述べたことがある。(29)もう少しつけ加えよう。四十五歳になる。かれの父の伝《つたえ》も海軍軍人だった。海軍兵学校の教官をやったことがあり、生徒には山本五十六《いそろく》や古賀峯一《みねいち》がいた。日露戦争がはじまって、かれは第三艦隊の参謀となり、黄海海戦で戦死した。三十四歳だった。

父親のあとを継いで海軍軍人となった一郎は、昭和六年にアメリカへ派遣された。武官補佐官だった。ニューヘブンにあるエール大学に留学した。その町には、神学校にいる学生がひとり、聖路加病院から派遣されて看護学校にいる女性が二人、日本人はかれを入れて四人だけだった。昭和十五年に一郎は駐米武官となった。アメリカ海軍艦船に電波兵器が搭載されていると東京に報告したことは前に述べた。昭和十七年八月に交換船で帰国した。

かれは巡洋艦球磨《くま》の艦長となった。昭和十八年九月に海軍省勤務となり、次官のもとで首席副官となった。海軍省のすべての書類に目を通さねばならず、局部長会議の幹事役を務め、大臣の議会での演説案をつくり、外国武官補佐官とのつきあいがあり、忙しい毎日をつづけてきた。この五月一日にかれは少将に昇進した。首席副官は大佐が決まりだから、どこへ転勤することになるのだろうと思っていたとき、海軍大臣から命じられたのがモスクワ行きである。

大臣は横山一郎をモスクワへ派遣すると決めたようだと小耳にはさめば、たとえば高木惣吉は大臣の人事下手《べた》は直らないと嘆じることになろう。

米内はなにを考えているのか。ソ連との交渉はモスクワでおこなう。ソ連の助力を得て戦争終結ができるとして、米英との話し合いがただちに必要となる。ソ連の助力が得られないなら、これまた米英との交渉に踏みきらねばならない。横山であれば、モスクワ駐在の米英の海軍武官と接触し、交渉することができよう。これが米内の考えなのである。

米内は横山にこうしたことをひとことも言わない。じつを言えば、横山に言わないことがまだある。

四半世紀昔の大正十一年のことだ。中佐だった米内光政は軍令部第三班五課に勤務していた。列国軍事計画の調査が仕事だった。その年の十一月にワシントンで主要海軍国の建艦競争に制限を加えるための国際会議が開かれることになっていたことから、班長の野村吉三郎、課員の永野《ながの》修身《おさみ》、米内光政らはアメリカと英国がどのような案を提示するかをさぐることになった。東京に駐在するアメリカと英国の海軍武官とかれらの部下たちを新橋の待合に招いたり招かれたりして、「ギブ・アンド・テイクのゲーム」[30]をすることになった。

そのとき毎晩のように新橋の「山口」で顔を合わせ、日本語と英語のチャンポンで話し合ったのが、語学生という触れ込みの情報将校、エリス・ザカリアス海軍少佐だった。なかなかの腕利きであり、人を説得する力を持っていたと米内はザカリアスのことを思いだすにちがいなかった。

ところがこの数日前、二十三年ぶりのことになるが、そのザカリアスが再び「ゲーム」を仕掛けてきた。米内光政はザカリアスが喋った英語と日本語の放送を写した文書を外務省と同盟通信の双方から受けとったはずである。

すでに五月のはじめから、アメリカ大統領の「公式スポークスマン」を名乗るザカリアス海軍大佐が「日本の運命に重大な関係を持つ問題」について、「連続特別放送」をおこなうと、ホノルルからは短波で、サイパンからは中波で繰り返し告げてきていた。米内が手にしたのは、その第一回の五月八日に語った内容であろう。

つぎのようなくだりがあった。

「……あなた方に解説してさしあげるスポークスマンとして私が選ばれましたのは、日本にとって、このワシントンにとっても、平和そのものであったあの二十年間というもの、私が終始日本の人たちとは友人であったばかりか、現在はあなた方の祖国をおおいはじめたこの破局をくいとめるべく、私が全力を尽くしてきたからであります。あなた方の身の周りにいらっしゃる方々で、私を個人的に知って下さっている人たちも、高位高官についておられる多くの方々も、このことを肯定されるにちがいありません。

米内光政海軍大将は、将校の時代に語学生として行っていたロシアから戻ってのち、私と交わした会話の数々を思い起こしていることでしょう(31)」

アメリカ大統領の「公式スポークスマン」というのはどういう資格かわからないながら、アメリカ海軍の首脳、海軍長官のフォレスタル、アメリカ艦隊司令官のキングの承認を得ていることは間違いないと米内は思ったのであろう。

トルーマンが大統領になって、前大統領のルーズベルトが唱えた「無条件降伏」を緩和し、日本に降伏を受け入れやすくさせようというねらいがあるのではないか。米内はこんな具合に考えたのであろう。

そこで、米内の考えは、横山一郎をモスクワに派遣して、あるいはザカリアスと連絡をとらせることが起きるかもしれないと考えているのであろう。

じつを言えばと、もう一度言わねばならないが、横山もまた、ザカリアスを知っているのである。

かれが武官補佐官としてアメリカにいたとき、海軍大学の教官だったザカリアスと日米問題について話し合ったことがあった。だが、現在、横山はザカリアスが日本向けにそんな工作を開始していることをなにも知らない。

ついでだから、米内がやったもうひとつべつのことを述べておこう。

梅津美治郎が構成員会議の開催を提議する以前になる。五月一日のことだ。米内は横須賀鎮守府《ちんじゅふ》司令長官と参謀長を更迭した。塚原二四三《にしぞう》と横井忠雄のコンビを戸塚道太郎と高橋三造に代えた。

どうして勇猛果敢な提督、塚原長官を辞めさせたのだと、横須賀、厚木、木更津の航空隊の幹部たちのあいだに不満の声が一斉にあがった。米内さんはほんとうに人事が下手だとそのときも思った人がいたにちがいない。

米内はなにを考えているのか。

二・二六事件のとき、米内は横須賀鎮守府司令長官だった。参謀長だった井上成美《しげよし》とともに、東京で内戦がはじまったら、横須賀から陸戦隊を出動させねばならないと考え、ただちにその準備をした。そして翌二十七日には、芝浦岸壁に島風、夕風、灘風の三隻の駆逐艦を横付けにし、白ゲートルの陸戦隊を上陸させたのだった。このさき二・二六事件のような陸軍の反乱が東京で起きるかもしれない、横須賀鎮守府司令長官には以心伝心の者を置かねばならないと米内は考えた。そこで塚原に代えて、航空本部長の戸塚を横須賀に置くことにしたのである。

米内は、戸塚であれば、自分の考えをはっきり承知していると思ってのことなのである。

最高会議、対ソ交渉代表に広田弘毅

五月十二日になる。

今朝は空襲警報はでない。警戒警報もでない。朝のうちは雨が降っていた。やんだかと思えば、また降りだす。昨十一日につづいて六人会議が開かれる。

対ソ交渉の代表にだれを充てるかの論議からはじまる。東郷が広田弘毅を推した。反対する者はいない。松岡洋右をと言いだす者はいない。昨日の米内の根回しがきいている。

広田弘毅は駐ソ大使をやったことがある。そして外相時代には、東支鉄道の買収をまとめたことがあり、日ソ関係の調整に成功したことから、広田と言えば対ソ外交、対ソ外交と言えば広田と言われてきた。

そこで、対ソ関係の安定がキーポイントと思われるときには、宮廷高官から政府の中堅幹部、新聞記者までが口にするのは、決まって広田の名前となった。かれであればクレムリンとの関係悪化を防ぐことができ、上手に舵取りする経験と手腕を持っているとだれもが思ってきたのである。

例を挙げよう。昭和十一年二月に軍の反乱が起き、岡田内閣が総辞職した。反乱将校を支持した将官たちと親しくしていた近衛文麿であれば、上手にすべての混乱を収めるのではないかと考えた元老と重臣がかれの名を出した。ところが、近衛は内大臣秘書官長の木戸の反乱軍にたいする強硬な主張が宮廷を支配するようになったと知って、首相になろうとしなかった。そのあと、枢密院議長の一木《いちき》喜《き》徳郎《とくろう》が宮廷高官たちに向かって広田を首班にと推薦した。だれもが賛成した。

陸軍をどのように安定させるかという問題を除けば、もうひとつの重大な問題はソ連との関係を安定させねばならないということだった。ソ連は日本の反乱事件を見て、日本に対する警戒を強めると判断したからである。というのは、若手将校の反乱の理由が、政府はソ連の脅威増大に目をつぶり、国を危難に陥れて顧みないと憤激してのことだと宮廷幹部は理解していたからである。そこで、広田を首相にすれば、ソ連は日本の態度に不安を募らせることはないと考えたのである。

また昭和十四年八月、ノモンハンで関東軍二個師団が大きな打撃を受けたさなか、ドイツがソ連と不可侵条約を締結し、それこそ政財界から宮廷までが恐慌気分に陥ったときのことだった。辞任を決意した首相の平沼騏一郎が近衛に向かって、自分の後任には広田がよいと説いた。近衛が賛成し、だれもがうなずいた。だが、そのときには広田は首相になるのを断った。

また前にも述べたとおり、昨年九月、ソ連へ特使を派遣しようということになって、外相の重光が推したのが広田だった。だが、ソ連側が特使派遣の必要はないと言ったことで立ち消えとなった。

広田自身はどう考えているのか。ソ連と交渉すべきだと説いてきている。この二月九日、広田が天皇に向かって、「ソ連に対し、いくらかでもよき立場をつくることがもっとも必要であります」と奏上した(32)。

こうしたわけで、松岡洋右の名前を挙げる者さえいなければ、広田を交渉役にたてようということにだれもが賛成する。

つぎにはソ連に与える代償を決めねばならない。

代償を与えて、ソ連の友誼を買おうという計画はこれがはじめてではない。最初に広田を特使にしようとした昨年の九月に検討したことだから、梅津美治郎と米内光政の二人ははっきり記憶しているはずだ。阿南惟幾は部下からこのことを聞いたであろうし、東郷茂徳は昨夜、昨年九月に最高戦争指導会議に提出された「対ソ外交施策ニ関スル件」の書類をあらためてひろげてみたにちがいない。

東郷はまた、到着したばかりの五月九日付の駐ソ大使の佐藤尚武の電報を読み直したにちがいない。戦争終結のときが来ていると説き、ソ連に和平の斡旋を依頼するにあたって、仲介の代償としてソ連が求めるであろうと思われるものを書きつらねていた。陸軍、外務省がつくったものとだいたい変わりなかったが、佐藤の案にはただひとつ、陸軍、外務省の案にはない「満洲国ヲ支那ノ支配ニ戻ス」という一項があった。

会議では、昨年つくったのと同じ項目を挙げることになった。南樺太を返還する。今年も入漁予定のカムチャツカ半島沖合の漁業権を放棄しなければなるまい。阿南惟幾が地図をなぞってみせた北満鉄道も譲渡しなければならないだろう。北満鉄道とは、広田の交渉でソ連から買収した東支鉄道のことだ。ソ連が宣伝している「旅順港」という本もあることだ。旅順、大連の租借権を与えることも覚悟しなければならない。場合によっては千島の北半分を譲渡しなければなるまい。できるかぎり満洲帝国の独立は維持する。こんなことで、みながうなずく。

東郷はつぎの議題をとりあげる。交渉のテーブルで、ソ連側が戦争の終結を持ちだしてくる可能性がある。状況のいかんでは、こちらが切りださねばならなくなることもある。いずれにせよ、こちらの肚《はら》を決めておかねばならない。子供の使いではないのだから、慌てて政府に訓令を仰いだりしたのでは話にならぬ。即座になんと応酬するか、政府の方針を決めておかねばならぬ。もう一度会議を開いて、これを定めたい。

明後日、十四日の月曜日に会議を開くことに決める。

六人が宮内省第二庁舎の会議室を離れたあと、警戒警報のサイレンが鳴った。十二時三十五分である。十二時五十分に解除になった。

阿南惟幾は市谷台に戻り、自分の執務室で日誌をひろげた。最高戦争指導会議の構成員だけの会議といったことは記入せず、つぎのように書いた。

「東郷
一、中立。好意的中立。
二、更ラニ大東亜戦終局ニ斡旋。
三、『ソ』ガ戦ワズシテ何物カ利益ヲ獲。
『ソ』ハ何ヲ望ムカ。参戦セバ日本窮スノ前提(33)」

阿南惟幾、本土決戦をするのだと頑張る

今日は五月十四日である。曇り空だ。午前八時半に関東地方に警戒警報がでた。名古屋では午前八時から一時間半にわたる空襲がいま終わろうとしている。

名古屋をねらった無差別爆撃は一月三日、二十三日、三月十二日、十九日につづいて五度目となる。昨年十二月十三日からの名発《めいはつ》の大幸《だいこう》工場への七回の爆撃、二回の名航《めいこう》の大江工場の爆撃を加えれば十四回目の爆撃である。

大江工場ではすでに爆撃機、飛龍《ひりゅう》の組み立てができず、大幸工場では発動機、金星《きんせい》の生産ができず、両工場ともにほとんど廃墟となっている。

もはや敵は大幸と大江をねらわない。市街地への無差別焼夷弾攻撃である。今日は名

古屋市の北部を焼いた。四月十三日夜、四月十五日夜の東京にたいする無差別焼夷弾攻撃以来、一カ月ぶりだ。そのときは一度に三百機のＢ29が来襲したのだが、今日の名古屋にははじめて五百機のＢ29が来た。

日本側は知らないが、マリアナの四つの爆撃航空団がそれぞれ定数に達し、今日は四つの航空団の最初の合同爆撃だった。

敵は名古屋への空襲をまだやめないだろう。つぎは市の南部を焼き払いに来るにちがいない。

それよりも、東京に五百機のＢ29が明後日あたり来るのではないか。じつは今朝のＢ29の攻撃は東京をめざすものではないかと臆測し、朝の七時半、陸軍は総理官邸、外務大臣官邸、海軍省に告げ、午前九時にはじめる予定の会議を午後に遅らせたのである。

午前九時二十分に警戒警報は解除になる。同じ時刻であろう。海軍省の大臣室に高木惣吉が入った。米内光政は今日午後の会議でいよいよ難関にぶつかると思っている。たまたま時間ができた。自分の考えをまとめようとして、高木の意見を尋ねるつもりである。かれとしては珍しいことだ。

病気を口実に海軍大学校研究部員という閑職にいる高木の任務は、戦争終結の手掛かりをさぐることだ。かれのこと、かれがやってきたことについては前に何回も記した。[34]

米内は高木に言った。

「陸軍はこのごろ戦局にたいし自信を失ってきている。陸軍はソ連の出方を非常に恐れて、中立条約を延長し、和平斡旋を依頼し、大東亜戦争の終結を望んでいる。この戦争にたいする自信がなくなっているためと想像するが、口に出しては言わぬ。とくに梅津ははっきりしない」

「陸軍は大臣の発言に乗ってくるという様子は見えませぬか」

「その様子は見えぬ。口に出して言えぬようだ。陸軍の出方としては、海軍が真意を吐くからやむをえぬというように、責任を海軍に被せ、汚名を転嫁することがありうると思うが、それは大局上、場合によっては、海軍が良い子になるとか、陸軍が良い子になるということは超越して考えねばならぬと思うがどうかね」

「国を救うためには海軍は喜んで汚名を被るべきでありましょう。ただ、陸軍の従来の習慣は、下から上を動かすのがしきたりです。中堅層では判然と戦争の自信なしと言っておりますから、これらのところから、陸軍の首脳を動かすのも、この際ですから、やむをえないかと思います」

高木惣吉は軍務課に合併する前の参謀本部の戦争指導班の班員と情報を交換してきたから、「ソ連を通じて戦争終末を図る」といった考えが陸軍内にあることを承知していたのである。

米内光政は言った。

「大事な問題になればなるほど、責任者が決めて、下を従わせねばならぬと思う。下から動かされるというのは逆だね」

「まさにそのとおりでありますが、陸軍の伝統もあることですから、目的を達するためには、陸軍のしきたりに従ってやるのも一案ではありませんか」

「いま、総理、陸海両大臣、両総長、外務大臣が集まって相談しているが、そこでアッチコッチから沖縄戦局の見通しなどをぽつりぽつり話して突つくが、陸軍はなかなか口を割らぬ。今日も会うことになっている。

自分の考えでは、局部局部の武勇伝は沢山できるが、それは日本人が勇敢であったという歴史を残すことにはなるが、戦争の勝利を獲得することにはならぬと思う。

いままで話したことは、多田にも、保科にも話していないことだから、きみかぎり連絡の参考にしといてもらいたい」(35)

明日、五月十五日には、井上成美に代わって軍務局長の多田武雄が次官となり、保科善四郎が軍務局長となる。

第三回の六人会議は午後二時に開かれる。

いよいよ気の滅入る論議となる。ソ連に戦争終結の仲介を頼むのと引き換えに、どの程度の代償をだすのか。どこまでアメリカにむしり取られるのか。日本になにが最後に残されるのか。

六週間ほど前のことだ。三月三十日、清沢洌は日記につぎのように書いた。「米国の戦後処分案を待たずに、日本は既に日清戦役以前の資産状態にかえりつつある」(36)

清沢だけが日記にこんなことを記しているのではない。参謀本部の幹部が同じことを口にし、それを日誌に書いている。

十二日前、五月二日のことだ。参謀本部第一部長の宮崎周一は第二課長の天野正一と部下の作戦担当参謀たちと協議していた。口論をしていたというのが正確であろう。

作戦課長の天野は中国大陸の兵力を集約すべきと説き、大陸の兵力をさらに本土へ転送すべきだと主張した。四月から、武漢を放棄すべきだ、満洲の防衛線を引き下げよと天野は説いてきた。ところが、宮崎は大陸を事実上放棄することになる武漢からの撤収には反対だった。そして参謀総長の梅津美治郎はいつもながらこの論議に加わろうとしなかった。

その日の議論も進展がなく、しだいに双方が熱してきた。天野は宮崎と親しく、遠慮はない。参謀本部作戦課の主柱といった存在の服部卓四郎を前線に送りだし、漢口にいた第六方面軍参謀副長の天野を作戦課長のポストに据えたのが第一部長の宮崎である。

このさき武漢を確保することと南九州への侵攻軍を海へ叩き落とすのとどちらが大事かと天野が言えば、宮崎は本土の戦いで一度は勝たねばならないが、そのあいだは武漢を維持しなければならないのだと説いたのである。

天野は反論して、華中を支配していれば、重慶と取引ができるのか、本土に敵を迎えるときになって、蔣介石が日本と和平交渉に乗りだすだろうかと言ったにちがいない。宮崎が言い返し、いまになって華中から撤収をはじめたところで本土決戦にどれだけの助けとなるのかと問うたにちがいない。

毎回繰り返される同じ論議がつづいて、互いの声が大きくなり、宮崎はふっと冷静に戻り、自分が語っていることも、天野が説くことも、しょせんは空しいと思ったにちがいない。宮崎がずっと思っていたことが、われ知らず口にでた。天野とほかの者はじっと黙っていたに相違ない。

後刻、宮崎は日誌に書いた。

「予曰ク　一体此戦争ノ終末ヲ何レニ帰着セントスルヤ　大東亜戦争前カ、日支事変前カ、満洲事変前カ、日露戦争後カ前カ、日清戦争前カ後カ、更ニ遡テ御維新ナルベキヤ……」[37]

宮内省第二庁舎の会議室に座る六人、海軍大臣も、外務大臣も、参謀総長も、口にだしたことはないながら、「日清戦争前カ後カ、更ニ遡テ御維新ナルベキヤ」と何回も考えたことがあろう。陸軍大臣の阿南惟幾も、この戦争の終末は御維新の時点に戻るのだろうかと思いにふけることもあったろう。

御維新の時点まで戻ることを覚悟するのだと、最初に六人の意思統一を図らねばならないはずだ。そのうえで、日本はなにを最後まで守らねばならないかを考えなければならないのだ。

ところが、現在の戦局をどう見るかという問題を論じはじめたことから、阿南がまだ敗けてはいないのだと頑張りはじめる。

日本が占領している敵の領域は広大であるが、敵が占領しているのは、日本の領域のわずかな部分にすぎないのだから、この点を基準として講和条件を考慮すべきだと言いだす。

海軍大臣の米内光政は口をゆがめたかもしれないし、軍令部総長の及川古志郎は机に眼を落としたのではないか。

阿南が言わんとするところは明白である。太平洋では敗けていても、大陸では敗けていない、海軍は敗けはしたが陸軍は敗けていない、敵を本土に迎えての戦いで陸軍はむざむざ敗けはしないぞ、まずはこの事実を認めなければならないというのがかれの言わんとすることなのであろう。

梅津美治郎は阿南が説いたことをそのままなぞる。占領地域を併合せんとする意図のないことをはっきりさせるのはいいが、阿南陸相の意見は参酌すべきであると言った。

外務大臣の東郷茂徳ははっきり顔をしかめたにちがいない。なにを馬鹿なことを言っているのだと思いながらも、阿南が言おうとしていることに気づき、この陸海軍の面子《メンツ》争いがこの戦争を引き起こし、戦いを終わらせようといういまこのときまでつづいてきているのだと考えたのではないか。

もちろん、東郷はそんなことには触れない。講和条件は現在占領している地域の大小から見るべきではなく、戦争全体の趨勢から見るべきだ、今後の戦局がどうなるかの点に基礎をおいて考慮しなければならないと言った。

米内光政が東郷の主張を支持した。外務省・海軍の同盟と陸軍との対立となる。現在の戦局は五分五分だと頑張る阿南は、本土防衛の戦いでも負けはしないと言い張ることになる。

東郷は首をひねる。阿南が本土決戦に自信があるようなことを言っているのは、ソ連との外交交渉を有利にするための後押しだと、一昨日、そしてその前の日の会議のやりとりから理解していた。だが、そうではないようだ。本土決戦によってアメリカの戦意をくじくことができると阿南は本気で信じているようだと東郷は思う。どうにもならないと東郷は考える。

米内がしびれをきらした。米軍が本土に上陸するとなれば、ソ連は背後から刺そうとするだろう。そうなっても勝算があるのかと問いかけた。

昨日の日誌に、「『ソ』ハ何ヲ望ムカ。参戦セバ日本窮スノ前提」とよそごとのように書いた阿南は、ちょっとのあいだ口を開かなかったが、最後の一兵まで戦うと押し切った。

梅津はなにも言わない。

黙って聞いていた首相が、それは困る、皇室を守らねばならぬと口をはさんだ。

再びだれもが黙り込む。この戦争の終末は「日清戦争前カ後カ、更ニ遡テ御維新ナルベキヤ」とだれか口を開かねばならないところだ。鈴木か、米内か、東郷か、梅津か、及川が言うべきだが、だれも言わない。

及川がとりつくろおうとする。顔を紅潮させている阿南に助け船をだす。ソ連と米英を大陸で向かいあわせるようにすべきではないかと言いだす。

軍令部第一部長の富岡定俊が説いてきた主張である。富岡は陸軍の第一部長の宮崎に向かって、華北の軍隊を撤収し、ソ連軍を華北に誘い込んだらどうかと語ったことがある。及川は富岡からこの計画を聞き、陸軍側も乗り気だというような話を耳にしたのであろう。

富岡は昭和十六年に軍令部第一課長だった。作戦課長である。参謀本部の作戦課長、服部卓四郎が陸軍主戦勢力のダイナモといった存在なら、富岡は海軍主戦派の牽引車だった。

昭和十八年の半ばから昨年十一月まで富岡はラバウルにいた。南東方面艦隊の参謀長だった。帰国してからは一カ月に二十回の講演をして、「ラバウル態勢に倣《なら》え」と閣僚たちに説き、各新聞の代表会議で語り、枢密顧問官たちに喋り、企業家の集まりで説いてきた。

及川古志郎のソ連軍を華北に誘い込んだらという主張に参謀総長の梅津美治郎がうなずく。腹のなかでは、なにをつまらぬことを言っているのだと思っているのであろう。華北の軍隊を撤収すれば、空白を埋めるのは延安の共産軍だ。延安政府と交渉しなければならない。日本、ソ連、延安の提携を望んできた人はいる。昨年七月末の読売新聞の社説[38]もそのひとつだった。そして前に参謀次長だった秦彦三郎が、国共間に楔《くさび》を打ち込もうといった計画をひそかにたて、延安政府を交渉の場にひきだそうといろいろやったのだが、思うようにはいっていないのだ。

だが、梅津美治郎はそんなことは言わない。

このさきで論じなければならないので、ここでは述べないが、ひとことだけ言っておけば、梅津、及川、富岡らのだれにも欠けている視野は、できるはずのない二番煎じの三国同盟の夢なんかではなく、華北のすべてが延安政府の支配下となったあとの東アジアの地政学的なパワーゲームの見取図である。

それはともかく、漢口からの撤退に反対の態度を崩さない梅津に、華北からの撤収などできようはずがない。それでも、かれは及川の主張に賛意を口にしてみせ、阿南も及川の案に急いで賛成する。

米内は考える。負けてはいないと阿南は頑張る。実際には負けているではないかと言えば、本土の戦いではけっして負けないと言う。そのような事態になれば、ソ連は黙っていないだろうと言えば、最後の一兵まで戦うのだと言う。米内はつぎのように考えたのであろう。このままつづければ、喧嘩別れとなる。陸海軍の対立だけが前面にでてしまったら、阿南はいよいよ引けなくなる。

いまこのときになって、喧嘩早い次官の井上をおとなしい多田に代え、計算の素早い、調整活動に巧みな保科を軍務局長に据えたのも、陸軍と無用の摩擦を起こしたくないからだ。

米内はもうひとつ恐れることがあるのだろう。喧嘩別れになれば、阿南が部下に向かって、海軍とやりあったと語ってしまうかもしれない。会議の内容を口外しないようにと注文をつけたのは梅津である。だが、この約束を信じるわけにいかない。海軍の指導部に敗戦主義者がいるといった噂がひろがれば、いまでも米内光政は敗戦主義者だという声があるのだから、面倒なことになるかもしれない。

米内は陸軍の中堅幹部のなかに戦争の終結を望む者が多くなっていると語った高木惣吉の見方を信じていない。陸軍の中堅幹部は戦争の前途に自信を失っていると高木は喋った。だが、強硬派は依然として多い。しかも、声をだし、なにやらしようとするのは強硬派だ。「国内特攻」だと息巻き、暗殺、テロをやるのだと言ってまわっている過激な連中をけしかける者が阿南の配下の軍務局にでてくるかもしれない。そんなことをしないまでも、阿南の部下たちは阿南をこのまま身動きできなくさせてしまう恐れが大きい。

米内はこんな具合に考えたのではないか。首相や陸相にひとまず合わせ、妥協するしかないと思ったのであろう。今日の議題であるソ連に調停を依頼する案は保留にして、第一案のソ連の参戦阻止、第二案のソ連の好意的中立態度の誘致だけでしばらくはいこうと言った。

東郷が反対する。

休戦条件、差しだす代償を定めておかねば、ソ連との外交交渉はできない。だいたいのところでもこの際、打ち合わせておくことが緊要である。東郷はこのように言う。

及川古志郎が米内の提案に賛成する。この会議を開くようにと最初に説いたのは梅津なのだから、米内は陸軍の顔をたて、今日はこのくらいで終わりにしようと判断したのだと及川は思ったのであろう。

首相の鈴木貫太郎も米内の側に立った。いまそこまで決めなくても、まずソ連の腹をさぐりつつ話し合いをすすめていくことができるだろうと言った。鈴木はこちらの手のうちを明かすことに反対なのである。

多勢に無勢だ。東郷は断念するしかない。かれは十一日と十二日の会議の決定の大要をまとめてある。それに今日の決定をつけ加えた。そしてかれは出席者全員の署名を求めた。

六人が会議室を出る。だれも互いに顔を合わせないようにして、口をきかない。梅津美治郎が階段を下りはじめる。梅津は肝心なことはなにひとつ言わない。かつて近衛が「梅津という男はイエスともノーとも言わず、ただ黙っている」と評したというが、まさにそのとおり、かれは本音を吐くつもりは毛頭ない。鈴木貫太郎が階段を下りる。慶応三年生まれのこの老人がなにを考えているか、このさきで語る機会があろう。軍令部総長と陸軍大臣が階段を下りている。書見台に古典をひろげている及川古志郎は日和見主義者なのだ。かれのことは前にも記した。深慮遠謀の男ではない。昭和十六年十月の毎日を、海軍大臣だったかれは事なかれ主義に終始し、ずるずると日本が戦争への坂道を滑り降りていくのを手を束《つか》ねて見ていたのだった。

阿南惟幾はどうか。このさきで述べる機会があるだろうが、昭和十七年はじめの長沙攻撃と昭和十九年六月のニューギニア中部の戦いの指揮にはっきり見られるとおり、負けていると口に出したら負けなのだという考えをかれは信じてきた。

東郷茂徳と米内光政が階段を下りはじめる。妥協するほかはなかった、ほかにどうしたらよいのか、手だてはないと思って気は沈むばかりなのであろう。

三田村鳶魚、松竹株の値上がりに驚く

同じ五月十四日である。三田村鳶魚は山梨県西八代郡の富里村に疎開している。富里というより、温泉のある大字《おおあざ》の下部《しもべ》のほうが有名であろう。四月上旬から鳶魚と妻の八重は下部の不二《ふじ》ホテルを住まいにしている。

夕刻、坪内守国が訪ねてきた。三田村の疎開の世話をしたのがかれだ。山梨の出身である。

三田村鳶魚が二カ月前に「碁なら投げ時はドイツの店じまいと同時にあるべし」と日記に記したことは前に述べた。かれは明治三年の生まれだ。七十五歳になる。生家は八王子の機屋《はたや》だった。神田で育ち、いっとき中江兆民の仏学塾に通ったことがあり、三多摩民権運動に参加したこともある。江戸文学と江戸風俗を研究するようになって、江戸の年中行事から芝居ばなし、大名の生活から白浪《しらなみ》の話までを一般向けの読み物にしてきた。

アメリカとの戦争がはじまってからも、何冊か本を出した。昭和十七年には「江戸ばなし」「鳶魚縦筆」「教化と江戸文学」を出し、十八年には「江戸ばなし」の第二編と「江戸の流行っ子」を出した。

鳶魚の家は中野の文園町《ふみぞのちょう》にある。八畳の自分の部屋の隣に四畳の書庫をつくり、この

下に大きな穴を掘り、コンクリートで固め、いざというときにはここに貴重な本を入れるつもりでいた。

家のなかにこのような穴を掘るのは、戦争がはじまってから小金持ちがやってきたことだが、鳶魚はこの由来を知っている。江戸時代の後期、武家や商家が家屋の下に「穴蔵」をつくるのが流行《はや》った。火事が近づいたら、家財をこの穴蔵に入れ、その上に畳をかぶせ、土をかけ、四斗樽を三つ、四つと並べ、水をいっぱいに入れる。

まさか必要なときがくるとは思っていなかった穴蔵だが、使うときがきた。

三月十日未明の空襲がかれに疎開を決意させた。家は貸すことに決まり、八重が頑張って毎日、本を地下に運び、箱に詰めた。

三月二十二日の日記に鳶魚はつぎのように書いた。「陰霾《いんばい》というべきか、風も怪しげに吹く、地窖《ちこう》閉鎖、本箱四十二、石油箱十三、抹茶茶碗三箱等、鍋七、土瓶一、鉄瓶一、瀬戸物一箱等(39)」

生まれた土地の八王子に愛着を持ちながら、八王子の山間へ疎開しようと考えなかったのはなぜだったのだろう。かれの支援者の坪内守国と野沢純が強く下部行きをすすめたからであろうか。

野沢純は四十一歳になる。諏訪蓼科《たてしな》の旧家の生まれだ。昭和九年に報知新聞の懸賞小説に当選して以来、時代小説を書き、鳶魚に師事してきた。

甲府駅から身延《みのぶ》線に乗り換え一時間ちょっとの下部温泉は、カネは持っているが帰る故郷を持たない人たちであふれ、温泉旅館は満員、農家の板張りの養蚕室もとっくにふさがっている。

鳶魚の部屋は食事付きで一カ月五百円である。鳶魚の隣室を借りているのは陸軍中将夫人だ。東条大将夫人を知っていると彼女は語った。二階のあの外国人はなんだろうと鳶魚が旅館の女中に聞いて、日本人と結婚した上海生まれの英国人の女医だと教えられた。

珍しく温かい日、鳶魚は坪内や野沢と下部川の渓谷を散歩していて、向こうから歩いてくる二人の女性の左側が北一輝の未亡人、右側が岩田富美夫の未亡人だと教えられたこともある。

北一輝は昭和十二年に刑死した。岩田富美夫ははじめは北のボディガードだった。やがて北の指図で荒っぽい恐喝をやるようになって、「原始的武人」を唱う大化会《たいかかい》という暴力組織のボスとなった。かれは昭和十八年に没した。

北一輝の未亡人は六十歳ぐらいか、どこか妖気がただよっている、もうひとりはいかにも伝法な感じだと鳶魚はしごく月並みな印象を語ったのかもしれない。

そしてどこの温泉町も同じだが、下部の旅館にも集団疎開の東京の国民学校の学童がいる。四谷第二国民学校と四谷第三国民学校の児童たちだ。昨年八月には、八百人近かったが、(40)現在は四百人ほどではないか。

軍の傷病兵もいる。二つの旅館を療養所にして、戦時神経症の患者を収容している。陸軍の精神科専門病院として有名な国府台《こうのだい》陸軍病院の下部転地療養所である。召集された精神病医、斎藤茂太が患者たちをぬるい湯に長時間入浴させ、炭焼きや椎茸の栽培をさせるといった作業療法を試みている。(41)

さて、鳶魚の支援者の坪内のことになるが、浅草で大きな海苔問屋をやっていた。余計な話だが、海苔屋はあらかたが山梨出身者の経営である。坪内は四十前のはずだが、召集令状は来ていない。本業はいまはさっぱりだが、軍需工場に徴用されているはずの店員を使い、闇商売をやってけっこう忙しく飛びまわっている。下部に住むようになっても、簡単に汽車の切符を手に入れることができるから、東京へ行き、甲府へ出かけている。

そして坪内が三田村のところに来れば、東京や甲府で見聞きしたことから、沖縄の首里前面の戦い、ドイツ降伏の話まで、もっぱら坪内が喋る。鳶魚はかれの来訪を楽しみにしている。今日、五月十四日だが、坪内が喋って、鳶魚がえーっと言ったのは、松竹の株が値上がりしているという情報である。

松竹の実物《じつぶつ》は一昨日の十二日に四十四円だったのが、昨日は七十銭上がり、今日はさらに一円上がっている。先物《さきもの》は一昨日に四十五円だったのが、昨日六十銭上がり、今日は一円三十銭の続騰だ。

ほんとうのことなのか。東条元首相はコミンテルンのスパイなのだといった噂や、中島飛行機には高級幹部に敵のスパイがいるから納入直前に空襲があるのだと、坪内が声をひそめて語る道聴塗説《どうちょうとせつ》とちがって、新聞に載っている数字を挙げての情報だから、疑いようがない。それにしても奇怪だ。東京と大阪の劇場と映画館は軒並み焼かれてしまっている。新聞に載る映画の広告から見当をつければ、映画は月に一本つくるのが精いっぱいのようだ。どうして松竹の株が上がるのだろう。

いったい、だれが松竹株を買っているのか。松竹にどんな魅力があるのだろう。

ここで脇道にそれるが、東条の話はともかく、中島飛行機の噂の説明をしておこう。

二月十日の午後三時、中島の太田製作所はおよそ八十機のB29に襲われた。工場の被害はともかく、工場内で七十人以上、町内で六十人以上が殺された。それから六日あとの二月十六日の午後二時すぎ、太田は今度は鹿島灘から侵入した四十機に近い空母機に襲われ、九州の基地に飛びたつ準備をしていた二十八機もの疾風《はやて》が破壊された(42)。多くの人が殺され、完成したばかりの戦闘機が焼かれてしまったことは、太田の人びとに大きな衝撃を与え、中島にいる陸海軍の監督官、警察、憲兵隊までを疑心暗鬼にさせ、人の口から耳へと語られる噂となった。そして中島は五百機を焼失した、中島の重役のなかにスパイがいるのだという話になって(43)、下部温泉にいる鳶魚の耳にも入ることになったのである。

松竹株と株式の話に戻ろう。

鳶魚は以前には、新東株や東電株の値に注意を払ったこともあったが、いつしか株式欄を見ることはなくなっている。新東株と東電株の説明をしておこう。新東株は東京株式取引所新株式の略称だ。かつて新東株の売買は取引所の株取引の過半数を占め、株式投機の中心銘柄だった。東電株は東京電灯株式のことであり、電力株の代表だった。

鳶魚にかぎらず、多くの人は株に関心を失ってしまっている。それでも同じホテルに疎開していた人のなかに株に詳しい人がいて、鳶魚は話を聞いたことがある。政府が徹底的に買い支えにでているというのだ。

三月九日の夜の空襲で、兜町《かぶとちょう》を囲む日本橋川と楓川《かえでがわ》には死体が何百と浮き、道路にはそこにもここにも焼死体が転がっているといった有様となって、兜町に集中している証券業者の被害は大きかった。

もっとも、それより前から証券業者の数は減っていた。町や村、新聞、金融機関と同じように、証券業界も整理統合がおこなわれ、昭和十八年には全国で二千の証券業者を四百に圧縮することが決まった[44]。なにせ一国一城の主たちだから、合併したあとどこも紛争がたえず、軍需工場の下請け工場でもやったほうがいいということで廃業する者が多く、その年の末には百五十となり、店員、幹部、店主の応召、徴用も増え、昭和十九年の末には東京都内の業者はわずか二十九となった。このなかで三月十日未明の空襲で焼け残ったのは半分足らずだった。

焼け残った山一、鳥丸、遠山、山丸も店をあけることができなかった。電話が不通となった。省線も都電も動かず、兜町へ行くのに飯田橋、上野、品川から歩かねばならなかった。取引所の白亜円形の本館は焼け残ったが、立会いは不可能となり休会となった。大蔵省と取引所の幹部たちは再開後のことが心配だった。売りが殺到するのは目に見えていた。

この話をつづけなければならないが、それより前に、四年前からの株価の動きを見よう。

株価の動きを見てくれれば、多くの人びとが予想したこと、喜んだこと、心配したことがわかり、人びとの脳裏に刻まれたこの戦いの経過をはっきりたどることができる。

アメリカとの戦いがはじまるまでの数カ月、株式市場は沈滞をつづけていた。昭和十六年七月二十六日、アメリカは自国にある日本資産のすべてを凍結した。事実上の経済封鎖だった。全株価が暴落した。もっとも時勢に敏感な新東株は、大恐慌の底の昭和六年の最安値にまで落ち込んだ㊺。

ところが、戦争がはじまり、すべての戦場で勝ち戦がつづくようになって、俄然、市場は面目を一新した。だれもが長期戦になると思い、いっそうの生産拡充が必要になると考え、株式資本が増大するとの見通しをたてた。生産制限に追い込まれた消費部門の工場主や廃業した工場や問屋にあふれていた浮動資金が株式市場に殺到した[46]。

株価は昭和十八年七月が天井だった。昭和十六年の平均指数が百五十だったのが、昭和十八年七月には二百二十二となった。

ところが同じ月の末、イタリアで宮廷クーデターが起き、ムッソリーニが失脚した。すべての株価が一斉に下落した。それでも昨十九年の一月には散発的な買い物が入り、市場は持ち直すかに見えた。

だが、二月にマーシャル群島のルオット、クェゼリンの二島が失陥し、決戦非常措置要綱が発表されると、松竹をはじめとする興行株を中心に株価はじりじりと下がりはじめた。株価の大崩れをどうにか防いでいたのが、昨年四月からはじめた戦時金融金庫の無制限の買い出動だった。

戦時金融金庫、いわゆる戦金《せんきん》については、前に何度か触れた。昭和十七年四月に発足した戦金は、軍需企業を中心に設備資金を供給してきた。そしてもうひとつ、有価証券の市価安定を図るために株式の売買、保有、操作をおこなってきた。

昨年の七月、サイパンの玉砕、東条内閣の総辞職とつづいた。戦金が買い支えをしたが、株式市場は沈滞するばかりで、出来高は減少をつづけた。

ところが、昨年九月に株価は立ち直りを見せた。そして十月の中旬、台湾沖航空戦のニュースが入った。五日間の猛攻、五回にわたる大本営発表がつづく巨大な戦果だった。だれもが胸のつかえをおろし、久しぶりに笑顔を見せた。兜町は買い気で沸き立った。取引所員と才取人《さいとりにん》たちは顔を真っ赤に上気させ、証券会社の社員たちはてんてこ舞いの忙しさとなった。ひっそり閑としていた証券会社の店頭が人で埋まった昭和十六年十二月十一日、十二日からの日々を思いださせる毎日となった。

船株を中心に全面的に株は上がりつづけ、東京市場、大阪市場ともに連日の賑わいとなり、十月には一千三百万株が取引され、取引所開設以来の最高記録となった[47]。戦金は買い出動どころか、いくつかの銘柄を売りにでた。

台湾沖航空戦の勝利の報道がつづいているさなか、敵軍はレイテ島に上陸した。大損害をこうむりながら、敵も必死なのだとだれもが思った。レイテの戦いに勝ちさえすれば全戦局は逆転するのだ、すべての問題を解くめどがまもなく得られるのだと人びとは思った。

そうはいかなかった。おかしいな、どういうことであろうかと思っているうちに、戦局はいよいよ不利となった。今年一月に敵はルソン島に上陸し、二月に硫黄島に上陸した。買い気はまったく離散した。まもなく空襲がはじまり、前に見たとおり、三月九日夜の大空襲となった。

取引所を再開すれば、あらかたの軍需株は暴落するのが確実だった。軍需株だけでは済むまい。南満洲鉄道株、満洲重工業株をはじめとする満洲株、台湾電力、朝鮮水力電気の外地株も売られることになるにちがいなかった。戦金が全面的な買い支えにでるほかはない。

三月十七日に取引所が再開された。はたして総売りとなった。戦金は野村、山一、大和の証券会社に指示して、立会い停止前日の三月九日の最終価格で、全銘柄を無制限に買い入れさせた。

市場の不安はいっとき解消したかに見えたが、沖縄の戦い、五月七日のドイツの降伏とつづいて、総売り、買い手は戦金だけという異常な状態がつづいている。

元日のラジオ、富樫《とがし》役の羽左《うざ》がよかった

このような状況のなかで、松竹株がどうして買われているのだろう。戦金が買い入れをしているのであろうか。松竹の三月九日の最終値段は四十二円だった。三月十七日に取引所を再開したときの値も四十二円だった。その値が四十五円、四十七円と上がってきているのは、戦金とはなんの関係もない。

松竹《まつたけ》は儲かっているのだろうかと鳶魚が坪内に尋ねる。坪内が首をかしげる。

鳶魚は松竹《しょうちく》を「まつたけ」と呼んでいる。大谷竹次郎と双子の兄弟、白井松次郎がつくった興行会社は、その昔は「まつたけ」と呼ばれていたからだ。いまだに「まつたけ」

と呼ぶ人は少なからずいる。谷崎潤一郎や劇評家の伊原青々園《せいせいえん》も「まつたけ」と呼んでいる。

現在、六十七歳になる大谷竹次郎の名前を鳶魚がはじめて知ったのは、松竹が新富座を手に入れたときだった。松竹は大阪道頓堀の中座や京都の南座を買い入れるや、つぎに東京に進出し、新富座を皮切りに、春木町にあった本郷座、さらに歌舞伎座、明治座を買収あるいは賃借りし、明治三十九年から大正五年までのわずか十年のあいだに、花柳界と金持ちを贔屓筋とする三都の大芝居劇場のすべてを支配し、歌舞伎と新派の幹部俳優をひとり残らず手中に収めた。

鳶魚はその京都出身の兄弟の興行師、とりわけ東京に本拠を置くようになった大谷の手腕に舌をまいた。そして、鳶魚が劇評を書いていたころには、かれの文章が新聞雑誌に載るごとに、大谷から丁寧な礼状をもらい、噂どおり並の興行師ではないなと感心したのだった。

近代歌舞伎の経営システムと内部組織をしっかりとつくりあげたのは大谷であり、それればかりか、かれ自身、劇作家の岡本綺堂や真山青果に脚本を頼み、台本を選び、演出を考案し、出演者、舞台関係者の指導までをした。

だが、映画の出現がなければ、大谷がいかに有能でも、それまでのすべての興行師と同じように、増えつづける欠損に目をつぶり、手をひくことができないまま最後は破産で終わったにちがいなかった。

かれと松竹を救ったのは映画である。映画もはじめはばかばかしい見世物で、日本でつくられた活動大写真はとるに足りなかった。だが、しだいに変わった。ちゃんとしたストーリーの外国映画を上映すれば、道頓堀の小さな活動館の上がりが松竹の一流劇場の上がりの二倍、三倍にもなることを大谷は知った。

大正十年、松竹は映画に進出した。蒲田《かまた》村の湿地を埋め立て、撮影所をつくり、新派の本流からはずれた役者を使って映画をつくり、松竹の持つ二流、三流の劇場を常設興行場にして、つくった映画を上映することにした。

蒲田の撮影所を閉鎖して、大船に移ったのが昭和十一年である。翌十二年には、松竹興行と松竹キネマを合併し、松竹株式会社を創立して、大谷が社長、白井が会長となった。

都市とその郊外の大工場に大勢の若者が働くようになり、休みの日には何十万という男女が映画館で笑い、泣き、恋をするようになって、この新興の娯楽は松竹のドル箱になった。だが、映画が大いに儲かっていたのも昨日までだった。

芝居のほうはどうなっているのか。歌舞伎が松竹の表看板であるのは相変わらずだが、利益を生んではいない。

昨年三月の政府の「高級享楽の停止」がきっかけで、松竹をはじめとする興行株が下落したことは前に述べたとおりだ。

松竹の劇場は、東京では歌舞伎座、東京劇場、新橋演舞場、明治座、国際劇場、大阪では中座、角座、京都では南座、神戸では松竹劇場が閉鎖させられた。もっとも、興行場を待合や高級料亭、芸妓屋と同一視するのはおかしいという声があがって、新橋演舞場、明治座、南座の三劇場だけが、一カ月のちの四月に営業再開を許された。昨年十一月には中座が再開、東京劇場が今月に再開された。

そして歌舞伎や新派の劇団は軍需工場と軍隊の慰問興行にでて、地方を巡業するようになっている。つぎの慰問地は海軍航空隊だと告げられれば、米の飯が腹いっぱい食えるぞと役者たちは喜び、専売局だ、これで当分、煙草には不自由しないぞと歓声をあげた。そのあいまに東京、京都、大阪の劇場に出演してきた。

空襲がはじまって、劇場も映画館も開場は昼のあいだだけとなったが、それも空襲に邪魔をされるようになった。疎開騒ぎがはじまって、この三月はじめには、劇団員が欠けて、新橋演舞場、明治座、邦楽座、浅草松竹座はどこも開場できなかった。ただひとつあけていたのは、新宿第一劇場だった。エノケン一座がでていた。つづいて三月九日夜の大惨禍となった。

大阪では芝居をやっていた。中座も開場していた。出し物は「絵本太功記」だった。場面は「尼ヶ崎」の段で、竹藪からでてきた光秀役の片岡仁左衛門が大見得《おおみえ》を切った。

サイレンがとぎれとぎれに鳴りだした。慌てて幕をしめ、観客は避難所へ向かった。解除のサイレンが鳴り、衣裳かつらをつけ、幕をあけると再びサイレンが鳴りはじめた。

そして中日《なかび》の十三日の深夜、大阪は三百七十機のB29に襲われた。中座をはじめ、昨年三月から休場していた角座、杉狂児一座と益田喜頓《きいとん》一座の軽演劇をやっていた浪花座、弁天座、この三月には休業していた文楽座、すべてが焼かれてしまった。

四月に松竹系の劇場が開いていたのは、劇団たんぽぽの邦楽座、森川信一座の新宿第一劇場、関西では漫才大会をやっていた京都南座だけだった。

二月、三月、そして四月の大部分を休業していた新橋演舞場が、四月二十五日に開場した。菊五郎一座が出演し、義経千本桜のすしやの一幕と棒縛《ぼうしばり》、膝栗毛の赤坂という三本立てで、午後一時からの一回興行だった[48]。初日、棒縛のあと、次郎冠者《じろうかじゃ》の扮装のままの菊五郎が「私の死場所は舞台以外にございません」と挨拶をしたときには[49]、客席を埋めた人びとが立ちあがって、声をかぎりに「音羽屋」と叫んだのだった。

余計な話になるが、菊五郎のこの芝居を観た人のことを記しておこう。三島由紀夫という筆名で小説を書いている平岡公威《きみたけ》という青年のことは前に記した。青白く、痩せているこの東大法学部の学生は兵役検査で肺浸潤という診断をうまくかち得て、「即日帰郷」となった[50]。勤労動員の工場をさぼって、四月三十日に新橋演舞場に行った。「菊の『これ忘れては』にて花道より本舞台へかえる処の足取」とかれはノートに記した[51]。菊五郎演じる、いがみの権太が「べらぼうめ、大金《おおがね》になる仕事だ。どきゃあがれ」と妹のお里を蹴倒し、店を飛びだす。カネを隠した寿司桶を持ってでるのを忘れたことを思いだし、とってかえすところだ。同じ場面を演じた羽左衛門の所作を公威は思い浮かべようとした。三年前、母と一緒に歌舞伎座で観たのだった。

鳶魚と坪内がどうして松竹の株価が上がるのだろうという話から、芝居のことになれば、妻の八重も加わって羽左衛門の話になる。

一週間前にだれをも驚かせたのが市村羽左衛門の死を告げるニュースだった。疎開先の長野の湯田中《ゆだなか》で五月六日に没した。

多くの人がかれの死を悼み、日記をつける余裕のある人は羽左衛門の死を書き綴ることを忘れなかった。大佛次郎は「当代で一番惜しい」と書き、梨本宮《なしもとのみや》伊都子は「万事休す」と記した。高見順は日記に読売報知の死亡記事の切り抜きを貼った。

鳶魚は若い家橘《かきつ》の時代からの羽左衛門の舞台を知っている。大向《おおむこう》から「大根」の声がきまってかかったものだった。そんな声が消えた明治末に、鳶魚は劇評で羽左衛門を褒めた。「羽左衛門のお嬢吉三《きちさ》、……投げているかとも見えながら、あっぱれ名優だと感じさせられる。この人が本気になっての演出は、そもそもいかなる舞台を見せるだろうか。とさえ、考え込ませた」

鳶魚は羽左衛門とつきあいはなかったが、鳶魚が明治三年の生まれ、羽左衛門は明治七年の生まれで、同時代人といった思いがあって、ずっとかれに親しみを感じてきた。八重もかれを贔屓にしてきた。

八重が元日の「勧進帳」を聞いたかと坪内に問い、しばらくは「勧進帳」と羽左衛門の話になったにちがいない。

羽左衛門は昨年十月に明治座にでた。「源平布引滝《げんぺいぬのびきのたき》」の実盛と「権八夢一節」の権八をやった。そしてこの元日、内幸町の放送会館から、「勧進帳」を午後七時四十分から九時まで放送した。幸四郎が弁慶、菊五郎が義経、羽左衛門が富樫《とがし》、長唄は杵屋六左衛門、芳村伊四郎、三味線が杵屋佐吉、全出演者は三十四人にのぼった(52)。元日の舞台劇は毎年恒例となっていたが、これだけ豪華な番組ははじめてだった。

そして一月、海軍、軍需工場の慰問興行に出たあと、演舞場で羽左衛門と菊五郎の合同劇を二月に開演するとの予定をたてていたのだが、敵機が毎日のように襲来するようになってその興行は実現しなかった。そこで、放送会館の「勧進帳」が羽左衛門の最後の舞台になったといってよいだろう。

幸四郎が弁慶、羽左《うざ》が富樫、菊五郎が義経といった配役はいつからだろうと坪内が尋ね、九代目団十郎の追善興行のときからだから昭和七年からだと鳶魚が語り、いい配役だけど義経は歌右衛門がよかったと八重が言い、富樫は羽左衛門がいちばんということで三人の意見が一致したのではなかったか。

弁慶が義経に杖を振り上げるのを止めようとする富樫の台詞に情がこもっていてよかった、お正月にラジオを聞いていたときには涙がとまらなかったと八重が語り、羽左衛門の口跡《こうせき》を真似て、「判官《ほうがん》にもなき人を、疑えばこそ、かくも折檻《せっかん》もし給うなれ」と小さな声で語ってみせ、坪内と鳶魚が手を小さく叩いたのであろう。

鳶魚と坪内は、このさき芝居をつづけていくことはとてもできまいと話し合い、いつになったら芝居に行くことができる世の中になるのだろうという話になって、また羽左衛門の話に戻って、十六歳の敦盛を演じて少しもおかしくなかった、もう五年は生きていてもらいたかったと鳶魚がちらりと自分のことと重ね合わせて語れば、八重と坪内がうなずき、どうしていま松竹株が値上がりするのだろうかという話に再び返ったのである。

「続姿三四郎」は大入り満員だったが

松竹の映画部門はどうなのか。昨年一年間の製作本数は十六本だった。他の二社は、大映が十六本、東宝が十四本、合わせて四十六本だった。最盛期の十分の一だった。

昭和に入って、各社合わせての映画の製作本数は年間ずっと五百本台だった。昭和十六年に一挙に半分に減らされた。二百五十本となった。

映画用フィルムの輸入がとまった。映画用フィルムをつくっているのは富士フイルム一社だが、軍事用フィルム、医療用フィルムの需要が優先され、映画用フィルムの生産は減らされた。昭和十七年には映画用の生フィルムの割当はさらに半分以下に削減されて、百本分となった。

映画配給の新たな仕組みをつくらねばならなくなった。百本の映画を一年間に配給するとなれば、一年は五十二週だから、週に二本ずつ新しい映画を封切り館にかけることができる勘定となる。そこで全国の映画館を「紅」と「白」に分け、新たに創立された映画配給社から「紅」「白」の二系統に毎週一本の映画を配給することにした。松竹映画は松竹系統の映画館、東宝映画は東宝系統の映画館で上映するといったことはなくなった。

紅系、白系の全国の封切り館をそれぞれ四十館とした。プリントを三十本ずつと決めたからである。十本少なくて済んだのは、たとえば同じ白系の丸ノ内邦楽座と日比谷映画劇場であれば、自転車でフィルムを運び、ぐるぐる回しの掛けもちの方法により、プリント一本で間に合ったからである。

百本の映画をつくり、週二本の配給ができたのは昭和十七年だけだった、昭和十八年になって映画会社向けの生フィルムの配給はまたも減らされた。一社が一カ月に二本弱だったのが一本となってしまった。同じ映画を二週間上映することにした。二週目は紅系でやっていた映画を白系の映画館に、白系で上映していた映画を紅系の映画館で入れ替えて上映することにした。

映画館を減らさねば共倒れといった状況となった。松竹と東宝は直営映画館を実演場に変えようとして、中小の実演劇団をつくった。軽演劇、軽演劇団と呼ばれ、軽いドラマやボードビル的な出し物をやる劇団である。松竹は森川信の新青春座、小堀誠の明朗新劇座といくつもつくった。

劇団たんぽぽの結成がいちばん早かった。昭和十八年一月に演劇場に変えた丸ノ内邦楽座で旗揚げ公演をやった。座長は松竹少女歌劇のスターだった水の江滝子である。

いくつかの映画館を実演場にしても、映画の本数は減りつづけ、プリントの本数も減っていたから、映画館はずっと過剰だった。映画館の数を減らすしかなかった。映画館の数は昭和十六年が最高だった。二千四百館あった。三年間に六百館が休館した。昨年の十二月、七百館に映画フィルムの配給を停止すると告げ、二カ月のあいだに閉館することにした。残るのが一千百館だった。まだ多すぎた。

こうした問題をきれいに解決してくれるのは、原料と部品が不足し、燃料の石炭が欠乏する工場のもろもろの悩みを解決してくれる方法と同じである。空襲だ。

映画館が最初に焼かれたのは昨年十一月二十九日夜の空襲だった。神田と日本橋の一部が焼かれ、神田の南明座が灰になった。以前には洋画の二番館だった。

一挙に映画館が焼かれたのは三月九日の夜だった。浅草六区の映画館が全滅し、東京じゅうで松竹系を含めて四十五館が灰になった。

ところが、映画の製作がいよいよ困難になった。電力制限のために、一カ月で終わるはずの撮影が二カ月かかるようになった。すべての資材が足りなくなった。四月の空襲で松竹の衣裳部が焼けてしまったのも大きな打撃となった。人手も足りない。照明係が召集されて撮影は中止となり、女子職員や製作部長がエキストラになる有様だった。「くもとちゅうりっぷ」「フクちゃんの奇襲」をつくった松竹動画研究所も、紙が手に入らず絵具がないためにこの三月で閉鎖した。四月十二日から二週間、封切り館で上映した長篇漫画「桃太郎の海の神兵」が五作目、そして最後の作品となった。

もういまとなっては、月に二本、三本分の生フィルムが配給されたとしても、どうにもならなくなっている。

今年に入って松竹が封切りした映画は、「桃太郎の海の神兵」を入れて六本だ。七本目の映画は五月中にできる見込みがなく、八本目にいたってはまったく見当がつかない。撮影所もいよいよアルミニウム製造工場、製鉄所、航空機製造工場と同じ運命をたどろうとしている。

ところで、松竹株が昨日、今日と値上がりしていることは、社長の大谷竹次郎、専務の大谷博も承知していよう。博は竹次郎の女婿である。長女トシと結婚した。竹次郎は麴町四番町の自宅にいるが、博は新富町の本社にいる。

本社のビルは爆撃の傷痕を残したままだ。この一月二十八日に銀座が爆撃されたときだ。竹次郎は五階から地下室へ下りようとして、作家の川口松太郎が来ている三階の重役室に立ち寄った。そのとき、爆弾が最上階の五階と四階の端を突き抜け、外へ抜け落ちた。爆風で竹次郎の右の鼓膜が破れた。居合わせた企画本部長が腹部を強く打ち、のちに死んだ。ほかに五人の社員が死んだ[53]。

竹次郎はなぜ松竹株が値上がりするのだろうと考えていよう。芝居と映画、双方ともが惨憺たる状況だ。どれだけ悪くても、東宝、大映、その他の興行会社よりいいというのならまだしも、どこよりも悪い。封切り収入の総上がり高は、三社のなかで松竹が最下位だ。

この二年間で当てたのは、昨年の正月映画、飯田蝶子と高峰秀子主演の「おばあさん」と昨年十二月の木下恵介監督の「陸軍」だけだ。

おまけに、空襲の被害は松竹が群を抜いている。前に述べたとおり、三月九日の夜に浅草のあらかたの劇場が灰となり、松竹の全社員がその後始末に追われていたさなか、三月十三日夜の空襲で道頓堀と千日前のすべての劇場を失ったとのニュースが入り、だれもが呆然《ぼうぜん》となった。

松竹は腐っても鯛ということなのか。いったいこの値上がりの背後にはなにが隠されているのだろうか。博も考え込んでいよう。

植草甚一は新宿文化劇場にいる。前に述べたことがあるが、[54] かれはこの映画館の主任だ。東宝本社にいたのが、昨年九月に日比谷映画の主任となり、十一月に新宿へ転任となった。

新宿文化劇場は前にはドイツ映画やフランス映画の古い作品をかけて、かなりの成績をあげていたのだが、情報局が洋画の上映にいい顔をしなかった。若者に洋画を見せることに反対なのである。いまは古い邦画だ。「名人長次彫」を上映している。昭和十八年の東宝映画だ。客の入りはよくない。

文化劇場と同じ並びにある新宿東宝とそのさきの帝都座は文化劇場より格が上だ。ともに紅系統の封切り館だ。紅系統と白系統の仕組みをつくった昭和十七年はじめには、東京の封切り館の数は二十二館あった。プリント用のフィルムの配給が減りつづけ、映画館が焼けてしまうことが重なって、東京の封切り館は四月に八館となってしまい、いまは六館である。渋谷映画、新宿東宝、帝都座の三館が紅系統、白系統は日比谷映画、富士館、浅草松竹の三館である。

紅系統の映画館で五月のはじめまでかけていたのが東宝の「続姿三四郎」だった。昭和十八年の「姿三四郎」がたいそうな人気だったが、この続編がまた、監督は黒沢明、主演は藤田進、大河内傳次郎、轟夕起子と前と同じ顔ぶれであることから、たいへんな前評判だった。封切りは四月二十六日の木曜日だったが、上映時間前に帝都座、新宿東宝をとりまく人垣ができた。

植草甚一は新宿三丁目に人があふれているのに驚いた。甚一の事務室に立ち寄った憲兵も、道路を埋める群衆に興奮気味だった。一斉検挙する、昼間から映画館に来ているのは工場をさぼった連中だと怒った。昨年末から日没後の映画の上映は禁じられているから、映画を見ようとすれば、電休日でないかぎり工場を抜け出てこなければならない。

甚一は日記につぎのように書いた。「紅系（新宿東宝、帝都座）にて『続姿三四郎』の封切のため客足すこぶる繁し……[55]」

一週間後の交換上映の決まりで、五月三日の木曜日から新宿東宝と帝都座は「乙女のゐる基地」をかけた。特攻基地に働く女子整備員の奮闘ぶりを描いたもので、女主人公は水戸光子だ。題名とはちがって、この数年の松竹映画の不振を裏書きするような、地味でおとなしい作品だ。

紅系封切り館と白系封切り館で同じ映画を二週間上映したあとだから、五月十日の木曜日には新しい映画が封切られるはずだ。ところが、つぎの映画が二本そろわない。松竹の今年七本目の作品「ことぶき座」は五月中に完成の見込みはない。東宝の今年七本目の「日本剣豪伝」は配給できたが、大映の「生ける椅子」が間に合わない。「乙女のゐる基地」の上映をつづけねばならず、新宿東宝と帝都座の客席はがらがらだ。

植草甚一はやって来た本社の社員と話し合っている。映画の製作本数はいよいよ少なくなるから、紅系統と白系統に分ける必要はもうじきなくなるだろうと語っている。それでは映画館が余ることになるな、どの館が封切り館として残るのだろう。B29が決めてくれるさ。新宿東宝と帝都座が焼けてしまい、新宿文化が焼け残って、植草さんのところが封切り館になるだろう。こんな話をしている。

甚一と話し相手の本社の男は松竹の株価が上がっていることをまだ知らないようだ。松竹株の値上がりに「はてな」[56]と思った男が軍人のなかにいる。中島親孝《ちかたか》がこれはどういうことだろうかと考えている。

敗戦相場のはじまりか

中島親孝は連合艦隊司令部の情報参謀だ。横浜日吉《ひよし》の慶応大学キャンパス内の南端の学寮にいる。司令部をここに置いている。

かれは三十九歳になる。海軍兵学校を出て、海軍通信学校で学んだ。第二艦隊、第三艦隊の参謀をやり、昭和十八年十一月から連合艦隊司令部の参謀だ。

敵の太平洋艦隊はマリアナを攻略目標とする。サイパン、テニアン、グアムの島々を占領すると断言したのがかれだった。だれもが、敵の大艦隊はマッカーサー軍に協力して、ニューギニアの北岸に向かうと見ていた。

かれの解析どおりとなった[57]。マリアナ沖の戦いがはじまった。広島湾の柱島《はしらじま》錨地の巡洋艦、大淀《おおよど》の作戦室で、かれは通信文を読み、作戦図に戦況の記入をつづけた。戦果の入電はついになかった。

三大空母を失い、母艦機搭乗員の大部分を失う決定的な敗北となったのだが、かれの分析と見通しの的確さは高く買われるようになり、軍令部特務班にいる情報担当の大学出の士官たちからも尊敬されてきた[58]。重大事が起きれば、かれの意見が重視され、各種の集まりや作業部会で、かれの情報判断に人びとは耳を傾けるようになっている。

陸上を基地とする航空部隊を戦いの主力とせざるをえなくなり、連合艦隊司令部を陸地に移すことになった。横浜航空隊、登戸《のぼりと》と候補地が挙げられたが、日吉の丘陵にある慶応大学の構内を推したのがかれだった。

コンクリート造りの二階建ての三棟の寄宿舎のうちの南棟に長官室と参謀長室を置き、中棟を作戦室と幕僚の私室にした。この南棟と中棟とのあいだに地下施設へ下りる地下道の入口がある。すべてを地下に移す計画であり、地下壕を掘りはじめたのが昨年の九月だった。現在、ほぼ完成に近づいている。厚さ三十センチから四十センチのコンクリートでつくられた司令室、作戦室、電信施設、暗号室がある。

この地下施設とはべつに、これより北の同じ大学の構内にトンネル網ができあがっている。ここには海軍省の人事局と経理局が二月末に移ってきている[59]。

中島のことに戻るが、これまでに松竹株のような平和産業株が値上がりしたことがあるのかどうかを、かれは知ろうとした。もちろん、かれは株についてはなにも知らない。役にたつ資料もすぐには見つけることができない。株の動きがでている資料をやっと見つけだした。

支那事変がはじまってから現在までの八年のあいだに、株が暴騰し、好相場がつづいた時期は三回ある。昭和十二年十二月の南京陥落につづいての一時期と、昭和十四年九月にヨーロッパの戦いがはじまってから翌十五年一月までのあいだ、そして昭和十六年十二月に対米英戦争がはじまってからの一年半のあいだだった。

この三回のなかで、平和産業株が値上がりしたのは最初の昭和十二年十二月のときだけだった。その年の七月に盧溝橋事件が勃発し、八月に戦いが拡大することが明らかとなって株価は暴落した。九月に入って株価はさらに落ちた。そのあと十月、十一月と半恐慌相場がつづき、兜町は開店休業といった有様で、証券業者はまったく商売ができず、青息吐息となった。政府、とりわけ大蔵省と陸軍省が慌てた。ところが、十二月に入って、南京陥落の直前から株価が動きだした。と見るまに、兜町は一気に沸きたった。猛騰といった上がり方となった。[60]

上がったのは軍需産業株ではなかった。平和産業株だった。楽天的な気分が市場を支配した。国民政府の首都南京を占領し、これで戦争は終わるとみなが思った。戦時統制経済もまもなく終わるとだれもが期待した。要するに戦勝相場だった。

昭和十三年一月、二月と好況は持続した。だが、四月に相場は急落した。戦争が終わらないと人びとが気づいてのことだった。それ以来、平和産業株が暴騰したことは今日までなかった。

現在、松竹の株価がわずかながら動いているのはなぜなのであろう。これこそ敗戦相場のはじまりなのであろうか。中島は考え込む。

かれが気がかりなのは、十一日、十二日、そして今日と三日間にわたって秘密会議がつづいていることだ。軍令部総長と海軍大臣が出席している。他の顔ぶれもわかっている。最高戦争指導会議の構成員たちだ。陸海統帥部の次長と陸海双方の軍務局長、内閣書記官長は出席していない。

会議内容は秘密にされているが、最高会議のあったことは隠されていない。

議題は対ソ外交だろう。ほかに重大な問題はなにがあるか。戒厳令施行か、それとも憲法三十一条の非常大権を発動するかで意見が分かれたのであろうか。だが、これを決めるのに三日もかかるだろうか。幹事たちを除外する必要もないだろう。

和平の仲介をソ連に依頼するかどうかを討議したにちがいない。そこまで踏み込んで検討するとの了解が最初にあったからこそ、幹事たちを出席させないことにしたのだと、この分析専門家は考える。

そしてかれがうなずくのは、その会議と松竹株の値上がりとのあいだに関係があるのではなかろうかということだ。

つぎのように想像してみる。

出席者の六人のうちのだれかが部下に向かって、ソ連に仲介を頼み、「大工作」をおこなう、「大転換」をおこなうことを討議しているのだとほのめかしたのではないか。

妻子を疎開させた陸海軍の部課長と課員たちは、これまた疎開して無人になった麴町界隈の焼け残った金持ちの邸を借り、数人でいっしょに住み、それこそ陸軍大学校か海軍砲術学校の学生時代に戻ったような生活を送っている。

かれらのところに、サントリーの十二年ものを三本ほど抱え、密殺した牛肉の塊を手にした料理人を連れてやって来る男がいる。怪しげな鉱山を種にして、「機密度の高い時局重点産業」に指定してもらい、大臣や軍需省の長官にとりいり、戦時金融金庫からつぎつぎと資金をひきだしている成り金である。秘密がかれに漏れる。タングステンだ、モリブデンだ、明礬石《みようばんせき》だと言いたてて、「命令融資」を手中に収めてきたこの男がなにも言わずに配下に命じ、つぎの「時局重点産業」株を買わせているのではないか。

松竹株だけでなく、ほかの興行株、食品株、セメント株、人絹株の動きに注意を怠るまい、そして政府上層部の動きを警戒しなければならないと中島は考え、つぎに思い直し、いったいこんなことが自分の仕事となんの関係があると苦笑しかけたのだが、その笑いは途中で止まったのである。

三田村鳶魚と坪内守国はまだ話し合っている。

インフレになるのだろうかと鳶魚が聞いたにちがいない。

この谷間《たにあい》の温泉町にいる疎開者の多くは、定期預金を持ち、満鉄株、郵船株を持つ金利生活者である。インフレがいちばん怖い。高騰する闇値の話から、この界隈の百姓は強欲だという悪口になって、このさきインフレになるのだろうかとだれもが胸中の不安を口にすることになる。

この三月から、インフレは激化しはじめていると坪内は言ったのではないか。

政府はもはやインフレを抑えようなどといったことは考えていない。どうにかして生産の崩壊をくい止めたいと考えるだけとなっている。すべての軍需会社が疎開しなければならず、疎開費の貸し出し、巨額の戦争保険金の支払いが重なって、滔々《とうとう》とカネは流れ出ている、個人の疎開、戦災による預金のひきだしだってばかにならないと語ったのであろう。

話をつづけている坪内の頭にある考えが浮かんだのは、このときではないのか。月岡芳年《よしとし》の絵を集めようというアイディアだ。[61]

月岡芳年は明治十年代に武者絵、歴史画、新風俗画を描いて、最後の浮世絵師、浮世絵界最後の名匠と呼ばれた。

つけ加えるなら、芳年の内弟子だったのが水野年方だった。年方の弟子が鏑木《かぶらき》清方だった。清方と年方については前に触れたことがある。

甲府には芳年の肉筆画が多い。芳年は御一新のときに三十歳だった。狩野《かのう》派、土佐派の画家は言うに及ばず、浮世絵の画家も没落し、絵描きたちは生活できなくなった。明治四年に芳年は甲府へ来た。盆地内の資産家の邸を泊まり歩き、多くの絵を画いた。芳年が復活したのは明治十年になってからだ。

坪内は下部へ来てから、芳年の絵をあちこちの旧家で見せてもらった。舶来の銅版画の影響があり、写実的であり、絵のなかに動く力がある。もう一度、訪ねてみよう。町や村をまわって芳年を片っ端から集めよう。百円札、二百円札は紙きれになる。同じ紙きれなら、芳年の絵のほうがずっといい。

芳年を手はじめに、蔵のなかの骨董品や絵を見せてもらえば、ほかに買うものが見つかるだろう。能面がいい。能面も集めよう。般若《はんにゃ》から天狗の面の大癋見《おおべしみ》、小面《こおもて》、増《ぞう》、孫次郎の面がいいだろう。

むろん、戦争が終わったあとに売れるものを集めるのだ。いったいだれに売るのか。うん、そんな問いに答えることはない。坪内はこんな具合に自問自答したのである。

鳶魚は日記につぎのように記す。「坪内氏来話[62]　○松竹が人気株になり居るを意外に観じたり、我等などには世間の知れぬも当然なり」

第22章

市街地爆撃、火から逃れて、火と闘って（五月二十五日）

百一号作戦で井上成美は肝に銘じたのだが

今日は五月二十五日だ。

東京は昨日につづいて晴天だ。汗ばむ暑さだ。

一昨日の夜、荏原《えばら》、品川、目黒、渋谷の百八十の町が焼かれた。丁目をひとつふたつと数えたら、二百以上になる。東京の空襲は四十日ぶりだった。そこでだれもが思いだすことがある。

先月十三日の夜に豊島、滝野川、荒川を中心に百三十の町が焼かれた。これも丁目をひとつひとつ数えたら、二百に近かった。そして四十八時間をおくだけで十五日の夜に、大森、蒲田の町が六十以上、多摩川を越えて川崎の町が九十ほど焼かれた。五月十四日の朝、名古屋北部の市街地が焼き討ちされた。三十五時間おくだけで、十六日の未明、またも名古屋がねらわれた。今度は南部の町々が焼かれた。

敵は再び同じことをするのではないか。一昨夜につづいて今夜、再び東京に空襲があるのではなかろうか、どこに焼夷弾を落とすのだろうと東京のまだ焼けていない町に住む人びとは落ちつかない。

アメリカが日本におこなってきている恐怖爆撃、市街地爆撃については、前に何回か記した。

ここでもう一度、恐怖爆撃、市街地爆撃について述べよう。

五年前のことになる。昭和十五年五月のことだ。ヨーロッパの西部戦線が激変しようとしていた。五月十四日の午後三時、ドイツの爆撃機六十機近くがオランダ第二の都市ロッテルダムを襲い、人口の密集した中心部の大半を焼いてしまった。死者は九百人だった。オランダ軍が降伏したのはその夜だった。その前日、ドイツの装甲部隊はセダンでミューズ川を強襲突破し、フランス全軍が浮き足立ち、フランスもまた崩壊間近だった。

これは面白い、絶好の機会がめぐってきた、重慶との戦いを終わりにしてみせると、海軍航空隊の幹部たちは思った。

そのとき重慶への爆撃の準備が終わろうとしていた。この爆撃を徹底的におこなうことにする。他方、明日にもドイツの軍門に下ることになるかもしれない英国とフランスに圧力をかけ、ビルマと仏領インドシナからの重慶政府への軍需物資の輸送路を閉鎖させる。こうして重慶を和平に追い込む。うまくいくぞと思った。

霞ヶ関の首脳もこの作戦に乗り気になった。陸軍にたいする対抗意識があった。というより、激しい怒りがあった。三国同盟に反対する海軍をこきおろし、こけにしてやろうとして、陸軍の軍務課が右翼にカネをばらまき、海軍を腰抜けだ、税金泥棒だと罵倒させるといったことをこの前年にやった。

海軍の幹部たちはみごとな復讐ができると大きく希望をふくらませた。戦いをひきおこした陸軍が、二十万人に近い若者を犠牲にしながら戦いを終わりにすることができないでいる。このだらしのない陸軍を尻目に海軍がこの戦争をみごとに片づけ、国民の感謝をかちとってみせるのだ。

なによりも、海軍は陸軍が持っていないものを持っていた。重慶を爆撃できる九六陸攻だ。中攻《ちゅうこう》の名で呼ばれる九六式陸上攻撃機である。はるか洋上を飛び、敵艦隊に魚雷を放ち、あるいは爆弾を投下することを目的として開発した爆撃機だ。外国機の模倣ではなく、独自の設計、技術によるものだ。マレー沖で英国の戦艦プリンス・オブ・ウェールズと巡洋艦レパルスを撃沈したのがこの九六式陸攻である。

陸軍が重慶爆撃をおこなおうとしても、重爆撃機をわずかしか持たなかったから、この作戦は当然ながら海軍が主役となる。

百一号作戦と名づけられたこの航空攻撃は五月十八日にはじまった。もちろん、昭和十五年のことだ。鹿屋、高雄《たかお》の航空隊、そして華中、華南の航空隊を前進基地の漢口に集めた。第一連合航空隊の司令官が山口多聞、第二連合航空隊の司令官が大西滝治郎である。海軍航空の主柱の二人だ。山口はミッドウェー沖で空母飛龍と運命をともにした。大西は現在、軍令部次長である。

中攻の総兵力は常時百機にのぼった。はじめは重慶の郊外の飛行場と施設をねらった。五月二十六日からは重慶市内に目標を移した。軍と政府の中枢機関を爆撃すると主張したのだが、標的は町全体だった。市街地爆撃である。横浜の半分ほどの都市だ。七十万人と人口は一時期ふくれあがったが、疎開がすすみ、五十万人ほどではないか。この重慶を廃墟にしてしまう。蔣介石が成都に逃れるのであれば、そこも廃墟にする。

六月十四日に外務大臣は重慶にとどまる各国の外交機関にたいし、作戦の終了まで指定した安全地域に避難するように勧告した。そして六月二十四日から市内への連続爆撃を開始した。

当然ながら、陸軍の幹部は新聞の大見出しとなっている海軍の重慶爆撃を白眼視した。海軍の連中がこの戦いはわれわれが片づけてみせると息巻いていることは、もちろん、かれらにとって不愉快きわまりなかった。

ところで、陸軍省、参謀本部の部課長が注視していたのは重慶ではなかった。ヨーロッパの戦況の急展開に気もそぞろとなった。六月十四日にはドイツ軍はパリに入城し、二十二日にはフランスは休戦の署名をおこない、二十五日には休戦条約が発効した。英国が和平を求めるのもそう先ではない、いまこそ千載一遇のときだとかれらは歓声をあげた。

参謀本部の部長会議で、上海の租界と香港を封鎖し、武力圧迫しようといった計画をたてた。七月三日、参謀本部と陸軍省の首脳が協議して、フランスを締めあげようということにもなった。「戦争準備ハ概ネ八月末トシ之ヲ促進ス」と定めた「時局処理要綱」をつくった。上海のフランス租界から南太平洋のフランス領の島嶼《とうしょ》までの解決策を並べたてていたが、さしあたってやろうとしたのは北部仏領インドシナへの派兵だった。

七月二十七日、大本営政府連絡会議は「時局処理要綱」を採択した。海軍側が反対して、「戦争準備」と「八月末」は消え、「各般ノ準備ハ極力之ヲ推進ス」となった。

八月六日、井上成美は上海から追浜《おっぱま》の飛行場に中攻で飛んだ。

現在、もちろん昭和二十年のこの五月のことになるが、十五日に海軍次官を辞め、久しぶりに休暇をとり、伊東の海軍保養所に行っている井上は、そのとき支那方面艦隊の参謀長だった。

百一号作戦の全指揮をとっていたのが井上だった。かれは海軍中央に意見具申をおこない、「時局処理要綱」がさらに新たな戦いの準備を促していることに方面艦隊は心配していると述べ、軍令部で第一部長の宇垣纏《まとめ》と関係者たちに重慶爆撃の説明をおこなった。

井上に随行した参謀の中山定義はその会議に出席した。かれがはっきり覚えているのは、井上中将が事変解決は百一号作戦の成否にかかっていると言い切ったことだった。そして百一号作戦は日露戦争における日本海海戦にも匹敵すると井上は説き、航空兵力をさらに増強してほしいと要望した。(1) この百一号作戦によって支那事変を解決してみせると井上成美が断言したときには、軍令部と海軍省の部課長たちはすでに聞き知っていることであったろうが、それでも直接耳にして、感嘆の表情を浮かべ、一斉にかれの顔を見つめたはずであった。

陸軍の重爆撃機隊の協力はどうなっているのかとの質問がでたときには、井上はなんと答えたのであろう。陸軍の搭乗員の技量は非常に低い、役には立っていないと言ったのであろう。つぎのようにつけ加えたのは、雑談のときだったのかもしれない。漢口の第一連合航空隊の士官のなかには口の悪いやつがいて、一位が海軍航空隊、二位が重慶の戦闘機乗り、三位が日本航空の搭乗員、その下が陸軍航空だと言っていると語って、みなを笑わせたのではなかったか。

ところで、井上成美は百一号作戦が戦いを解決できると本気で信じていたのか。重慶の町は十月末になると霧でおおわれる。それまでに重慶政府の士気をくじくことができるのか。

これを語る前に、同じときにおこなわれたドイツの百一号作戦について記そう。

ドイツ空軍がイギリスにたいする爆撃をはじめたのは、日本の百一号作戦より少し遅れて昭和十五年八月十二日である。英本土内の電波探知装置を配備した基地、空軍基地、航空機製造工場を爆撃した。ヒトラーはそのときにはロンドン市街地への爆撃を禁じていた。空軍戦力を叩きつぶしてしまえば英国は和平を申し入れてくるのではないかとかれは思ったのである。

ところが、英国本土上空の戦いは消耗戦となった。ドイツの爆撃機は戦闘機の護衛を必要とした。一機の爆撃機に二機の戦闘機をつけねばならず、そのために一日に出撃できる爆撃機の数は四百機から三百機どまりとなった。ドイツの戦闘機は優れていたが、行動半径がわずか二百キロ足らず、海峡を越えてロンドンまでが限度であり、空中戦をおこなう余裕もなかった。前に述べたことがあるが、英国側の電波警戒網は不意打ちを防ぐことができたばかりでなく、絶えず上空の戦闘機部隊に最新の情報を与え、待ち伏せをすることができた。英国機の損害は大きかったが、ドイツ機の損害はさらに多かった。

八月二十四日の夜、侵入したドイツ機が誤ってロンドン市街の真上で爆弾を落とした。翌日の夜、八十機の英爆撃機がベルリン市内に報復爆撃をおこなった。数回こうした爆撃を繰り返したから、ドイツの首脳が怒った。

九月七日の夕刻、六百機の戦闘機に護衛された三百五十機の爆撃機がテムズ河口を襲った。夜になって三百機の爆撃機が再びロンドンを襲った。それからはロンドンにたいする連夜の爆撃となった。ところが、侵攻するドイツ戦闘機がイギリスの戦闘機をどれだけ撃墜しても、七百機の戦闘機の数に変わりはなく、制空権を奪うことはできなかった。そのときイギリスは、ドイツ空軍の爆撃圏の外で、ドイツの二倍以上の戦闘機を生産していた。

　ドイツの爆撃機の損害はじりじりと増え、とりわけ九月十五日の昼間爆撃のドイツ側の損害が大きかった。空襲によって英国に和を講ぜしめようとしたドイツ空軍の試みはかなえられないことがはっきりした。

　九月十七日、ヒトラーははじめからたいして乗り気でない英国侵攻作戦を事実上断念した。英本土航空戦をはじめる前から、ヒトラーはソ連を電撃作戦で片づけることを考えていたのである。ドイツ空軍は九月下旬になってもなおロンドン爆撃をつづけたが、戦果はとるに足らず、爆撃機の損失ばかりが多かった。

　ドイツ空軍の対英航空戦は八月にはじまり、十月末に終わった。五月に開始された日本海軍の百一号作戦のほうはどうなっていたのか。

　八月末までに中攻は重慶を二十数回にわたって爆撃した。八月半ばには、はじめて戦場にでた零戦が重慶を攻撃し、爆撃機ばかりでなく戦闘機もこの航空戦に参加できるようになった。

　だが、陸軍の首脳は「時局処理要綱」を振りまわし、陸軍が主役の、目新しい北部仏印進駐の計画に夢中になっていた。海軍はと言えば、霞ヶ関の幹部たちは爆撃によって重慶政府を和平へ追い込むことは難しいと考えるようになっていた。

八月の末、陸軍第一部長の富永恭次が南京の支那派遣軍司令部を訪れ、北部仏印に派兵すると告げ、飛行戦隊の華南への移駐を求めた。軍令部も支那方面艦隊に主力航空部隊の撤収を命じた。九月六日、鹿屋航空隊と高雄航空隊はそれぞれの基地に戻った。

空軍の作戦は容易に攻撃目標を変更できる。そこで効果が現れないように思えば、上級指導部が口を挟み、ひとつの目標に攻撃力を集中することがどれほど大事かを忘れてしまい、つぎつぎと目標を変えるということが起こりやすい。重慶は土と石の町であり、爆撃によって大火災は起きなかった。持続的に同じ目標を爆撃する根気が失せてしまったのである。

井上成美はどう考えたのであろう。かれの上司、支那方面艦隊司令長官の嶋田繁太郎は日記につぎのように記した。「支那事変処理ニ一層ノ力ヲ用ウベキ時仏印ニ半端ノ目的ニテ用兵シ対支作戦ニ妨害ヲ被ルコト心外ナリ」

井上の考えも同じだったにちがいない。そして、みずからの力が足りなかったのだと思い知ったのであろう。わずか八百キログラムほどの爆弾や焼夷弾を積んだ数十機の爆撃機による攻撃を二十数回繰り返したくらいでは、敵の士気をくじくことはできないと知ったのである。

かれの約束、百一号作戦を日露戦争における日本海海戦とするためには、五百機から七百機の爆撃機が必要であり、損傷と欠陥が見つかったエンジン、燃料ポンプをたちどころに交換でき、穴があけられた部分をただちに溶接でき、そればかりか攻撃機を一倍半、二倍と増やしていく力のある航空機工場を持ち、整備関係の人員を増やし、最低三百時間の飛行経験を持つ搭乗員を爆撃機の定数の二倍にしなければならなかったのである。

だれよりも、井上が肝に銘じたことであった。

つけ加えておこう。

五月半ばから八月末までの百一号作戦に参加した中攻は九十機、予備が三十機だった。未帰還機は九機だった(2)。陸軍機の損失は八機、陸海双方の戦死者は百十一人にのぼった。重慶市内外への爆撃数は二十九回だった。投下爆弾と焼夷弾の総計は千二百八十トンだった。陸軍機の投下爆弾量を合わせても千七百トンだった(3)。

英国爆撃に動員したドイツの爆撃機は三百機から四百機、戦闘機は六百機から七百機だった。八月から十月中旬までの英国爆撃は、ロンドンを中心にして八月が爆弾だけで四千六百トン、九月が六千六百トン、作戦を終了した十月が頂点で八千八百トンだった(4)。

もう少しつけ加えておこう。

その間のドイツ空軍の損害は千七百機にのぼった。英空軍の損失は九百機だった(5)。

このあとで述べることになるが、英国の爆撃機ランカスターについても語っておきたい。

ドイツを屈伏させたのは、ソ連の地上軍とアメリカの巨大な物量であろう。だが、ランカスターの活躍を無視することはできない。ドイツの都市を片端から焼いていったのはランカスターである。英国人が世界最高と自慢した爆撃機であり、爆弾の搭載量は抜群だ。十トンの爆弾を積むことができる。

ところで、ドイツの町々を焼き払い、四十万人の老幼男女を殺すのと引き替えに、ランカスターはどれだけの犠牲を払ったのか。ランカスターの乗員の戦死者は四万七千人にのぼる[6]。喪失したランカスターは三千三百機以上だ。ランカスターの生産総数は七千三百機だから、半分近くを失ったことになる。

井上成美は上海から東京に戻り、昭和十五年十月一日に航空本部長に就任した。失意のなかにあっただけでなく、見ること聞くこと、すべて不快だった。大和の進水式は八月におこなわれたばかりであり、武蔵の進水式は十一月におこなわれる予定で、これらの秘密を共有する霞ヶ関の幹部たちは気持ちのたかぶりを隠さなかった。井上はどう思ったか。大和と武蔵、合わせての建造費は三億円を超す。零戦一機は六万五千円だ。大和の計画乗組員は二千二百人、零戦は一人だ。その年四月に飛行学生教程を修了した海軍兵学校の卒業生はたった八人だった。井上は歯噛みをする思いだった。

意見書を書いた。巨額のカネを食うばかりか、このさきの戦いで使うことのない、役には立たない戦艦の建造などやめねばならないと説いた。そして、基地航空戦力を中心とする航空部隊の飛躍的整備充実を求める「新軍備計画論」を大臣と総長に提出した。これが昭和十六年一月三十日のことだった。

だが、第二の日本海海戦を海軍航空部隊で実現することができなかった井上成美の主張に耳を傾ける者はいなかった。海軍省と軍令部の首脳と部課長たちが海軍の航空化に懸命となり、軍令部次長が部下に向かって、海軍の二文字をいつ、いかにしてとるかと問うことになるのは、(7)そのあと三年待たねばならなかった。もちろん、井上の意見書と同じく、これも空しい試みとなった。

関東大震災、函館・静岡・大手町の大火が明らかにしたこと

支那方面艦隊参謀長井上成美の重慶爆撃は失敗に終わり、空軍総司令官ゲーリングのロンドン爆撃もまた失敗に終わった。つぎはチャーチルによるドイツの都市への爆撃となる。

チャーチルは直観と衝動で行動し、ときにばかに臆病になったりもするが、説くことはたいていが強硬主張である。とはいっても、ドイツの市街地を爆撃することになった最初の理由は、かれの強気が理由ではなかった。昼間の空襲は犠牲が多すぎた。闇にまぎれて空襲するしかなかった。夜間に空襲するとなれば、目標が大きくなければならない。製油所をねらったが、うまくいかない。より大きな目標の鉄道操車場を爆撃するこ

とにした。これもうまくいかなかった。「地域」爆撃、要するに市街地にたいする無差別爆撃をするしかない。

だが、爆撃機の数が少なかったから、はじめはとても地域爆撃はできなかった。昭和十七年に入って、ハリファックス、ランカスターといった爆撃機の数がしだいに増えはじめた。そしてチャーチルは、大量無差別爆撃が戦いの決め手となると主張していたアーサー・ハリスという空軍中将を爆撃軍の司令官とした。第一次大戦のはじめには喇叭《らっぱ》手《しゅ》だったこの荒っぽい男がチャーチルのお気に入りとなる。

ところで同じ昭和十七年には、B17爆撃機が英国に駐留するようになった。アメリカ陸軍航空軍の第八航空軍である。アメリカ側は無差別爆撃に反対し、ドイツ空軍基地と航空機工場を爆撃目標とした。ドイツの防空戦闘機と戦い、ときに大きな犠牲を払いながらも、昼間の「精密」爆撃をつづけ、ドイツ産業に少なからぬ打撃を与えることになった。

チャーチルとハリスは、一般市民の住居を破壊し町を焼き払うことが、敵市民に恐怖を与え、その士気をくじき、戦争を早く終わらせることができるのだと説き、イギリスの夜間爆撃機はリューベック、ロストク、ケルンといったドイツの都市への無差別爆撃しつづけた。

前に見たことだが、ロッテルダムにたいするドイツ空軍の無差別爆撃はオランダの降伏を促した。そして一九四三年だから、昭和十八年のことになるが、七月十九日のローマにたいする初の無差別爆撃はイタリアを枢軸同盟から脱落させることになった。市街地にたいする無差別爆撃が戦いを早く終わらせることを証明したかのようであったが、ほんとうのことを言えば、オランダ政府もイタリア政府も、その無差別爆撃の前に降伏を決意していたのだから、恐怖爆撃の成功とは言えなかった。だが、英国の首相と軍首脳は無差別爆撃に固執しつづけた。

イタリアの枢軸離脱の直前、ムッソリーニ失脚の前夜のことだ。八百機に近い英軍爆撃機が人口百万のハンブルグを襲った。七月二十四日の夜のことだ。英軍機から一分ごとに投下され、ひらひらと落ちる大量の錫箔《すずはく》がドイツ側の電波探知装置の電波を反射させてしまい、防空戦闘機と高射砲は深い霧のなかにいるのも同然となった。

アメリカの第八航空軍もこの市街地爆撃、恐怖爆撃に協力した。翌七月二十五日にアメリカ空軍は同じハンブルグに昼間空襲をおこない、造船所と工場を爆撃した。さらにその夜、英空軍が再び襲った。八月二日の夜まで空襲は十昼夜にわたった。爆弾と焼夷弾、黄燐《おうりん》爆弾は、七百五十年の歴史を持つ町の半分の二十七万戸を焼き、四万人を殺した。

チャーチルとハリスはご機嫌だった。そのあとも英空軍はドイツの都市にたいする無差別爆撃をつづけた。アメリカの空軍は相変わらず精密爆撃をおこない、ボールベアリング工場やメッサーシュミット工場を爆撃していたから、チャーチルと英国軍の幹部は無差別爆撃に切り替えよとアメリカの政府・軍幹部に説きつづけた。

この一般市民にたいする攻撃の問題は、アメリカの陸軍航空軍を中心に繰り返し議論された。女子供を殺すのは反対だと言う者がなおもいた。ハリスの戦略は間違っている、人造石油工場と航空機製造工場を叩かねばならないと主張した。だが、無差別爆撃をやってみようという意見がでてきた。恐怖爆撃がほんとうに戦いを終わりにすることができるのなら、これこそわれわれの大殊勲となり、英国空軍と同じように、念願の空軍の完全独立も可能になると考えた。

ドイツの都市を十二ほど選び、住民に前もって警告を与え、そのうちの一つを破壊しようといった計画をたてた。英国空軍がベルリンの中心部を徹底的に破壊してしまおうという作戦案をアメリカ側に持ち込んだ。第八航空軍の幹部のなかには、これに乗り気になる者がいた。ベルリンの中心部を爆撃したら三十万人に近い死傷者がでるとの推計がでた。ドイツが逆宣伝にでて、アメリカ空軍は女子供を虐殺していると叫びたてたら、自分たちの名誉が大きく傷つくのではないか、空軍の独立どころではなくなると考える者もいた。

ワシントンではどうだったか。

統合参謀本部の代表委員のひとりであり、大統領の事実上の幕僚長である海軍提督のレイヒは、大統領の威信を損なう恐れのある無差別爆撃に顔を背けた。

ところが、ルーズベルトはとびきりドイツ嫌いの財務長官、ヘンリー・モーゲンソーの語ることを聞き、無差別爆撃をやる恰好の口実を得たと思ったようだった。ドイツ人ひとりひとりに戦争の恐怖をたたき込めば、第三次大戦を防止できるという主張だった。かれは陸軍長官のヘンリー・スチムソンに命じて、ドイツ、そして日本にたいする爆撃効果を分析する機関を設立させた。

陸軍航空軍の首脳たちは大統領が無差別爆撃に反対ではないと知った。無差別爆撃にたいして違和感を持つ人びと、精密攻撃が敵に勝つまっとうな道だと説く人はいよいよ少なくなった。だが、恐怖爆撃、無差別爆撃をやるとは、陸軍航空軍の責任者はまだ言わなかった。

ところで、アメリカ陸軍航空軍は都市にたいする無差別爆撃の準備をしていなかったわけではない。それどころか、アメリカは日本の都市にたいする焼き討ちの準備をずっと進めていた。

焼き討ちこそが、数十万、数百万の日本人から家を奪い、財産を奪い、町を奪い、かれらの士気をくじくいちばんの方法だといった主張は、多くのアメリカ人が説いていたことだった。

このあとで述べることになると思うが、ヘンリー・モーゲンソーが東京を焼いてしまえと言ったことがある。昭和十五年の末だった。

それから一年のち、日本との戦いがはじまって二週間足らずあと、チャーチルはルーズベルトに宛てて、日本の都市は焼夷弾で焼き払うのがいちばんだと手紙に書いた。モーゲンソーも、チャーチルも、そしてルーズベルトも、だれからか関東大震災の話を聞いたことがあったのであろう。

関東大震災を経験し、はっきり記憶している英国人、アメリカ人は少なくなかった。横浜の山手に住む石油会社の支配人や貿易商は火と煙に追われ、テニスコートのネットを綱代わりにして、崖を降り、埋め立てたばかりの海岸の空き地で救命ボートを待ち、港外の商船に逃れた。ある者は妻を失い、べつの者は子供を失った。無我夢中の半日が暮れて、かれらは何本も火柱の立つ横浜の町を見つめ、はるか東京の方角の火柱を見て、そのときはじめて総毛立つ恐怖に震えたのだった(8)。

こうした話をまとめ、日本の都市が焼夷弾攻撃にきわめて脆弱であると説いた報告書がつくられたことは間違いない。もっと新しい火災の情報はないかということになり、函館市の大火と静岡市の大火、東京麴町区大手町の官庁街の火災についても調べることになったのであろう。資料を探し、日本の新聞を調べ、イギリスの貿易会社、保険会社にまで手をまわしたにちがいない。こうした調査書も陸軍航空軍の担当官の机の上に載ったはずである。

函館の大火は昭和九年三月二十一日に起きた。十二時間のあいだに、市街地の三分の一、二万四千戸が焼け、十二万人が罹災した。二十メートルの激しい風が吹き、飛び火は三十七個所にも達した。河岸に逃げた人は両岸からの火にあおられ、海岸に逃げた人は火炎と大波に挟まれ、焼け死ぬだけでなく、波をかぶり凍死する者も多く、大量の死者をだすことになった。二千七百人が死んだ。

市役所、警察署、裁判所、税務署、郵便局六、銀行支店十、学校十七、病院二十二が焼けて、市の機能は完全に停止した。(9)

静岡の大火は昭和十五年一月十五日の正午すぎに起きた。十五時間にわたって燃えた。火は東へ東へと五百メートル幅で中心部の町を焼いていった。昼間のことであり、死者は数人だった。だが、静岡駅が焼け、駅構内のレールは曲がり、駅前のいくつもの銀行支店、劇場、映画館、デパート、旅館、目抜きの商店街、三つの小学校を焼き、徳川慶喜の屋敷跡として有名な料亭の浮月楼も焼けた。六千七百戸が焼け、被災者は三万七千人にのぼった。

これまた十メートルの風が吹き、旋風が起き、飛び火が大火の原因だった。三島、沼津、焼津からもポンプ車が動員されたが、消火活動は不可能となり、御用邸、県庁、市役所を火流から守るだけが精いっぱいだった。(10)

東京の大手町の大火は静岡の大火から五カ月あとの昭和十五年六月二十日に起きた。

落雷による火災だった。逓信省航空局の新館に落雷発火した。午後十時だった。豪雨が降りつづいていたが、火勢にはなんの影響も与えなかった。航空局の両側にある建物、農林省営林局、東京税務監督局と神田橋税務署に延焼した。北に向かって風が吹いていた。風速は五メートルだった。航空局の北にある厚生省の建物のひとつ、体育局に飛び火した。東京税務監督局の北側にある企画院もたちまち炎に包まれた。企画院の北にある中央気象台の本館にも火の手があがった。こうして、神田川までの一ブロックすべてが燃えてしまい、厚生省本館ただひとつだけが残った。

風は向きを変えた。逓信省航空局、神田橋税務署と道路をへだてて南側には三万平方メートルの構内に大蔵省の建物がいくつもある。ひとつまたひとつと炎に包まれた。消防車は内濠を背にして大蔵省の庁舎の消火に努めた。だが、このブロックも全滅した。

北は神田川、東は神田橋と大手町を結ぶ市電の走る道路、西は内濠のあいだの二つのブロックの中央官庁街、六万七千平方メートル、二十一棟の建物は、二時間足らずのあいだに灰となってしまった(11)。

静岡市や函館市の密集した木造家屋の町並みが火に呑まれたのは当然として、どうして中央政府の庁舎がいとも簡単に焼けてしまったのか。

じつを言えば、大手町の官庁街は日本の町そのものだった。これらの建物は関東大震災のあとに建てられた粗雑な木造の二階建てのバラックであり、防火壁などはひとつもなかった。増築のたびに縦横に渡り廊下でつないできたから、消防車が入ることができなかった。区切られた狭い空き地には、木炭を入れた小屋があり、石炭が積まれ、二階を結ぶ渡り廊下の下には大臣や局長の公用車が置かれ、ガソリン罐が積まれていた。新聞には発表されなかったが、逓信省航空局には驚いたことに航空用ガソリンのドラム罐が貯蔵されていた⑿。六十台の消防車と五百人に近い警官、二千人の警防団員、さらに近衛歩兵二個中隊も出動したが、なんの役にも立たなかった。

日本の町を焼き払うのがおよそ簡単であることを証明した大火だった。

アメリカ陸軍航空軍総司令官の野望

数多くの焼夷弾を落とせばよい。このあとで述べることになろうが、内務省の外郭団体が昭和十六年四月に刊行した「焼夷弾」という小冊子は、「マッチの火玉を大きくするよりは手頃の火玉を沢山落して、命中する数を多くした方が有効である」と説いていた。まさしくそのとおりだった。

アメリカ政府内のひとつの委員会に所属する石油会社と化学工業会社の専門家と技術者たちが日本の町を焼き払うのにもってこいという焼夷弾をつくりあげた。

長さ五十センチ、直径八センチ足らず、重さ二・八キログラムの鋼鉄製の筒である。円筒ではない。六角柱状の筒である。この筒をいくつも束ねる。六角形の蜂の巣の穴と形は同じだから、ひとつの筒の周りに六つの筒がぴたりとつく。六つの筒の周りにさらに十二個の筒がつく。全部で十九個だ。これで一束とする。もう一束同じものをつくり、この二束を円筒のなかに収め、前蓋と尾翼をつけ、鉄バンドで締める。長さ一メートル三十センチほど、直径三十七センチの集束焼夷弾ができあがる。五百ポンド焼夷弾と呼んでいるが、実際にはもう少し軽い。

この集束焼夷爆弾を目標上空で投下する。地上から千五百メートルのところで信管が作動し、鉄バンドがはずれ、円筒が二つに割れ、三十八個の焼夷弾がバラバラになって落ちる。

もちろん、地上から六百メートルの高さでバラバラになるようにすることもできる。こうすれば、三十八個の焼夷弾はごくごく狭いところに集中して落ちることになる。

ひとつひとつの焼夷弾は筒の一方に長さ一メートルの麻のテープ状の布を畳み込んである。この布が尾の役をして、焼夷弾の安定装置となる。三十八個の焼夷弾を結束した鉄バンドがはずれたとき、ひとつひとつの焼夷弾の安全装置もはずれ、信管が作動する。

五秒間の遅延導火線がついているから、鉄バンドがはずれたときの高さが千五百メートルなら、落ちてくる途中で焼夷弾の頭部に入っている爆薬が炸裂し、いちばん奥に入っているマグネシウム粒子に点火し、筒のなかに詰め込まれているナパームに火がつき、火のついたナパームが筒の外へほとばしりでながら落ちてくる。

ナパームと言ったが、これはもともと自動車の防水のために使われていたココナツ油をゼリー状にしたものである。焼夷弾のなかに詰めるナパームなるものは、ナパームに航空機用のガソリンを混ぜてある。

ところで、軽量小型の焼夷弾を集束した状態で落とし、途中でバラバラにするといった仕組みは珍しいものではなかった。ソ連空軍が昭和十五年にフィンランドの都市爆撃に使った「モロトフのパン籠」がそうだ。都民はその形を想像できないながら、新聞で読んだその奇妙な通り名を現在まで忘れていない。

ナパームを主成分とする焼夷弾も以前からあった。だが、ナパームを使ったそれまでの焼夷弾は四十キロと大きかった。集束焼夷弾のほうは、英国のものも、ドイツのものも、高温で燃えるマグネシウムを容れていた。ナパームを集束焼夷弾のひとつひとつに詰めることにしたのは、日本の都市を焼き払うために開発したこの焼夷弾が最初である。

つぎにこのナパーム焼夷弾の実験を試みることになった。日本の都市の住宅をつくるために、専門家を探した。

見つかったのが、現在、五十七歳になるアントニン・レーモンドだ。かれはアメリカ人の建築家ライトの助手となり、帝国ホテルの建築工事を手伝った。そのあと独立して、赤坂のアメリカ大使館、横浜のライジングサン石油会社の社宅をつくったりしたのだが、帰国していた。

ユタ州の砂漠に日本式の家屋をつくった。畳はハワイで手に入れ、天井板に使う杉は日本産が手に入らないから、シベリア産のエゾマツの変種のトウヒが杉に似ているということでソ連から輸入することにした。[13] 大仰な準備は売り込みのための宣伝であって、実験自体はいい加減なものだった。そして、日本のあらかたの都市を壊滅できるという報告書をつくりあげた。

一マイル四方だから、二・六平方キロメートルに十トンの焼夷弾を落とせばよいと述べたこの報告書が陸軍航空軍に提出されたのが、昭和十八年の十月だった。陸軍航空軍総司令官のアーノルドが記者クラブで語って、「強力な装甲と武装」を持ち、「たいへんな高高度」を飛び、B17やB24より「格別に大きな航続力」を持つ新型機を生産していると明かしたのが、つぎの月、十一月のはじめだった。

これがB29だった。

ここで、B29を手中に収めることになる陸軍航空軍について説明の必要があろう。

陸軍航空軍は三十数年前に陸軍通信隊航空部として発足し、陸軍飛行隊、陸軍航空隊と名称を変えながら拡大をつづけてきた。昭和十六年だから、一九四一年に陸軍航空軍と名前を変えてからのことになるが、その同じ年に、なかなかの宣伝上手で、自信家のヘンリー・アーノルドが陸軍のために大いに気を吐くことになった。

日本では海軍がアメリカとの戦いの作戦計画を立てていたのと同様、アメリカで日本との戦いの計画を立てていたのは、海軍の作戦部長であり、海軍の戦争計画課であり、海軍大学の学生だった。そして日本との戦いの主役となるのは海軍の戦闘艦艇だった。陸軍は舞台の端の脇役だった。マニラを防衛するのだ、コレヒドール要塞を死守するのだと言ってみたところで、海軍におんぶに抱っこといったところで、発言権はゼロに等しかった。陸軍幹部は悔しかったが、これを認めざるをえなかった。

ところが、アーノルドが頑張りつづけた重爆撃機生産計画が日の目を見て、形を見せることになった。これがB17である。大統領ルーズベルトと陸軍長官スチムソンがこの重爆撃機に大きな期待を抱くことになった。こういうことだった。フィリピン奪回のために、輪陣型を組み、太平洋を西に進む艦隊がマーシャル群島の水域で日本艦隊と戦うといったお定まりの筋書きは必要なくなったと陸軍首脳が主張し、大統領がなるほどと思った。B17は敵の艦船と陸上の目標をピンポイント爆撃できるというのだ。「革命的変化が生じた」とルーズベルトと部下たちは思った。ルソン島とグアム島にB17を配備すれば万事は解決と考えた。

昭和十六年十月になって、ルーズベルトが日本にはっきりと強硬な態度をとるようになったのは、スターリン政権は瓦解しないと読み、ソ連軍はつぎの年の春まで持ちこたえることができると判断したことと、もうひとつ、三十五機のB17をルソン島に配備できるようになったことが理由だった。

ところが、戦いがはじまって、ルソン島のB17は台湾にある日本海軍の空軍基地を叩くことができず、日本軍のルソン島上陸を阻止することもできなかった。

それより前のことになる。アメリカ陸軍航空軍の首脳と政府の幹部たちは、B17よりさらに大きな爆撃機にいっそう大きな夢を描くことになった。B29である。開発計画を立て、大統領が承認し、昭和十六年五月にはまだ試験飛行もおこなっていない飛行機を二百五十機購入すると製造予定のボーイング社に通告し、日本との戦いがはじまった日には発注を五百機としたのだった。

陸軍のやることだったから、海軍の幹部たちはB29の開発を白眼視し、ばかばかしいことにカネを使ってと不満を洩らした。

B29一機は普通の戦闘機十機から十二機に相当する資材を使う。そして海軍の幹部がB29の開発計画に腹を立てていたのは、海軍は陸軍のような大型機を持てなかったからだ。こういうことだ。

一九三一年、満洲事変の起きた昭和六年のことになる。陸軍参謀総長マッカーサーと海軍作戦部長のプラットが協定を結んだ。海軍は空母搭載の艦載機と水上機、飛行艇を所有するだけとなり、それこそB17やB29のような大型機を持てないことになった。

戦争がはじまってこの協定は破棄されたが、海軍側は大型機をつくる余裕がなかった。

そして海軍の幹部たちは陸軍航空軍の長距離爆撃機が広大な海洋で戦う海軍の仕事にち

ょっかいをだそうとするねらいを抱いていることを不快に思った。

B29のためにライト社は出力二千馬力の強力な発動機の開発に取り組み、発動機工場を新設することになった。ボーイング社は機体工場を建設し、治具、工作機械、鋳型をはじめ、作業人員をそろえた。こうしてB29生産のために膨大な資源を投入して、ほかのすべての航空機生産計画に優先することになった。

B29は大きい。だれもがB17をはじめて見たとき、「怪物」「巨人機」と言ったのだが、B29はそのB17の三割増しの大きさだ。翼の面積は二割増しだ。重量は二倍以上ある。それでいてB17よりも速く飛ぶことができる。巡航速度は三割増し、航続力は二倍だ。

急げ急げとはっぱをかけられどおしで、ボーイング社のウィチタ工場は昨年の三月までに百七十五機を陸軍航空軍に引き渡した。

五月にはインドのカルカッタで爆撃部隊を編成した。インドから日本は遠すぎた。つづいてB29を中国の基地に送り込んだ。ところが、ヒマラヤ山脈を越えて成都に燃料と爆弾を運ぶのは、あまりにも効率が悪かった。北九州、台湾、満洲の製鉄所や飛行機工場を爆撃したのだが、その評価はさっぱりだった。アーノルドは気が気ではなかった。

爆撃兵団司令官のウルフを昨年七月はじめに解任した。

アメリカ海軍はマリアナ諸島を奪った。アーノルドはここをB29の新たな基地とすることにした。

陸軍航空軍総司令官のかれは、B29爆撃兵団がどこの基地にいようと、自分が直接に指揮をとる権利をかちとっていた。アメリカの艦隊がどこの戦域にいようと海軍軍令部長のキングが指揮をとっているのと同じだとかれは主張したのである。だが、B29が新しい基地をうまく使って、威力と効果を見せつけなければ、陸軍航空軍の完全独立などかなわぬ夢となる。今度こそ大統領や陸軍長官、統合参謀本部議長、そして海軍の首脳陣をあっと言わせる戦果を挙げねばならないとヘンリー・アーノルドは思いつづけることになった。

三軒に一発なのか、一軒に一発なのか、それとも……

杉山元、東条英機、あるいは及川古志郎といった陸海軍の首脳は、東京や大阪の市街地が焼かれることをいつごろから恐れるようになったのであろう。

前に触れたが、財務長官のヘンリー・モーゲンソーが東京に火をつけてやろうと言ったことがある。

重慶を無差別爆撃している日本に目にものを見せてやろうという目論見であり、五百機の爆撃機をアリューシャンから飛ばして東京を爆撃しようというものだった。百一号作戦は昭和十五年九月五日に終わっていたが、八月に登場した零戦が重慶、成都を襲い、断続的ながら航空撃滅戦をやっていたときだった。

アリューシャン列島にそんな基地をつくることはできないとだれかが言い、モーゲンソーの案は削られたりつけ加えたりしているうちにまったく中身が変わり、B17と乗組員と整備員を蔣介石の支配地域に送り込み、東京、その他の都市を爆撃させようということになった。ところが、陸軍長官がとんでもないと言い、B17の数はわずかだ、蔣介石に渡す分などありはしないと主張して、この計画は消えた。

東条英機や及川古志郎はこうしたことがあったとはなにも知らなかった。

知らなかったといえば、国民はアメリカ政府が日本の中国における都市爆撃を非難していることを知らなかった。昭和十四年七月二十六日に、アメリカ政府は日米通商航海条約の廃棄を日本側に通告した。満六カ月を経て、十五年一月二十五日に無条約状態となった。翌二十六日、国務長官のハルが日本の中国にたいする焼夷弾攻撃を非難し、これが通商条約を失効させた理由だと説明した。

政府は新聞にアメリカ国務長官のこの発言を載せさせなかった。知らないといえば、アメリカに駐在する人や旅行者を除いて、日本と日本人がどれほどアメリカ人に嫌われているかも国民は知らなかった。

軍事施設を爆撃していると教えられていたこともあって、重慶爆撃が残酷なことだと思う人はいなかった。市民を殺していると非難されていることを知れば、英国とドイツ、ソ連だってやっていることではないか、どうして日本だけを悪玉にするのかとひどく不快に思ったことであろう。

それはともかく、昭和十六年のはじめに、空から焼夷弾が降り注ぐ事態になるなどと想像する人は東京にはいなかった。そんなとき、前に触れたことだが、「焼夷弾」という二十八頁の小冊子が隣組に配られた。だれもが空襲があるのだろうかとちょっぴり不安を抱いた。

手のひらに入るほどの小さなその解説書の発行元は、会長に総理大臣を戴いた大日本防空協会という団体だった。陸軍省防衛課、参謀本部、内務省の防空担当者が寄り集まってつくったその教科書は、「隣保班の総力をもってする自衛防火」を強調し、投下される焼夷弾についてつぎのように述べた。

「……焼夷弾の効力を発揮させるには、それを燃え易い目標に命中させることが先決問題であるから、マッチの火玉を大きくするよりは手頃の火玉を沢山落して、命中する数を多くした方が有効である。……

そうした関係から焼夷弾を空襲に用うるには、之を無数に落下させて、地上の防護機関が消防に当り切れない様にする方法が、多く取られると考えられるのであって、比較的軽量の焼夷弾――通常一瓩《キロ》から十瓩程度の焼夷弾――が、多数に而も同時に使用されると判断すべきである。……

数十機の敵機が、都市の広地域に亘る焼夷弾攻撃を企図した場合に正面約二百米、縦深約千米、即ち約二十万平方米の被弾地域を概ね百箇所位作る攻撃法を採って、五瓩級の焼夷弾をバラ撒いたとすれば、約三十米平方に一発宛——概ね三軒に一発宛——の割合で投下せられる。

このように広地域の空襲でさえ、三軒に一発の割合であるから、空襲に当っては少なくも三軒に一発の焼夷弾を投下せられ、十四五軒より成る隣保班には四、五発位は投下せらるものと覚悟して居らねばならぬ。……

焼夷弾攻撃を受けたら、各戸の防空従業者は全員残らず直ちに其の防空壕から勇敢に飛び出し——滅私奉公の国民精神を発揮して——数軒で必ず一発の防火を敢行し得る技倆と自信とを持つに至る迄に、是非とも徹底した訓練を遂げて置くことである」(14)

その小冊子が東京の各家庭に配られた昭和十六年四月、B29はまだ存在しなかった。アメリカ陸軍はボーイング社にB29二百五十機の注文を出すという気のせきようで、翌五月にはアメリカ大陸の真ん中、カンサス州の大平原の中央、かつては年間百万頭の実物大の木製の模型があるだけだった。前に述べたことを繰り返すなら、ボーイング社はアメリカ大陸の真ん中、カンサス州の大平原の中央、かつては年間百万頭の牛の集散地、カウ・キャピタルと呼ばれたウィチタに大工場を建設しようとしていた。

そしてその年の秋、あるはずはないと思われていたアメリカとの戦争が起きるかもしれないと人びとは思うようになって、最初に頭に浮かんだのは空襲の恐怖だった。

十二月一日、開戦を決めた御前会議で、慣例どおり、枢密院議長の原嘉道が質問した。

半ダースほどの質問の最後に、つぎのように尋ねた。

「火災の場合に踏みとどまって火を消しても東京のような建築物で火を消し止めることができるものですか。万一東京に大規模の火災が起きた場合にはいかにされるか。対策は講じてあるかどうか承りたい」

参謀総長の杉山も、内務大臣を兼任する東条も、心配は無用と胸を張ることができないからか、黙ったままだった。企画院総裁の鈴木貞一が、食糧は充分に準備してある、焼け出された住民で踏みとどまらねばならない者には簡易な建築を準備してあると答えた。[15] 原は東条と杉山に答弁を促すことはしなかった。

それから一週間あとに、アメリカとの戦いがはじまった。その夜、世田谷区松原町二丁目に住む東京帝大政治学教授の矢部貞治は日記に、「……ここにも何時敵の飛行機が空襲を試みるかも知れぬと思うと寧ろ戦慄的である。（午後三時）……」[16] と記した。

午後八時、天羽《あもう》英二は二階のベランダにでた。かれの住まいは赤坂区青山南町にある。それより二カ月前に外務次官をやめたばかりだった。江戸時代の夜はこんなだったかと思うような暗闇だった。二十日の月はまだでていなかった。「……夜市内防空真闇　真に緊張気分……」[17] と書いた。

同じ時刻、矢部貞治の同僚の岡義武は、来月に出産予定の妻の静子と国民学校二年生の息子の弘夫とともに、薄暗い上野駅の客車内にいた。白金三光町に住むかれはそれこそ明日にも東京が空襲を受けるのは必定と思い、妻と子を妻の故郷に移すことを決意して、翌朝の五時に仙台着の青森行きに乗り込んだのだった(18)。

だれの胸にも、炸裂する爆弾にたいする恐怖心があり、バケツと火叩き、濡れ筵《むしろ》だけで空から落ちてくる焼夷弾を退治できるのだろうかという不安があった。静岡市や大手町の大火を思いだした人も多かったにちがいない。

やがて人びとの緊張感はゆるみ、空襲にたいする不安は消えた。昭和十七年四月、低空を一瞬のあいだに飛び去ったB25の空襲も人びとに恐怖を与えることはなかった。

昭和十八年の二月、一通の外電が市谷台の注意を惹いた。アメリカの新型の長距離爆撃機が試験飛行中にシアトルで墜落したというニュースだった。陸軍はその四発重爆撃機の航続距離と爆弾積載量がB17やB24のそれを大きく上回るだろうと予測し、その量産はまもなくはじまるだろうと考え、その巨人機が中国奥地を発進基地として、日本本土、満洲、台湾を爆撃することになるのであろうかと懸念するようになった。

すでに昭和十七年の後半から、英国の新鋭爆撃機、ランカスターがドイツの都市に焼夷弾と爆弾を無差別に投下していた。ドイツは空軍を東部戦線に移してしまい、英国にたいする報復爆撃を断念していた。

同じ昭和十八年はじめのことだった。陸軍の幹部はアメリカの飛行機がアラスカからソ連の東シベリアへ飛んでいるという事実を知り、息を呑んだ。ソ連領内の空軍基地を使って、アメリカは日本への爆撃をはじめるのではないか。
飛行機の数は月に七十機から八十機だったのが、夏になって二百機となり、三百機となった。(19)

アメリカがソ連に与えている戦闘機とわかって、陸軍の幹部は胸を撫でおろした。日本側は知らなかったが、ソ連のパイロットがアラスカのフェアバンクスに飛行機を受けとりに行っていた。一九四二年だから、昭和十七年の九月が最初だった。昭和十八年六月末までに一千機のアメリカ製の航空機がフェアバンクスからカムチャツカ半島、オホーツク海を越え、レナ川の河畔にある帝政時代からの流刑地、地上でもっとも寒冷な土地といわれるヤクーツクまで飛んでいた。ついでに言えば、現在までにアメリカはソ連に七千九百機を提供したのである。

市谷台はべつの不安に悩まされることになった。アメリカはこの代償として、ソ連領沿海州に航空基地を手に入れようとするのではないかという疑惑である。

五月には、昭和十八年のことだが、アッツ島に敵軍が上陸し、見捨てるほかなしと市谷台が決意したときのことだが、アメリカがソ連にアメリカ空軍の基地としてコマンドルスキー諸島の使用を求めたという情報が参謀本部に入った。(20) 前に「哈特諜《はとくちよう》」のことを語ったが、これがハルピンのソ連総領事館からもたらされた情報だったにちがいない。

コマンドルスキー諸島はカムチャツカ半島の東の沖合にある二つの島だ。アッツ島の北にある。二つの島のうちの大きな島のほうは沖縄より大きいから、アッツ島とちがって大規模な航空基地をつくることができる。そこに新たに開発しているという四発重爆撃機を置けば、東京を空襲することができるのではないか。

翌六月のことだった。作家の伊藤整は牛込矢来町の新潮社を訪ねて、若松町の牛込憲兵隊の建物の周りに土を詰め込んだ板囲いができているのに気づき、新宿駅前の交番の周囲に土嚢が積みあげられているのを見た。前にはこんなものはなかった。空襲があるのだろうかとかれは不安を抱いた。(21)

その少しあとのことだった。内務省が「時局防空必携」といったパンフレットを隣組に配った。

前に述べたことがあるが、不気味な戦局の成り行きに、内大臣の木戸幸一や企画院総裁の鈴木貞一が眠ろうとして眠りにつけないようになったときであり、どうしてこんな戦争をはじめてしまったのか、なにが間違っていたのかと思い悩むようになったときだった。

都民の防空訓練は、昭和十八年の後半から月に一回おこなわれるようになり、町会、隣組の防空責任者の訓練もはじまった。そこで新たに配られた「時局防空必携」だが、昭和十六年の小冊子「焼夷弾」とちがって、防空用の教科書としての体裁を整えていた。ところが、その教科書はもっとも肝心な数字を削ってしまっていた。焼夷弾は三軒に一発落ちることを覚悟しなければならないといった記述が消えていた。

二軒に一発を覚悟しなければいけないのか。それとも一軒に一発を覚悟しなければいけないのか。なにも説明はなかった。

昭和十八年の夏が終わり、秋が過ぎ、冬が終わっても、敵の長距離爆撃機は東京の上空に現れなかった。

昨十九年の四月になって、警視庁防空課は「隣組防空群指導要領」を発表した。都内の警防団幹部を訓練する防空学校の教科書である。

防空群はだれもが知っていようが、一応説明しよう。隣組と隣組防空群は十戸から十数戸で成り立っている。両者は一致しているのがふつうだが、ちがっているところもある。組長と群長の任務はもちろんちがう。組長の仕事は配給や国債の割当である。群長がするのは消火の指揮である。なお、防空群が正式名なのだが、実際の活動は防火、消火だからということで、防火群、防火群長と呼ぶようになっている。

ところで、「隣組防空群指導要領」は三百六十五頁の大冊でありながら、これまた焼夷弾の地上落下密度についてはなにも触れていなかった。抽象的に「落達場所に対する包囲殲滅的群員の配置」と説くだけだった。[22] もっとも、ただ一個所、記述は慎重であったが、つぎのように述べていた。

「落下焼夷弾数は訓練の進むに従い漸次其の数を増大するものとし終局に於ては小型焼

夷弾は各戸一個以上大型焼夷弾は一群一個とすること」[23]

一軒に一発、一軒に二発落ちると予測していたのであろうか。

「初期防火」は濡れ筵をかぶせて

さて、「隣組防空群指導要領」が発表されて三カ月足らずあと、サイパン島が敵の手に渡ってしまった。

東京がB17よりも大きなB29に襲われることがいまや明白となった。「B17対策」は陸海軍のお題目であったが、相変わらず撃墜することはできないでいた。B17より高空を飛ぶことが明白な敵爆撃機をどうやって撃墜するのか。

市谷台と霞ヶ関の幹部たちがこれこそという対策を見つけた。ドイツから潜水艦でロケット機の資料が届いた。昨年七月のことだ。前に詳しく述べたが[24]、簡単に繰り返そう。

このロケット機は一万メートル上空までわずか三分で上昇できる。そして三十ミリ機銃二挺、弾薬各五十発の強力な火力が敵巨大爆撃機を切り裂く。一千機のロケット機があれば、本土の制空権は確保できよう。

ロケット機は雷電や紫電改をつくるよりもはるかに容易だ。第一に、ロケット・エンジンの製造は飛行機のエンジンをつくるよりも工数がはるかに少なく、材料もわずかですみ、容易に大量生産ができる。機体にしたところで、降着緩衝装置ひとつとってもはるかに簡単だ。昭和二十年の春までには三百機から四百機のロケット機を製造できるだろう。

さらに、ロケット機はやがて生産できなくなる航空用揮発油に頼る必要がない。ロケット・エンジンの推進薬は国内の化学工場で合成できる。

ロケットの頭の字をとって、「マルロ」、「呂号《ろごう》兵器」の略称で呼ばれることになったこの計画に大号令が掛かった。物資動員計画にマルロ計画は大手を振って割り込み、優先順位一位となった。ロケット・エンジンと機体は三菱でつくることになった。推進薬の生産は電解設備を持つ化学工場と電解能力を持つ工場のすべてが動員されることになった。

三菱の技師がロケット・エンジンの製作に没頭し、伊那製陶で中学生が電解槽をつくりはじめ、三越では白金の指輪や帯留を供出する人が並び、帝国人絹は過酸化水素水を製造するのに成功した。ところが、昨年十一月一日にB29が東京上空に現れた。そして十一月二十四日、最初の空襲がはじまった。

十二月には二機、三機と完成し、つづいて大量生産となるはずだったロケット機は、いまだに試作機をつくることができないでいた。マルロ計画は、これまでのあらゆる建設計画、すべての開発計画と同じ筋道をたどることになった。つぎつぎと障害にぶつかり、最初の猛烈な意気込みはたちまちしぼみ、計画はここでもそこでも狂いはじめ、はじめの楽観が消えるのと同時に、打ち合わせ会議の論議は叱責と弁解だけとなり、手帳、黒板に記された日程表は書いては消し、消しては書きということになった。

ロケット機の試作の完成が遅れていたとき、ロケット機の推進薬のほうはどうであったか。水と電力さえあればできると陸海軍の幹部は意気盛んだったのだが、一回の飛行に二トンを必要とする推進薬を製造するためには、たいへんな設備を建設しなければならないことには目をつぶって騒いでいただけのことだった。百機分、五百機分の推進薬の生産と輸送、貯蔵はとうてい不可能なことは、だれもが論じないだけのことだった。

ロケットのポンプ装置の製造、マルロ甲液製造装置の建設、白金の精錬、実物大の滑走機の訓練、いまもだれもが一生懸命に取り組んできている。しかし、今年のはじめには、市谷台と霞ヶ関の軍務局長や第一部長、かれらの上司や部下たちはすでにマルロになんの関心も持たないようになっていた。

では、B29とどうやって戦うのか。

落ちてくる焼夷弾と戦うしかない。工場や学校の周り、道路脇の家屋を取り壊し、広い防火帯をつくる、あとは隣組防空群の活躍に期待するしかない。

昭和十六年に刊行した小冊子「焼夷弾」が、焼夷弾は三軒に一発落ちることを覚悟しなければいけないと記述していたことは前に述べた。

これも前に記したことだが、昨年の四月に警視庁防空課が出した「隣組防空群指導要領」は、訓練のための「落下焼夷弾数」は「訓練の進むに従い漸次其の数を増大するものとし終局に於ては小型焼夷弾は各戸一個以上大型焼夷弾は一群一個とすること」とした。

訓練は月に一回やった。月の十五日というところが多かった。隣組防火群の十四、五人が路地に集まった。あらかたがモンペ姿の女性だった。昼日なか、家にいる男はどこでもひとりかふたりだった。家で机に向かっている男か、体が悪く、仕事に就いていない男が群長を仰せつかっていた。はたき状の藁縄のついた火叩きの竹の棒、バケツを手にした母親たちが集団疎開の子供の消息を語り、石鹼の配給はいつになるのだろうといった話をしているあいだに、防火指導員が赤い玉や白い玉を路地の隅や庭の真ん中、手の届く物置の屋根、台所の前に置く。群長が号令をかけ、みんなはてんでに自分の家へ駆けていき、玉を探し、玉を見つけたら「焼夷弾落下」と叫び、濡れ筵をかぶせ、バケツの水をかける。自分の家の周りに玉がなければ、声のした隣の家に駆けていく。

防火指導員が意地が悪いか熱心だと、線香を束ねたようなものに火をつけ、煙がでているのを屋根にのせることもあった。梯子をたてかけ、濡れ筵を持って屋根に上がらねばならない。若い活発な女性がいればわけはないのだが、たいていは赤ん坊を背負っている。中年の女性がしがみつくようにして梯子を上がる。路地の裏の屋根の樋に置かれた線香の束を見つけた女性が大声で叫ぶ。火叩きを持ったべつの女性が駆けてきて、水で濡らした藁縄の先で叩く。
そして指導員に繰り返し教えられたのは、つぎのようなことだ。天ぷらをあげていて油に火がついたときと同じだ。焼夷弾に直接、水をかけてはいけない。油が四方に散らばる。落ちてきた焼夷弾には濡れ筵をかぶせ、濡れ布団をかぶせる。箱に入った砂をかぶせる。飛び散る火花を恐れず、できるだけ近くに寄って行動する。そして焼夷弾の周りの畳や唐紙、板壁にバケツの水をかける。

消火器はないのか。昭和十四年に、映画館や興行場は、定員五十人ごとに九リットル入りの消火器一個を置くことが義務づけられたことがある。ところが、現在、映画館や官庁、工場は、江戸時代に戻り、いたるところに防火用水の桶が置かれている。消火器を見かけるところはまずない。

消火器は噴霧器メーカーがつくってきた。噴霧器のほうは数少ない指定工場が残り、ほそぼそと生産をつづけてきている。ところが、消火器は統制外品なのだ[25]。原料、材料、燃料、電力の配給がないということだ。それだけでは済まない。原料の配給が停止された工場と従業員は軍需工場に「供出」を命じられることになる。消火器をつくる人がいて、消火器をつくる工場があるのなら、航空機の部品工場にしろということなのだ。焼夷弾にたいして消火器で戦うことなどとっくにあきらめている。

ところが、東京、横浜、名古屋、大阪の市街地を焼き払おうとする敵のB29には、操縦士、機関士、通信士ら五人がいる前部の操縦席に消火器がひとつ置かれ、六人の銃手と航法士がいる後部にひとつ、そして後部の入口扉に三つ目の消火器が積まれているのだ[26]。

三本の消火器を積み込んだ爆撃機を相手に、こちらは各戸に一箇ある防火水槽、バケツと筵、竹の先に藁を結わえた火叩き、砂の入った箱、隣組防火群の消防器具はこれだけだ。

さて、東京が最初の焼夷弾攻撃を受けたのは昨年の十一月二十九日の深夜だった。午後十一時五十分から二時間、日本橋、神田が襲われた。敵機は十数機だった。

実際の空襲にぶつかって、だれもが訓練どおりに行動できなかった。高射砲の破裂音がして、敵機の爆音が頭の上でする。そして、はじめて聞く爆弾の落下音と炸裂音に、待避壕に入っていた人びとは動くことができなかった。そのあいだに、屋根を貫き、天井板を破って、落ちてきた焼夷弾は畳の上、押入れのなかで赤い炎をあげた。

叫び声が聞こえ、外が明るいので、慌てて壕を出る。庭の隅で三十センチほどの焔をあげているものがある。焼夷弾だ。真っ黒な煙をあげている。家の中が明るい。障子や唐紙が炎をあげている。筒状のものから、なにかが飛び出し、そこいらじゅうが燃えている。

水だと叫びながら、防火用水のところへ駆けていく。濡れ筵を持って家の中へ駆けあがる。

軒先から炎があがっている家がある。隣組の人たちに声をかけ、バケツ・リレーで消そうとするが、すでに部屋のなかはたちこめる煙でいっぱいだ。だれもいない事務所や倉庫、操業をやめた印刷工場の屋根を突き破った焼夷弾は油脂を撒き散らし、そこでもここでも炎と炎がくっついて大きくなった炎がほかの炎といっしょになり、燃え盛るひとつの火に変わろうとしている。

神田消防署の望楼に立った署員は呆然としていた。署長の前山米次が鉄梯子を上がってきた。いたるところに火が見える。数えきれない。署内のポンプ車は四個所に分かれていて、総計七台ある。手当たりしだい消していくというわけにはとてもいかない。しばらく待つしかなかった。独立したいくつかの火災が合流し、ひとつの火になるのを待つ。錦町の方向の三個所、美土代《みとしろ》町の方向の三個所、鎌倉町の一個所に区内の消防自動車を出すことにした。そして本部に応援を求めた。

隣の日本橋区には、消防自動車は十二台あった。室町一丁目、二丁目、三丁目　茅場町、兜町が燃えていて、神田の応援どころではなかった。

防空本部はほかの部隊に応援を命じた。ところが、どこの署も消防自動車を署内の重要工場に派遣していた。いざというときに備えて、消防ポンプ車に積んであるホースを堀川や防火用の池に延ばしてあったから、これを消防自動車に積み込むのに時間がかかった。そしてガソリンが少ないから、どこかへ応援に行くといった訓練をやっていなかった。行く手を火に阻まれ、迂回しようとして暗闇のなかで道に迷い、消防活動は遅れるばかりだった。

空襲警報は午前二時半に解除になったが、どこもまだ火炎があがっていた。午前四時半に再び空襲警報のサイレンが鳴った。またも十数機だった。芝、麻布の町に猛烈な炎があがった。

警視庁の防空本部、内務省の防空総本部の幹部たちは、この空襲の被害が昭和十五年一月の静岡の大火の被害の半分にものぼったと知って、顔をしかめたことであろう。二千七百棟、十三万二千平方メートルが焼かれ、九千九百人が罹災した。死傷者は百三十人だった。(27) もちろん、これらの数字は公表されたわけではない。

内務省と陸軍の幹部たちは大きく息をついた。建物を間引きしてつくった防火帯と空き地はなんの効果もあげていない。なによりも「民防空」が期待に応えていない。都民ひとりひとりが積極的にひとつひとつの焼夷弾の火を消さなければ、東京は灰となってしまう。その空襲から十日ほどあと、「帝都空襲ニ於テ得タル教訓」といった題の小冊子を、防空総本部は都内各区をはじめ各市、地方事務所に配った。

「……民防空ニ於テ真ニ遺憾ノ点ナシトセズ、殊ニ八月十一日未明長崎地方ニ於ケル二〇機二・八瓩焼夷弾ニ依ル同規模ノ空襲（然モ長崎地方ニ於テハ爆弾ノ混用投下モアリタリ）

ニ於テ僅カニ五七戸ノ焼失家屋ヲ生ジタルニ過ギザルニ鑑ミルトキ、斯ノ如キ相違ヲ生ジタル最大原因ハ初期防火ノ成否ニ存スト謂ウベク……

何トシテモ初期防火ノ要点ハ焼夷弾ノ落下スルヤ逸早ク之ヲ直チニ水、砂、筵、布団等ヲ以テ獅子奮迅ニ之ヲ鎮圧スルコト最モ肝要ナリ、徒ニ待避所内ニ逃避シテ初期防火ニ失敗スルトキハ如何ニ官設消防勇敢ナリト謂エドモ被害ノ拡大ハ免ルルモノニ非ラズ、今後ノ空襲ニ於テハ特ニ隣組防火群ノ敢闘精神ノ昂揚コソ最大ノ要義ナリ、此レ今次空襲ヨリ得タル最大ノ戦訓ト謂ウベシ」

このパンフレットが繰り返し述べたのは、「初期防火」だった。「焼夷弾ニ対シ最モ肝要ナルハ迅速果敢ナル初期防火ニアリ、隣組ノ敢闘精神ヲ大イニ昂揚セシムルト共ニ一・八瓩焼夷弾ノ全ク恐ルルニ足ラザルヲ認識セシムルコト」と言い、つぎのような例を挙げた。

「高射砲ノ炸裂音ニ恐怖シ、焼夷弾ノ落下ヲ知リナガラ待避所内ニ蟄伏《ちっぷく》シテイタル為メ自家を焼失シタルノミナラズ、之ヨリ延焼シテ一町内全焼セル実例アリ、屋内ニ落下セル二・八瓩焼夷弾四発ヲ手摑ミニシテ居外ニ放出シ、初期防火ニ成功セル事例アリ」

そして、「大型焼夷弾ニ対シテモ徒ラニ諦メ傍観スルコトナク延焼防止ニ敢闘スルノ熱意ヲ涵養スルノ要アリ」と説いた。

また、空き家を撲滅せよと説き、倉庫やビル、会社の防空要員や特設防護団の配置は机上の計画だけに終わり、夜間は無人となるか、ごく少数の人員しかいないのが実情であると言い、夜間宿直を増やせと指示した。

さらに、就寝に際しては防空服装でいること、貴重品は枕元に置くように、警戒警報発令と同時に障子や襖をとりはずすか、あけるようにする、待避壕のなかでは中腰の姿勢をとること、爆弾落下のあとただちに隣組内の待避所を調べ、埋没者がいたら急いで救出すること、こうした遵守事項を並べていた。

「隣組ノ敢闘精神」があっても

ところでこの小冊子も、焼夷弾の落下密度についてはなにも触れていなかった。屋内に落ちた四本の焼夷弾を外へ放り出したという事例は、このあと今年一月、二月の隣組防火群の訓練のときに防火指導員によって繰り返し語られることになった。だが、屋内に四本落ちることを覚悟しなければいけないのか、これはごくたまに起きることなのか、そもそもその家はどれほどの広さなのか、四本が四本、畳の上に転がったのか、こうした説明はなにもなかった。

じつを言えば、同じ二十数機のＢ29に襲われながら、東京では十一月二十九日の空襲で初期防火が遅れて二千七百棟を焼いてしまったが、三カ月前の八月十一日の長崎の空襲では、初期防火がしっかりしていたから、爆弾を混投されたにもかかわらず、五十七戸を焼いただけだったという話は正しくなかった。

長崎の空襲の被害がわずかだったのは、初期防火の成果ではなかった。成都の基地からのB29は長崎の町を焼こうとテスト空襲を試みたのだが[28]、目標を大きくはずれてしまったのが理由だった。造船所の東の平戸小屋町、稲佐町の一部にわずかな焼夷弾が落ちただけで、あらかたの焼夷弾は大山と彦山の山中に落ちたのである[29]。

十一月末の焼夷弾攻撃のあと、東京への焼夷弾攻撃はさらにつづいた。小規模なもので、敵が正式な作戦として認めていない空襲だった。たとえば十二月三十日未明にも東京下町へ焼夷弾を落とした。B29一機だった。

午前三時五十分だった。深川の十号地の探照灯が真上の空を北東に飛ぶB29を捉えた。高射砲の射撃がはじまった。警戒警報はだしていたが、B29は一機だったから、空襲警報はだしていなかった。じつは午前一時にも警戒警報がでて、寝ていた都民は起こされ、二度目の警戒警報に起きる者は少なかった。だれもが高射砲弾の炸裂音に飛び起きた。

敵機は隅田川にさしかかった東両国の上空で爆弾を投下した。爆弾と言ったが、二百五十キロの集束焼夷弾である。集束焼夷弾は落ちていく途中で離散用の信管が働き、東ねていた金具が一度にはずれ、どの集束弾からも三十八本の焼夷弾が飛びでた。東両国一丁目に落ちたのが最初だった。つづいて柳橋、浅草橋、蔵前一丁目、二丁目、桂町までの一千メートルのあいだに、集束焼夷弾から離れバラバラになった数百本の焼夷弾は、これらの町のびっしりと詰まった瓦屋根とトタン屋根に向かって落ちていった。

だれもが「初期防火」に努めた。ポンプ車の出動が早く、警防団の手引きガソリン・ポンプも活躍した。それでも、浅草橋、柳橋、蔵前、桂町、それぞれの町で、五個所、十個所と独立した火の手があがった。二百四十棟が焼け、一万三千平方メートルが灰になった。

五日あとの一月四日、佐々木正直は部下とともに浅草橋から柳橋の焼け跡に行き、転がっている集束弾の弾頭部や焼夷弾の燃え殻を集めた。

佐々木は向柳原《むこうやなぎはら》消防署の警防主任である。大正二年の生まれ、三十一歳になる。「余人ヲ以テ代エガタキ」仕事に就いているから、召集はされない。

十二月三十日の夜、かれは浅草橋、柳橋で消火の指揮をとった。翌日、大晦日の夜には浅草区内の小島町の消火に努め、三月九日の夜の大空襲のときには、かれは桂町、三筋町で最後の防禦に努めた。紅色の夕日のような太陽が上がっているのに気づいたときには、管内のあらかたは灰になってしまっていた。

今日、もちろん五月二十五日だが、夕刻に命令がでて、かれの大隊は警視庁の前で待機している。かれの管区は焼けてしまったから、荒川大隊や向島大隊とともに防衛本部の予備戦力となっている。

一月四日のことに戻れば、警防団員の助けを借り、柳橋や蔵前の焼け跡に集束焼夷弾の弾頭部や尾翼、焼夷弾の燃え殻を集めた。これを二台の牛車に載せた。なお残る集束焼夷弾の殻と焼夷弾の容器の山を眺め、佐々木はため息をついた。貨車に半分ほどの量だ。これらすべてがB29の胴体に収まっていて、観音開きの扉を開いてつぎつぎと落とすのだ。

その数日あと、警視庁で検討会が開かれた。佐々木正直も出席していた。だれもが元気がなかった。たった一機の焼夷弾攻撃の被害がばかにならなかった。

出動したポンプ車は浅草区の十六台、本所区の二台、よそからの応援が二十四台、合わせて四十二台だった。爆弾、そして大型焼夷弾の投下がなかったから、隣組防火群の消火活動も活発だった。だが、前に触れたとおり、二百四十棟が焼かれた。

B29は集束焼夷弾を十二個積んでいる、B29一機の爆弾積載量は三トンになるのではないかと佐々木は言った。いや、二トンしか積めないはずだ、八個ではないのかと本庁の課長が言った。数えまちがえたのだろうといった顔だった。尾翼を数え、焼夷弾の殻も数え、四百本近くあったのだから間違いはなかったが、黙っていた。(30)

もう一度振り返ってみよう。最初の集束焼夷弾は東両国に落ちた。三十八本の二・八キロ焼夷弾である。隅田川を越えて柳橋から蔵前、桂町までのあいだに十一発、四百十八本が落ちた。隅田川に落ちたものも何十本かあったのであろう。幅百五十メートル、長さ一千メートルのあいだに落ちた。おおよそ九十坪に一発の割合だった。

前に見たことだが、昭和十六年はじめの予測は三十メートル平方、二百七十坪に一発、「三軒に一発」だった。下町で一戸の広さが九十坪というのは広すぎるが、そのまま使えば十二月三十日の夜の空襲は「一軒に一発」の密度だった。

そして二月二十五日の空襲となる。前に繰り返し述べたこの日の空襲について、もう一度語ろう。昼すぎ、大雪のなか日本橋、神田を襲った空襲は、標的を市街地全体にした四度目の焼夷弾攻撃であった。十一月二十九日の深夜から夜明けにかけての東京の市街地への焼き討ち、一月三日の午後三時の名古屋の商業・住宅地域にたいする焼き討ち、二月四日、これも午後三時の神戸の居住地域への焼き討ちにつづいての地域爆撃だった。

そして、はじめての二百機を超える空襲だった。もっとも、目標の神田を爆撃できたのは百七十機だった。

敵の側からすれば、それまで一個の航空団か二個の航空団を使うだけだったのが、グアム島に巨大な基地ができ、B29の新たな航空団が到着した。百八十機の定数には達せず、五十機にとどまり、出撃できるのは二十機程度だったが、それでも三個の航空団を一度に使ってのはじめての攻撃だった。

そこで同じ町に何回も焼夷弾をばらまくことになった。「三軒に一発」でもなければ「一軒に一発」の密度でもなく、「一軒に三発」「一軒に四発」となった。

空襲が終わって、夕刻、警視総監の坂信弥《のぶよし》は神田錦町にある四階建ての電機工業学校の階段をのぼった。鉄筋コンクリートの校舎は震災に焼け残り、この日の空襲にも焼け残った。屋上にでた坂信弥と神田消防署の幹部たちは目を見張った。錦町のなおも炎をあげている建物を見てのことではない。屋上の解けた雪のなかにあるものがすべて焼夷弾と気づいたからだ。転がっているもの、突き刺さっているものがあり、油脂が流れ、ガソリンの臭いが鼻を突いた。数えてみよと言った。百六十四本あるという報告に坂はもう一度驚いた。七百平方メートルほどの広さに百六十四本だった。B29がこの上空で投弾し、またべつのB29が再びここに焼夷弾を落としたのだろう。四平方メートルに一発だ。一坪に一発である。

はっきり焼夷弾の数を数えることができたのは、電機工業学校の屋上だけだった。焼き払われた面積は神田区を中心にして二・六平方キロ以上にのぼったから、落とされた焼夷弾や爆弾の数を正確に数えることはできなかったし、そんな余裕もなかった。

爆弾は百六十一個だった。焼夷弾は七万八千本を上回った。焼失戸数は二万六百戸にのぼった。

その空襲の前、神田や日本橋、下谷《したや》に住む人びとは、「焼夷弾ニ対シ最モ肝要ナルハ迅速果敢ナル初期防火ニアリ」と信じていたし、「隣組ノ敢闘精神」によって火を消すつもりでいた。雪が降り、雲が低く、敵機を見ることはできなかったが、B29の編隊が真西から真上を通って真東に向かっていることはわかった。第一梯団、そして第二梯団が焼夷弾を落としたときには、だれもが頑張った。焼夷弾に濡れ筵をかけ、水をかけた。バケツ・リレーをして、手押しポンプに送水した。遠く近くで火の手があがっていたが、頑張りつづけた。

ところが、またもB29の編隊の爆音が真上に迫ってきて、急いで壕に入った。ズシンズシンという音が壕を揺すって人びとを脅かした。そしてつぎの編隊の爆音が近づいてくる。「迅速果敢ナル初期防火」ができなくなった。第三梯団につづいて、第四梯団が投弾したときには、隣組防火群の活動はもはやなかった。

「官設消防」、要するにポンプ車は一千個所の火災に対応できなかった。警視庁傘下の八百台のポンプ車のうち三百台を動員した。実際には、これ以上のポンプ車の応援を求めても無駄だった。爆弾によって水道管が破壊され、通水不能となるか、水圧が低下しはたちまちなくなってしまっていた。四十立方メートル程度の小さな貯水槽の水はたちまちなくなってしまった。そして出動した三百台のうちの三分の一は、長時間の放水のために軸受けが焼けついてしまった。空襲がはじまって、司令部が前線のポンプ車に命令できなくなり、ポンプ車とポンプ車との連絡がとれないために、協同しての消火作業ができないことも致命的だった。

火に追われ逃げまどった人びと、そして消防士から警視庁の警防課長、警視総監、内務省の幹部たち、だれもが知ったことは、敵爆撃機がひとつの隣組防火群に何十発と焼夷弾を落とし、つぎにやってくる敵機が再び同じところに何十発と落とすことになれば、すべての焼夷弾を始末することは到底不可能だということだった。

高射砲は、電波標定機は

防火群長の号令で、路地に集まっていた十数人の主婦たちが、庭の隅や軒下に置かれた白い玉や赤い玉を探し、濡れ筵をかぶせ、バケツ・リレーの水をかける訓練は、実戦の役に立たないことが明らかとなった。

民間防火組織が役立たないなら、どうしたらよいと陸軍首脳は考えたのか。すでに述べたとおり、ロケット機の開発はまったく見込みがなかった。

ロケット機の活躍が期待できないなら、戦闘機に頼るしかないのか。あらためて言うまでもないが、戦闘機は数が少なかった。京浜地区にB29が来襲して、迎撃する戦闘機は陸海軍合わせて五十機から百五十機までだった。操縦員は未熟な者が多く、操縦技量が低いうえに、各飛行機は通話連絡ができないから、しっかり編隊を組んで戦うことができないし、チームワークに徹する能力を持たなかった。

わずかな戦闘機を毎回出撃させたら、かけがえのない搭乗員と戦闘機のすべてを失ってしまうことは目に見えていた。本土決戦に備えて戦闘機を温存しなければならないというもっともらしい弁解は、「戦局の永続を願わねばならぬ」というこの二年間つづけてきた戦争指導の原則を守ることであった。東条英機が説きつづけたこの基本戦略は前に語ったことがないが、このさきで説明しなければならないだろう。

航空決戦を回避するのであれば、積極的な防衛策は高射砲しかなかった。

だが、高射砲の数も少なかった。この三月はじめに東京にある高射砲の数は三百門だった。現在は四百門だろう。

どうして高射砲の数が少ないのか。前線では迫撃砲や対戦車砲が一門でも余計に欲しかった。砲口を空に向けて置いておくだけの高射砲の生産など後回しにすべきだと説く強い主張が作戦課にあり、軍務課にあった。こうしてわずかな鋼材を分配するにあたって、高射砲への配分量がぐっと減らされるのが毎回のことだった。

高射砲の生産を最優先にしなければならないと言うようになったときには、もはや鋼材がなかった。どうしたらいいのか。

東条内閣の内閣書記官長だった星野直樹は浪人の身だ。母親の疎開先の伊東を何回か訪ねることがあった。近くの丘に高射砲の砲身が空を向いているのを見た。ところが、二月の末、気がつくとなくなっていた。

東北や中部地方の市や町から三百台のポンプ車を東京に集めたように、地方に配置した高射砲を東京に集中することにしたのである。

星野が見たのは七高《ななこう》だったのであろう。七センチ高射砲だ。正確には口径は七・五センチだ。陸軍の主力高射砲だった。

七高は時速二百キロの双葉機が全盛の時代の高射砲だった。七高をつくりはじめたのは、八八式偵察機の生産を開始したのと同じ昭和三年だった。飛行機の発動機の馬力が二倍、三倍となり、その速度が二倍、三倍となれば、威力が小さくしかも砲弾を高く飛ばすことができない七高は役に立たなくなった。

七高がよくないことは昭和十二年の時点で海軍中攻の搭乗員や陸軍の作戦参謀ならよく承知していた。中国軍の高射砲のほうがずっと優れ、破壊力が大きかった。そのとき国民政府に兵器を供与していたのはドイツだった。小口径の六十門の高射砲はたいしたことはなかったが、クルップ製の十六門の高射砲は大きな脅威だった。そのときヨーロッパで最優秀と評価されていた高射砲だった。

上海で戦った陸軍は口径八・八センチのこの高射砲を鹵獲《ろかく》した。これをそっくりコピーすることにしたが、時間がかかった。生産がはじまったのは昭和十七年八月になってからだ。

これが八高《はちこう》である。はじめは月に五、六門だった。昭和十八年には三十門から四十門を生産できるようになった。昨年になってやっと七高の生産を五十門に減らし、八高の月産を四十門から五十門にすることができた。

だが、この八高にしたところで、けっして満足できる高射砲ではなかった。アメリカのＢ17は八千メートルから九千メートルの高度で最高の性能を発揮するようにつくられている。ところが、八高は、敵の飛行機が八千メートル以上の高空を飛んでいれば、手が出せなかった。

ドイツでは、この八高をとっくに改良していた。昭和十五年にドイツが戦争を開始したとき、主力はまだこの八高だったが、有効射程高度を一万メートルにまで高め、発射速度が毎分十五発から二十発だったのを二十五発にした。高射砲は敵の編隊が真上を飛ぶあいだの短い時間に勝負をしなければならず、発射間隔を短縮することがなによりも重要である。日本の八高の発射速度は毎分十発から十二発だった。

八高では力不足だ。大きな射程距離と破壊力を持つ対空砲が是非とも欲しいということで、陸軍は十二センチの口径の高射砲をつくることにした。今度は海軍の十二・七センチの高射砲を真似た。高射砲、海軍の呼称では高角砲だが、その性能もその数も、海軍のほうがずっと勝っていた。七高、八高の照準操作は人力でハンドルをまわしているのだが、これも海軍艦船の砲塔を真似て水圧式とした。生産を開始したのは昭和十八年三月からである。

前に触れたことだが、日比谷の第一生命ビルの屋上に四門の高射砲をクレーンで吊りあげたのが、この最初につくられた十二高だった。昨年十一月、Ｂ29が東京上空に侵入をはじめたときには、十二高は東京に三十門があるだけだった。

九千メートル、一万メートルの高度を飛ぶB29に届く砲弾を射つことができるのは十二高しかない。どうして、たった三十門だったのか。

大口径の火砲を製作するためには大型プレスが必要だ。日本ではその大型プレスを自力でつくることができない。大型プレスを持っているのは日本製鋼所の室蘭工場だ。室蘭工場が石炭液化のための高圧反応筒を製造できたのは一万トンの大型プレスを持っているからだと前に述べたことがある。そこで大口径の火砲を製作できるのは、海軍の呉工廠、陸軍の大阪造兵廠、そして日本製鋼所だけだ。

七高と八高の製造にはいくつかのメーカーが加わっていたが、砲身素材の生産から仕上げまでの一貫作業ができるのは日本製鋼所一社だけだ。そして十二高の生産となれば、すべてを日本製鋼所がつくってきた[31]。

だが、日本製鋼所は陸軍の高射砲をつくっていただけではない。海軍の高角砲をずっとつくってきた。陸軍の三倍の数だ。大型プレスの利用、長い砲身に穴をうがつ工作機械、深孔中ぐり旋盤の使用も、海軍が優先権を握ってきた。

海軍は高角砲を空母から駆逐艦にまで搭載してきた。もう少しつづけよう。

昨十九年の前半のことになるが、戦艦も、巡洋艦も、駆逐艦も、呉や横須賀に入港して、主砲や副砲をはずし、十二・七センチの高角砲を何門もとりつけた。新造艦は高角砲を主砲とした。つぎの海戦、それこそミッドウェー海戦から数えて二度目の大海戦、これまた航空機が主戦力となる戦いに備えてのことだった。

だが、マリアナ沖海戦は一方的な敗北で終わった。高角砲射撃指揮装置が時代遅れの代物で、目標を捕捉する電波兵器がこれまたひどく劣っていたから、どれだけ艦上に高角砲を張りめぐらしても、さほど役には立たなかった。つぎのフィリピン沖海戦でも同じことだった。

敵の哨戒機と潜水艦に追いつめられ、残り少ない戦艦や巡洋艦が呉や横須賀の港を出ることができなくなって、高角砲を陸上に揚げることになった。

このあと三月十日前後のことを述べねばならないのに、先走りして九日先の三月十九日のことになってしまうが、海軍の高角砲のことだからここにつけ加えよう。

その日、畑俊六は羽田と川崎の高射師団陣地の射撃訓練を見て、翌二十日、近衛第三師団の片瀬の築城工事を視察した。この四月から第二総軍の司令官として広島にいるかれは、そのとき教育総監だった。

かれは日誌に自分の思ったことをそのまま書いた。

「鎌倉以南三浦半島ハ海軍ノ担任区域ニシテ、例ノ海軍ノ癖トテ多数ノ火砲ヲ配置シ全ク鎮守府防衛本位ナリ。此危急存亡ノ秋《とき》尚海軍本位ナル其根性骨ニ至ツテハ実ニ浩嘆《こうたん》ニ堪エザル次第ナリ[32]」

三浦半島の火砲について、もう少し述べておこう。

横須賀沖の第二海堡、猿島にはじまり、小原台、大津大塚山、田浦、長井荒崎山、小坪披露山《ひろうやま》、武山、衣笠山、鷹取山、葉山峰山、逗子二子山、天台山と横須賀軍港をとりまく丘にぐるりと高角砲を配置している。(33)十二・七センチ砲七十二門だ。

これと比べて、横須賀よりはるかに広い東京を守る陸軍の十二高の陣地は数えるほどだ。東京とその周辺には、足立区の保木間《ほきま》、江戸川区の小岩、京橋区の月島、蒲田区の羽田、川崎市の生田、横浜市の子安台にあるだけだ。(34)

ところで、高射砲を語ってもっとも肝心なことは、高射砲弾がなかなか当たらないことだ。

戦争がはじまったとき、ドイツ軍は自慢の八・八センチ高射砲が五十発撃つごとに敵機一機を撃墜できると主張していた。ドイツはその高射砲を改良する以前に、すでに射撃に協力できる電波兵器をつくり、昭和十三年には高射砲部隊に配備していた。

ところが、戦いがはじまって、アメリカ、英国の飛行機を一機撃墜するのに一万二千発が必要となった。(35)アメリカや英国の飛行機が頑丈だということもあったが、英国側にしたって同じ比率だった。それどころか、一万六千発だ、二万発だと言われもした。

高性能の電波兵器の協力さえあれば、地対空砲火の勝利と思われたのだが、実際には思うようにはいかなかった。一機を落とすのに五千発までに減ったのであろうか。アメリカ軍が使用している近接信管付きの十二・七センチの砲弾が、空母とそれを取り囲む戦艦、駆逐艦の強固な防壁となっていることは前に何度か述べた。近接信管付きの砲弾はどうなのか。目標とする飛行機にもっとも近づいたときに炸裂するこの砲弾は、飛行機一機を落とすのに一千発以下で済むのではないか。

日本側はだれひとり砲弾に取り付けられたこの超小型の電波兵器のことを知らない。敵の電波標定機が優れているからだと思っている。そして電波標定機の開発、製造に四苦八苦しているのは相変わらずだ。

現在は陸軍の高射砲は電波標定機を持っている。電波標定機は射撃管制用の電波兵器であり、陸軍の呼び名である。

前に述べたことだが、陸海軍ともに電波兵器にはさほど関心を持たず、その研究は遅れていた。陸軍はシンガポールで探照灯を敵機に指向させる電波兵器を鹵獲した。これを高射算定具に連結させて、高射砲の射撃に利用することを考えた。日本電気で研究開発したものが一型であり、東芝で研究試作したものが二型である。一型、二型ともに性能が悪いうえに故障続出だった。

ところで、シンガポールで高射砲射撃用の電波兵器の残骸を見つけていた。これを真似てつくろうということになった。日本電気が取り組んだ。三型である。コレヒドールでも、アメリカ軍の高射砲の射撃用の電波兵器を見つけていた。これを真似て東芝がつくることになった。これが四型である。

これも前に述べたことだが、ドイツの射撃用電波標定機、ウルツブルグの研究、開発もおこなわれてきている。日本無線で試作しているが、まだ完成していない。

実用実験で成功し、試作を増やし、各陣地に配置するようになっているのは、三型である。これまでに三十台ほどをつくった。十二高と連動して使われるようになっている。三型は一型や二型に比べて優れているが、それでも目標との距離を精密に測ることができないため、なかなか命中しなかった。

もっとも、高射砲の有効性は、撃墜、撃破した飛行機の数で測るのではなく、高射砲がなかったら敵はどれだけ多くのことを達成できたかで測るべきだという主張がある。[36]べつの言い方をすれば、高射砲は敵の飛行機を少数しか撃墜できなくても、敵に恐怖感を与え、敵機を高空に追いやり、爆撃の精度を大いに狂わせることができるということだ。

これに成功したといったら大げさになるが、昨年十一月末からの数カ月のあいだ、陸軍の高射砲はある程度の成果をあげたということはできるのだろう。B29を高空に追いやった。

中島飛行機の武蔵製作所をねらった最初の昨年十一月二十九日のB29の爆撃は、八千二百メートルから一万メートルの攻撃高度をとった。それからずっと航空機工場の爆撃をつづけてきたが、つねに七千メートルから九千メートルの高度だった。一回の爆撃で手痛い損害を受けたこともあったが、たしかに命中の精度を欠いた。三月四日までに武蔵製作所にたいする爆撃は八回にのぼり、延べ九百機のB29が襲った。だが、武蔵製作所の被害はたいしたことはなかった。二月十七日の空母艦載機の低空からのロケット弾発射と爆弾投下の一回の攻撃の被害のほうがはるかに大きかったと言ってもけっして大げさにはなるまい。

スプルーアンス、ニミッツ、キングといったアメリカの海軍提督がこの事実を知ったら、陸軍の戦略航空軍なるものをどれだけか嘲笑することになったにちがいない。

ルーズベルトの意図、ルメイの野心

ところで、日本側が知らなかったことをつぎに語ろう。

ドイツと日本の国民に再び戦争をやらせないためには、無差別爆撃をやって、脅しあげるのがいちばんだという主張に、ルーズベルトが乗り気なところをみせたことは前に語った。

それとはべつに、かれには無差別爆撃をしなければならないと思うようになった理由があった。

昨年の十月、十一月のことだが、アメリカと英国の軍首脳は戦争はまだかなり長くつづくと推量し、ソ連軍の力もたいしたことはないと考えるようになった。そしてかれらを脅かしたのは、十二月十六日にはじまったドイツ軍によるアルデンヌ大反撃だった。いまから五年前にドイツ軍が電撃作戦をおこなった進攻路であり、ベルギー、フランス、ルクセンブルグの国境が入り組んだ森林地帯だ。ドイツ軍はここを突破して、米英軍の大兵站基地、アントワープをねらうものと思えた。

実際にはドイツ軍に戦争継続の大きな力は残っていなかった。そして、ソ連軍はつぎの最終的な大攻勢に備え、鉄道を修復し、ヨーロッパ式の軌道をロシア式の広軌に変える作業をおこない、前線の背後に補給物資を集積していたのだった。

ルーズベルトと部下たちはそういうことを知らなかったから、焦りがあって、ドイツの都市に無差別爆撃をやろうと考えるようになった。

ところが、局面が一変した。今年の一月十二日、南ポーランドのバラノフに集結したソ連戦車の大群と七十個師団のソ連の大部隊が大々的な攻勢を開始した。五カ月ぶりのことだった。

たちまちのうちにソ連軍はポーランド平原になだれ込んだ。そしてほかのいくつかの戦線でも、ソ連軍の大攻勢がはじまった。一月二十日までには上シュレージエンと東プロイセンの大部分をソ連の機甲軍団が占領してしまった。下シュレージエンの中心都市、ブレスラウと東プロイセンのバルト海に面する不凍港、ケーニヒスベルクがたちまち最前線になってしまった。

一月二十七日、ヒトラーは国防軍統帥部長のヨードルと空軍総司令官のゲーリングに向かって、つぎのように問いかけたのだという。

「貴下はイギリスがこのロシアの進撃を相変わらず感激と興奮で見ていると思うかね」

ヨードルとゲーリングはそれぞれつぎのように答えたのだという。

「そうは思いません」

「かれらはわれわれが西方で毅然としている一方で、東方をあけはなしているとはけっして予期していなかったにちがいありません」

たしかに英国は感激していなかった。チャーチルは興奮するどころではなかった。大きな不安でいっぱいだった。かれとルーズベルトは、クリミヤ半島の南端にあるヤルタでスターリンと会う期日の二月四日が迫っていた。スターリンと戦後のヨーロッパのすべての問題を取り決めなければならなかった。

ソ連機甲軍団は三年半前の独ソの国境を越え、一日に四十キロメートルの平均速度で西へ西へと進撃していた。スターリンは占領地をすべて自分の支配地にしてしまうつもりであろう。いったいソ連軍はどこで停止するのか。チャーチルがさらに懸念していたのは、ルーズベルトとかれの周りにいる助言者がスターリンをなおも信頼していることだった。

チャーチルとルーズベルトとかれらの幕僚長たちは、ヤルタに向かう前に地中海のマルタ島で会議を開いた。ソ連軍の大攻勢に米英の側も協力姿勢を示さねばならない、ソ連軍の大きな勝利に見合うみごとな戦いをやってみせなければならないということで米英首脳の考えは一致した。

ソ連軍の大攻勢がはじまる前に、ドイツの都市への無差別爆撃を考えたのと同じで、アルデンヌの戦いの直後となればなおさらのこと、米英の側は空軍力を使うしかなかった。ベルリン、ライプチヒ、ドレスデンといった都市を爆撃することがこうして決まった。

ところで、チャーチルが考えていたことは、ルーズベルトの考えていたこととはまったくちがい、ロシア人が起こす第三次大戦を阻止できるのは、われわれの戦略爆撃であり、スターリンにこれを見せつけなければいけないということだった。

二月三日、一千機の爆撃機がベルリンを襲った。二万人以上の市民を殺した[37]。ヤルタ会談はその翌日にはじまり、二月十一日に終わったのだが、二日あとの夜に、一千機の英国の爆撃機がドレスデンを襲った。つづいて二日間にわたって、すでに廃墟のこの都市をアメリカ機が爆撃した。市内には東からの難民が数多く逃げてきていた。死者の正確な数字はわからないが、四万人が殺されたのではないか。

さらに米英両国のすべての爆撃機と戦闘機、八千機から九千機は、二日間にわたってドイツ全土に無差別攻撃をおこなった。輸送網を破壊するという名目だったが、それまで空襲を受けていない小さな町、村までをねらった脅しの空襲だった。

そして二月二十六日、一千百機を超すアメリカの爆撃機は再びベルリンを襲い、二千八百トンの爆弾を投下した。

さて、アメリカ陸軍航空軍がドイツにたいする爆撃目標を変えたとき、日本にたいする爆撃目標も変えようとしていた。

ルーズベルトはサイパンとテニアンに配備されたB29が近いうちに三百機となると聞き、焼夷弾もすでに充分な貯蔵があるという報告にうなずき、いよいよ日本の都市を焼き払うときがきたと思ったのではないか。

そして、だれよりもそれをやりたいと思っていたのが陸軍航空軍総司令官のアーノルドである。だれをもあっと言わせる都市殲滅の爆撃をやりたい。ハンブルグとドレスデンでランカスターとB17がやったように、すべての町を焼き払い、できるだけ多くの人びとを焼き殺したい。B29にはるかに劣るB17や英国のランカスターに絶対に負けるわけにはいかない、それ以上のことをやってみせなければならない。

これより前、アーノルドはB29の司令官のヘイウッド・S・ハンセルを辞めさせていた。かれは市街地への焼夷弾攻撃をやりはしたものの、おざなりだった。そして、市街地にたいする攻撃は承服しがたいとアーノルド宛てに手紙に書いた(38)。そんな司令官をいつまでも航空軍独立の成否がかかっている第二十一爆撃軍の指揮官にしておくわけにはいかなかった。

後任は、どんなことでもする男、アメリカ版のアーサー・ハリス、カーチス・E・ルメイだった。昨年十二月十八日、揚子江岸の補給基地、漢口に五百トンの焼夷弾と爆弾を投下し、ドックと倉庫、隣接する住宅地を焼いたのがかれだった。かれがグアム島に着任したのが今年一月二十日だった。

つくられたばかりのB29はつぎつぎとアメリカ本土から飛んできて、サイパン島とテニアン島の二つの航空団の手持ち機数は、それぞれ定数の百八十機に近づいていた。長さ三キロ、横幅十車線ほどの滑走路が五本、六本とつくられ、その脇に巨大なB29がずらりと並び、B29の搭乗訓練を終えた乗組員が輸送機で送られてきて、膨大な量の燃料がタンカーで運ばれ、焼夷弾が輸送船で運ばれてきていた。そして、グアム島にも新たに航空団が置かれることになっていた。

二月二十五日、二百機のB29が神田、下谷の市街地にたいする焼夷弾攻撃を終え、そのあとの偵察機の写真を見て、これはうまくいくぞとルメイは思ったのであろう。

限られた地域に、なるたけ短い時間にできるかぎり大量の焼夷弾を落とす。こうしてハンブルグ、ドレスデンのように火災旋風をひきおこし、町のすべてを焼き尽くす。

すでにB29が撮影した東京をはじめとする日本の大都市の大量の写真があった。人口密度がもっとも高い地域、隅田川の両岸、浅草、本所、深川をねらうことにした。

日本向けのM69焼夷弾を開発したグループと陸軍航空軍の情報部も、作成した「焼夷弾レポート」のなかで、浅草、本所、深川を爆撃「最有効地域」としていた[39]。投下する焼夷弾は一平方キロメートル当たり二・三一トンで充分と説いていたのだが、ルメイはそれに従うつもりはなかった。

すでに何回も述べたとおり、二月二十五日の昼すぎの神田の焼き討ちで、ルメイは徹底した焼夷弾の集中攻撃をおこなった。神田の町二・六平方キロを焼き払うのにB29百七十機が搭載する四百七十トンの焼夷弾を使った。一平方キロに百八十トンという途方もない量の焼夷弾を投下したのである。

ルメイはつぎに隅田川両岸を焼き討ちする計画だったが、一平方キロに百八十トンはあまりにも多すぎる、そんなに落とす必要はないと思ったようであった。

同じところへのつづけての投弾は、焼夷弾の火を消そうとする市民の決意をなえさせ、消火作業を断念させるために必要不可欠であったが、百七十機のB29が三波に分かれ、二時間もかけて二・六平方キロを焼くのは、まだるっこしく無駄にすぎると見たのであろう。一平方キロメートル当たり六十トンから八十トンで充分だと考えたのである。

B29はサイパン、テニアン、グアムの三つの島の駐機場にすでに三百八十機を数え、三百機以上を出撃させることができる。グアム島はいちばん南にある。日本にもっとも遠い。五十機が発進できる。搭乗員の経験は浅い。一機に四・五トンの焼夷弾を積む。

これまでは一・八トンだった。

ルメイは数字をはじきだし、さらにつづけた。サイパン島の百六十機はベテランが多い。一機に三・二トンだったが、今度は六・三トンだ。サイパンとグアムとの中間にあるテニアン島の百十機は一機当たり二・三トンだったが、五・八トンではどうか[40]。

どうして倍の焼夷弾を積むことができるのか。夜間攻撃をさせる。敵は本格的な夜間戦闘機を持たないから、その反撃はたいしたことはあるまい。攻撃高度を低くさせる。これで燃料が少なくて済む。そして戦闘火器をすべて取りはずさせる。これで倍に近い焼夷弾を積むことができる。だが、低く飛んだら、高射砲の餌食にならないのか。その問題は解決済みだと、ルメイは自分で自分に言ったのだろう。

三百二十機から三百五十機のB29を用意できれば、おおよそ千八百トンの焼夷弾を搭載することができる。

「焼夷弾レポート」は、東京を含めて二十の都市の千二百万人の住まいを焼くのに千六百九十トンのM69焼夷弾を投下すればよいと述べていた[41]。ルメイはそれより多い量を、一晩、二時間のあいだに隅田川を挟む人口密集地に落とすつもりだった。

一平方キロメートル当たり六十トンを落とすことにするなら、千八百トンを投弾することにして、三十平方キロメートルを焼き払うことができる。

三十平方キロメートルはざっと十二平方マイルだ。ルメイは隅田川を挟む地域に東西三マイル、南の永代橋から北の白鬚《しらひげ》橋まで四マイルに区切って線を引き、四角形を描いたのであろう。

このなかに千八百トンの焼夷弾をぶち込む。焼夷弾ひとつひとつの火はまもなく大きなひとつの火の海となる。木と紙の家を焼く一大火災は大規模な熱上昇風を生じ、ハリケーンのような旋風が起き、この四辺形のなかの数十万の人びと、寝床から起きたばかりの人びとを焼き殺す。

これがルメイの思い描いた猛火の大旋風の光景であったにちがいない。

一平方キロメートル当たり六十トンの焼夷弾について、もう少し見てみよう。

一トンはショート・トンの二千ポンドではない。爆弾の場合はロング・トンで数えるから、二千二百ポンドである。M69焼夷弾を三十八本束ねた集束焼夷弾は五百ポンド集束弾と呼ばれているが、その重量は正確には四百四十ポンドである。〇・二トンとなる。一平方キロメートル当たり三百発となる。M69焼夷弾一万千四百本となる。九メートル四方に一本となる。

前に見たことだが、昨年十二月三十日にB29一機が同じ浅草に投下した焼夷弾は、十八メートル四方に一本の割合だった。油脂が飛び散り、炎をあげている焼夷弾一本一本のすべてを見つけだし、始末することはとてもできなかった。

九メートル四方に一本となれば、すべての焼夷弾を始末することはいよいよ難しい。「初期防火」だと頑張っていたら、前の家の物置が燃えはじめ、後ろの家の軒下から炎があがり、たちまちのうちに炎の壁にとりかこまれてしまう。

サイパン、テニアン、グアムのB29の搭乗員たちは、各爆撃群に分かれ、つぎの作戦の担当官から説明を受けた。かまぼこ型の兵舎のなかは満員である。

攻撃目標が東京の市街地にたいする焼夷弾攻撃、夜間爆撃と教えられても、驚く者はいなかった。

第一目標の航空機工場を見失って、第二目標の市街地に爆弾をばらまいた経験は多くの搭乗員にあるし、市街地にたいする焼夷弾攻撃もすでに何度かおこなってきていた。前に述べたことだが、残酷なことをするのにいつしか慣れてしまい、戦死する者も増えていたから、やり返してやる、焼き殺してやるのだという気にもなっていた。

ベンチに座り、黙ってノートをとっていた搭乗員たちがびっくりし、口笛を吹き鳴らし、不満の声をあげたのは、爆撃高度は一千メートルだと告げられたときであり、装備の十三門の機銃は、尾部の一門を残し、左右、上面、下面、すべてを取りはずすと言われたときだった。

気違い沙汰だ、これでは命がないとだれもが思った。

二月二十五日昼間の神田の焼夷弾攻撃は、七千メートルから九千四百メートルの高さだった。前にも触れたとおり、目標が航空機工場であれ市街地であれ、七千メートルより低く飛んだことはなかった。

一段高いステージに立って、エンジン・スタートの時刻、離陸の時刻にはじまり、爆撃の細目を説いてきた大尉が大丈夫だと声を張りあげた。

搭乗員はかれの説明の要点を指示書の余白に書き記していた。そのなかにつぎのようなくだりがあった。

「レーダーにつかまる可能性はあるが、敵の機械は混乱する(42)」

電波妨害に対抗できず

すべてのものを燃やし、焼き尽くして終わった三月十日の昼前のことになる。

多摩陸軍技術研究所の久我山分所では、浅草、深川の惨状を耳にして、だれも口が重かった。

多摩陸軍技術研究所は、電波兵器の研究機関を統合し、膨大な予算を投じ昭和十八年七月につくられた。

電波兵器の開発の遅れに焦っていたのは、陸軍より海軍だった。独壇場と信じていた潜水艦作戦の不振も、どれだけかの訓練を積んだ水雷戦隊による夜襲の挫折も、空母機部隊による敵艦隊攻撃の失敗も、すべては相手側が電波兵器を持っているのにひきかえ、こちらは電波兵器を持たないことに原因があり、すべてに手をつけなければならなかった。だが、陸軍の場合、第一の目標ははっきりしていた。B29を撃墜できる電波標定機の開発だった。

久我山分所は杉並区の久我山にある。電波標定機の開発に取り組んできていた。

正午のラジオ放送は、前夜の空襲についての大本営発表を伝えた。B29の撃墜十五機、損傷を与えたものが五十機だと言った。分所の所員たちは、どうして撃墜が五十機ではないのかと悔しがった。五十機を撃墜し、百機を撃破して、一千人の搭乗員を殺すか捕虜にするか負傷させていれば、敵B29部隊の士気は瓦解し、二度とこんな焼き討ちを仕掛けることはできなくなるのにと、だれもが無念に思った。

アメリカ西海岸のワシントン州にあるB29組立工場では一日に六機を完成させているのだという。先月二十五日昼に神田を襲ったときには、一機も落とすことができなかった。そして昨夜が十五機を落としただけなら、マリアナ基地のB29は減ることはない、増えていくばかりだ。

夜とはいいながら、敵機は物干し竿を振りまわせば届くような低空を飛んだ。昨年十一月一日のB29の偵察飛行以来、千三百メートルから千五百メートルの低い空を飛んだのははじめてだった。こちらの高射砲を無視したというより、こちらの電波標定機をなめているのだ。「夕号」はどうしていたのだろうと考えに及んだとき、所員たちは胸が締めつけられる思いとなった。

「タ」は多摩技術研究所の頭文字だ。飛行機に搭載する電波兵器は「タキ」、地上の電波兵器は「タチ」の略号で呼ばれるのだが、久我山では「タ号」は自分たちの研究開発している高射砲と連動する電波標定機の呼び名である。

かれらは深川の十号埋立地や保木間の高射砲陣地に出張したことが何回もある。十号埋立地は豊洲の埋立地のさきにある。まだ町名がついていない。リュックサックを背負ってこいと言われ、みなで食べてくれとアサリを一山もらったことが何回かある。保木間は竹ノ塚町のさきだ。仕事が終わって、七メートルに近い十二高の砲身をもう一度仰ぎ見て、つぎに十二高の目であり頭脳である台座の上のタ号に向かって、頑張ってくれよと呼びかけて帰るのはだれもが同じだった。

昨夜は風がひどかったからか、タ号が正常に作動しなかったという情報がつぎつぎと入った。おかしいと疑問に思う者がいた。風がひどかったから、アンテナの破損を恐れ、アンテナを取りはずしたところがあったという情報も耳にした。昨夜のラジオ放送が、すでに敵機が投弾をはじめたときになって敵機の侵入を告げたのも、そうしたことが理由だったのかと気づき、肝心なときにと残念がる者もいた。

久我山分所の第三科第二班の班長は高橋省吾である。改四型の開発に取り組んできた。高橋は現在、二十九歳だ。陸軍士官学校を卒業したのは昭和十一年だ。昭和十四年には、ノモンハンの戦いの末期に砲兵中隊長として戦場にでた。帰国して、陸軍砲工学校の高等科で学び、昭和十六年に東京帝大の物理学科に入学した。

いわゆる派遣学生である。日露戦争の直前からの制度であり、砲工学校、そして科学学校の高等科卒業の優秀な士官を東大の理学部、工学部に派遣してきた。ノモンハンで、格段に優れた敵の火力と機動力を肌身で知った高橋は、物理学科で学ぶことになって期するところがあったはずだが、マリアナ失陥のあとの昨年九月の卒業のときにはなにを考えていたのであろう。

午後一時、かれのところに連絡が入った。高射第一師団の司令部からだ。司令部は上野公園内の科学博物館にある。東京に四百門、川崎と横浜に合わせて百門、航空機工場のある太田、宇都宮、立川に数十門を配置し、二百五十基の探照灯と六十台の電波標定機を組み合わせ、四万人を抱える大部隊の指揮をとっている。

高橋は通信文を読んで、びっくりした。今日未明午前零時の空襲開始の直前から、三号標定機のブラウン管のくもりガラスはいずれも一面にノイズで白くなって、使用不能になったのだという[43]。

アルミ箔や錫箔が落ちてくることもなかったのだという。

前に述べたことだが、ハンブルグの空襲のとき、英国の爆撃機と随伴の戦闘機のすべてが、ドイツの電波標定機の周波数に合わせて大量の錫箔を落とした。ドイツ側にとってはじめてのことであり、不意打ちだった。電波は敵の飛行機にぶつかって反射する代わりに、この錫箔の霧に捉えられた。電波標定機は動かず、高射砲隊は敵機の状況をつかむことができなかった。

昨夜の敵はアルミ箔を落とすことはしなかったようだ、敵機は妨害電波を出したなと高橋は思った。風のために夕号が正常に作動しなかったのではない。B29の仕業だったのだ。敵が低空で侵入したのも、これでわかった。電波妨害が成功すると自信を持っていたからこそ、低空の攻撃をおこなったのだ。五十機を撃墜できなかったのは当然だった。高橋はこんな具合に考えた。

一日おいて、三月十一日の深夜、敵は名古屋を襲った。再び市街地にたいする三時間におよぶ焼夷弾攻撃だった。高度はまたも千五百メートルから二千六百メートルだった。そして、名古屋高射砲隊司令部、現在の高射第二師団から、電波標定機が使用不能になったと告げてきた。

海軍もまったく同じ目にあっていた。

電波兵器の開発は、海軍ではなにから手をつけていいかわからないという状態だったとは前に記した。高射砲の電波標定機、海軍だから呼び方はちがい、高角砲の電波探信儀の開発だった。探照灯を敵機に指向する電波兵器をシンガポールで鹵獲《ろかく》していたが、そのコピーにとどまっている。陸軍の二型と同じである。

海軍の呼称で、四号三型と四号三型改二だが、三月九日の夜には、これがまったく働かなかった。

久我山分所では、第二班長の高橋省吾が班員たちと協議を重ねた。

敵は、陸軍の三型がシンガポールで鹵獲した高射砲用の電波標定機から開発し、海軍の四号三型改二が、これもシンガポールで鹵獲したサーチライト・コントローラーをそっくり真似たものと承知しているのだろう。それぞれの特性はアメリカの専門家にはわかっていることから、その対抗策を立てたにちがいない。

そこで妨害装置をつくりあげ、専門の士官とともにB29に載せているのだろう。こちらの電波標定機の電波を受けて分析し、適切な妨害電波を発信しているのだ。

だが、アメリカ側も、各機に専門の将校を乗せる余裕はあるまい。各グループの一機にひとりが乗るぐらいではないのか。かれはこちらの電波標定機の周波数を捉えたら、後続の編隊にこれを教えているのではないか。そして敵の編隊は爆撃行動の直前になって妨害装置を作動させるのではないか。

どうしたらよいのか。

三型の場合、周波数を大きく変えることはできないが、数メガサイクルずらすことは可能である。

最初に単独の敵機が襲来したときには、周波数を変えず、後続の敵編隊が来襲してきたとき周波数を変えることにしようということになった。

この迅速な切り替えのための改造の研究にとりかかった。三月末には、各大隊の技術将校を集め、改造の方法を教示した(44)。

だが、この小手先の対応はうまくいかなかった。電波標定機は空襲がはじまるとまったく機能しなくなる。

敵は妨害のための要員を増やし、数多くの飛行機に乗せるようにしているのかもしれない。それとも、受信・分析・妨害装置を山積みした、電波標定機妨害専門のB29を何機も飛ばし、目標地の上空に最初に到着して、最後の爆撃機が投弾を終えるまで、旋回をつづけ、電波を妨害しているのではないか。

寺も、学校も、病院も、すべて焼き尽くす

三月十日未明の焼夷弾攻撃は、およそ十万人を殺す大惨劇となった。それより一年七カ月前のハンブルグ、一カ月前のドレスデンにつづいて、巨大な火災旋風をひきおこすことによって、ルメイ念願の焼夷弾攻撃は成功した。

陸軍航空軍総司令官のアーノルドはルメイがやってみせた大きな戦果に大喜びだった。かれが思い浮かべたのは、海軍長官のジェームズ・フォレスタルが硫黄島の戦場を視察し、摺鉢山《すりばちやま》の頂上に海兵隊員が星条旗を上げているのを仰ぎ見て、これで海兵隊は向こう五百年は大丈夫だと太鼓判を押したという二週間前の新聞記事だったにちがいない。

硫黄島での死闘血戦が海兵隊の存廃論に決着をつけたというのであれば、百四十万人の住むニューヨーク・マンハッタン区の三分の二の広さをもつ東京の市街区を三百機のB29がわずか三時間で灰にしてみせたことで、空軍独立への道もはっきり開けたとかれは大きくうなずいたことであろう。

そしてルメイはいよいよおおっぴらに町を焼き、寺、学校、病院も、なにを気にすることなくすべてを焼き払うことになった。

ところで、前にも述べたことだが、無差別爆撃のねらいは、一般市民はもちろんのこと、政府、宮廷の高官、内務省や外務省の幹部、議員、財界人、新聞の論説委員、こういった人びとの戦意を打ち砕くことにあったはずであり、それならば当然、焼夷弾攻撃を東京に集中することがいちばんのはずであった。

三月十日からつづく十日のあいだ、二日おきか三日おきに東京にたいする無差別爆撃をつづけたらどうなったであろう。

たった十日のあいだに東京のすべては灰となり、首都の中枢機関と東京の経済、文化機能はあらかた麻痺してしまうことになったであろう。やっとのことで生き延びた人びとは廃墟の町をあとにして、故郷の親の家か、親戚、知人の家へ向かうことになり、すべての街道と鉄道はバケツひとつ風呂敷包みひとつを持った百万人の難民であふれ、空襲の恐るべき実相を日本の隅々にまで知らせることになったはずだった。

すでに統治能力が弱まっていた小磯内閣は、三月十七日に来日した繆斌《ミョウヒン》の問題のために四月五日に総辞職せざるをえなくなるのだが、東京にたいする無差別爆撃がつづいていたのであれば、繆斌を日本に呼ぶ余裕などあるはずはなかった。東京にたいする五回の焼夷弾攻撃が終わったあとの三月十九日か二十日には、内閣はこの大敗北、大惨禍の責任を負わねばならなくなったはずである。

首都を防衛できなかったという批判と非難に、開戦時の参謀総長だった陸軍大臣の杉山元はどんな対応を示したであろう。なにも仕返しができないのだという悔しさがあって、敵を本土に迎えて決戦する、成算はあると言わねばならなくなるのは、現在の陸軍首脳と同じかもしれない。だが、衆議院本会議場は怒号で埋まり、そんなごまかしを議員たちは聞こうとしなかったであろう。陸相は辞任を考え、首相は総辞職を決意することになったにちがいない。

天皇はどう考えたか。内大臣の木戸幸一はどうしようと思ったか。家を焼かれ、東京を離れた重臣たちの寄寓先を探し、やっとのことで開かれる重臣会議はどんなことになったであろう。

ところが、ルメイは東京への無差別爆撃をつづけなかった。つづく十日間、名古屋、大阪、神戸、再び名古屋への無差別爆撃を命じた。延べ一千機のB29は六千トンの焼夷弾と爆弾を投下し、四十平方キロメートルを灰にした。日本の大都市を片端から焼いてしまうぞとルメイは得意満面だった。

そのかれが渋面をつくったのは、沖縄進攻作戦の支援をしなければならなくなったことだった。九州の航空基地を叩くこと、そして関門海峡に機雷を投下することになった。三月二十三日から、アメリカの艦艇は沖縄本島に砲撃を開始した。二十六日に連合艦隊は「天一号」作戦の発動を命じ、鹿児島の鹿屋に司令部を置く第五航空艦隊を中心とする航空部隊は沖縄水域の敵艦船にたいする爆撃、雷撃、体当たり攻撃の用意を整えた。

翌三月二十七日、ルメイの第二十一爆撃軍は大刀洗《たちあらい》、大分の飛行場、大村の航空廠を爆撃した。そして関門海峡、海峡から日本海に出た若松半島沖、響灘、水島水道に機雷を投下した。三十日には、再び関門海峡、こんどは瀬戸内海の周防灘《すおう》、呉、広島水域、そして佐世保水域に機雷を投下した。三十一日には、再び大刀洗、大村を襲った。四月一日、二日には、呉、広島水域に機雷を投下した。

このくらいでいいだろうとルメイは言った。私が持っているのは戦略爆撃部隊だ、海軍の戦闘機や機雷敷設艦の代役をそうそうやらされてたまるか。こんな具合に部下に語り、アーノルドにも訴え、かれは真珠湾に飛んだ。太平洋艦隊司令長官のニミッツに会い、「第二十一爆撃軍の任務は完了しました。これ以上することはありません」と言った。

そして、ルメイは航空機工場を爆撃してみせた。B29十数機は三月三十日に名発《めいはつ》を襲い、四月一日には百十数機が中島飛行機の武蔵製作所、三日には百六十機が立川と小泉の航空機製作所と静岡の三菱の発動機製作所を爆撃し、七日には百五十数機が名発を、百機が武蔵を爆撃した。前に述べたとおり、このあとも語らなければならないだろうが、武蔵と名発、名発はずっと大幸の通り名で呼んできたから、武蔵と大幸と呼ぶことにするが、この二つの発動機工場は、このときに事実上壊滅した。

鹿屋をはじめ九州南部の飛行場を飛び立つ航空部隊が沖縄周辺の敵艦船へ大攻勢を開始したのは四月六日である。これについても前に述べた。

ニミッツはルメイに九州の航空基地への爆撃をつづけるようにと求めた。四月八日、B29の編隊ははじめて鹿屋と鹿屋東の航空基地を爆撃した。ルメイは再び真珠湾に飛んだ。B29にこんなことをさせないでくれと言った。そしてルメイはワシントンのアーノルドに、ニミッツは私の戦争遂行の努力を妨害していると訴えた。

陸軍と海軍の戦域司令官の喧嘩は親方同士の喧嘩となる。海軍の統帥部総長であるアーネスト・キングがアーノルドに啖呵を切った。

「サイパンやグアムの陸軍の航空部隊が沖縄水域の海軍を支援しないと言うのなら、かまわない、好きなようにしてください。海軍は沖縄水域から撤収します。沖縄の陸軍地上部隊への補給と防禦は自分たちでどうぞ」(45)

アーノルドは慌てた。ルメイに我慢してくれと言った。ルメイはそれでも反抗を試みた。どうしても東京を攻撃しなければならないと言い張り、九州の航空基地攻撃はそのあとになると頑張った。

こうして四月十三日の夜、王子区を中心に東京の北西部に焼夷弾攻撃をおこなった。つづいて四月十五日の夜、大森区、蒲田区と川崎市を攻撃した。

ニミッツは自分への嫌がらせだと怒り、ルメイをさげすみ、町に火をつけ哀れな一般住民を焼き殺すのはアメリカの戦い方ではないと部下に語った(46)。

四月十七日から、第二十一爆撃軍は九州の航空基地の滑走路、駐機場、格納庫にたいする爆撃を開始した。毎日、六つの航空基地を爆撃した。それぞれの航空基地を、十機か二十機、それとも三十機のB29が襲った。

鹿児島、宮崎、熊本、大分の人びとは、毎日のようにB29の爆音、爆弾が炸裂する音を聞き、たちのぼる幾本もの黒煙を眺め、空襲が終わって三時間、十時間がたってなお、時限爆弾の爆発が部屋を小刻みに揺らすのを感じながら、いよいよ九州は戦場になったのだと思った。こちらの戦闘機隊はまったく飛び立たず、わずかな高射砲が反撃するだけだった。

五月十一日には、午前八時にB29は大分の飛行場を爆撃した。八度目、二十機だった。午前八時半、佐伯飛行場を十一機が襲った。四回目だった。午後三時十分、宮崎飛行場を十二機が襲った。八度目だった。午後三時二十分、新田原《にゅうたばる》飛行場を襲った。五回目だった。十一機だったが、飛行場上空に到達できたのは五機だった。午後三時十五分、都城飛行場を襲った。七回目だった。十一機だった。

　この同じ日、ニミッツはルメイに、第二十一爆撃軍の九州爆撃を終わりにしてくれと言い、感謝を表明した。米陸海軍は沖縄と伊江島の三つの空軍基地にとっくに戦闘機と爆撃機を置くことができるようになっていた。

　ルメイはニミッツの電文を読み、くそくらえと言ったのであろう。

　四月十七日から五月十一日まで延べ一千七百機にのぼるB29は八十八回にわたる九州の十五個所の飛行場と四国の松山飛行場に四回の爆撃をおこなった。ルメイは都市にたいする焼夷弾攻撃と航空機工場の爆撃に戻ることになったのだが、九州爆撃最後の十一日には、かれはわざとらしいことをやってみせた。六個所の飛行場爆撃のほかに、午前九時すぎ、これが戦略空軍のほんとうの仕事だと川西航空機の甲南製作所を百機で襲わせた。

　ところで、四月の上旬から、昼間の爆撃には硫黄島からのP51戦闘機の護衛がつくようになっている。都市の白昼爆撃にはP51の護衛がつく。だが、関東地区以外はこちらの戦闘機の迎撃は少ないと知っているからか、五月十四日の朝の名古屋の焼き討ちにはP51の護衛はなかった。

　その日、五百機のB29が名古屋市の北部を焼き払った。前に述べたことだが、この一カ月のあいだに、第二十一爆撃軍の手持ち機は五百機から六百六十機となり、三百機だった出撃機を五百機に増やすことができるようになっている。

人びとは敵が都市の焼き討ちを再びはじめたなと思い、注意深い人であれば、わが方は沖縄水域の敵艦船にたいする特攻攻撃をもはやつづけることができなくなったのだと考えたことであろう。

敵は、つづけてもう一度、名古屋を襲うのか、それとも東京を焼き討ちするのだろうかと東京に住んでいる人びとが思ったことも、前に語った。

六十六時間のち、五月十六日の深夜、敵が襲ったのは、名古屋市の焼け残った南部だった。再び五百機だった。つづいて十九日には、三百機が立川陸軍航空工廠を爆撃した。そして、二十四日午前一時四十分から二時間にわたって五百二十機が東京の市街地を焼夷弾攻撃した。前に見たとおり、荏原、品川、目黒、渋谷の百八十以上の町を焼いた。

三月十日の未明から昨日まで延べ九千八十三機のB29が日本を襲った。撃墜その他の原因による喪失機は百二十九機である(47)。

延べ一千機のうちの十四機だ。十四機では問題にならない。このわずかな損害なら、ワシントンの議会や新聞も文句や苦情を言わない。ルメイはこれまでどおりに、市街地の焼き討ちを休みなくつづけることができる。

東京には見渡すかぎりの焼け野原がいくつもできた。日本橋から東京駅を見ることができ、両国駅に入る電車が望める。神保町から水道橋の駅がすぐそこに見える。地下鉄の雷門の出口に立って、焼け野原のさきに南千住駅、三河島駅がひょっこり浮かんで見える。アスファルトの舗道にはだしの小さな足跡が残り、雨の水滴をはじき、二カ月たってもその足型は消えていない。

番町の内田百閒、空襲に怯えつつ晩酌

今日が五月二十五日であることは最初に記した。夕刻になる。内田百閒《ひゃっけん》はいつもどおり晩酌をはじめている。

かれの家は麴町五番町にある。一番町から六番町まであるこの番町は、牛込見附、四谷見附、市谷見附の内側にあり、宮城西側の麴町台地の突端にある。

古い台地だから、浸食が激しく、谷が入り組み、崖が多いのだが、町中であるために、坂はゆるやかに改修され、崖は前面にある二階家のかげに隠れてしまっている。台地のなかで一番高いのは三番町である。海抜三十四メートルだ。

番町は東京でもっとも古い町のひとつである。番町の名は、かつて将軍の警衛にあった旗本番方の居住地であったことからついた。震災で番町の半分は焼けてしまったが、長屋門に黒塀の邸《やしき》、格子窓がとりつけられた塀に囲まれた邸がいまも残っていて、旗本屋敷町の面影をなおもとどめている。長屋門を入れば、二十メートルほど敷石がつづき、六十坪から百坪の住まいがあって、南側には築山《つきやま》と池のある庭園が広々と広がっている。

こうした古い邸は新たに建て替えられて、金持ちや華族の邸となり、政府高官の官邸となっている。

そこで出世欲に燃える地方の警察部長や年若い恩賜軍刀組の兵科将校がそんな黒塗りの長屋門のひとつをくぐっての帰りには、いつか自分もこの町に住んでみせると胸を張ったのである。

またこの町には、鏡花、独歩、鉄幹、瀧太郎が住んだことがあり、文人町としても知られ、文学青年にも馴染みの深い町だ。鏡花の弟子のなかには、鏡花のことを「下六番町の先生」と呼ぶ者がいた。かれらのなかには、鏡花が亡くなってからもう六年もたったのだと思う者もいるにちがいない。水上瀧太郎の弟子のなかには、大きな鋲の打ってある古めかしい門のある邸が元禄時代につくられたのだと聞いて驚いたことを覚えている者もいよう。

下六番町には菊池寛の住まいもあった。文藝春秋社の営業所となって、建ってから二百年にもなる長屋門に広告の看板を掲げた時期もあった。下六番町は現在の六番町である。

番町の名を聞いて、悪と陰謀の町と想像する地方の青年もいた。番町会の名前を思い浮かべ、私利私欲に狂奔する悪党たちの巣窟だと憤りを抱いたのである。

番町会とは郷誠之助の邸で開かれていた朝飯会の名称だった。昭和七年に三井合名理事長の団琢磨《たくま》が暗殺されたあと、日本経済連盟会の会長の椅子を引き継いだのが郷誠之助だった。かれは昭和十七年に没したが、死ぬまでの十年間、財界の大御所と呼ばれる存在だった。上二番町、現在の一番町のかれの邸に集まっていたのが、永野護《まもる》、長崎英造、河合良成《よしなり》、正力松太郎、小林中《あたる》といった年若い野心的な実業家だった。かれらが番町会の会員だった。

昭和九年、前商工大臣、前鉄道大臣、大蔵省の次官と局長、課長、番町会のメンバーがつぎつぎと逮捕された。帝国人絹株の譲渡に絡んで、大蔵省、日銀、台銀の幹部と買い付け団である番町グループのあいだに収賄・背任、贈賄があったとされた。ところが、事件は検察側の空中楼閣だった。昭和十二年末までつづいた裁判は被告十六人に対する無罪判決で終わった。

番町の町の説明からさらに脱線するが、もう少し述べておこう。帝人事件とはなんだったのか。昭和九年に斎藤実《まこと》内閣の足元を切り崩し、その政治路線を覆そうとして、陰で検事を操ったのは平沼騏一郎の一党だった。結果から見て、帝人事件は国じゅうに毒を撒き散らすことで終わった。平沼の意図からもはずれ、かれの国本社《こくほんしゃ》や修養団が望んだ道徳的秩序はひび割れすることになった。マルクス主義の信奉者はすでにこのとき減っていたが、体制と制度に軽蔑感を抱く人びとは増えることになった。少なからずの人びとがいまなお番町の名前を耳にしてある不快さを感じるのは、平沼が掻きまわしたあとの底に沈んだよどみなのである。

人びとにさまざまな異なった印象をあたえるこの番町も、いまは空襲に怯えている。学童疎開にはじまり、強制疎開での立ち退き、空襲で焼かれて、番町に住む人びとは減りつづけている。

番町国民学校の集団疎開地は山梨県南都留《つる》郡の下吉田町である。麴町国民学校と東郷国民学校の子供たちは北都留郡の上野原、猿橋、大月に疎開している。野菜がまったく手に入らず、甲府の近くまで買出しに行かねばならない。どこかよそへ移らねばならぬと教師と父兄たちは顔を寄せ合っている。

三月九日の夜には三番町にある内大臣官邸が焼かれてしまった。宮内大臣の官邸とその隣の賀陽宮《かやのみや》の邸も灰になった。二番町に公使館のあるスイス公使のゴルジェの一家は軽井沢に移っている。スイスは英国の利益代表国となっているから、ゴルジェは一番町の英国大使館が三月九日夜の空襲に無事だったことを本国政府に告げた。構内に落ちた数発の焼夷弾は留守の管理人が消し止めたのである。

四月十三日の夜には、六番町の一部が焼かれた。

番町の町々の人口は減りつづけていると述べたが、人びとが出て行くのと入れ替わりに、よその町の罹災者、強制疎開で立ち退きとなった一家、庁舎を焼かれた政府機関が移ってきている。番町国民学校には東京区裁判所と東京検事局が入っている。一階と二階の教室を使うことになり、教室内の机や腰掛けは講堂に積みあげられた。

小磯国昭の一家も番町へ引っ越してきている。首相を辞め、官邸を引き払うことになったが、麻布北新門前町《きたしんもんぜんちょう》の住まいは人に貸してあった。一番町に住んでいた知人の浦山助太郎が山形へ疎開したことから、小磯はここを借りたのである。

座敷の床下に地下室がつくられている。三田村鳶魚の中野文園町の家にある「地窖《ちこう》」のことは前に語った。入口には頑丈な扉がついていて、地下倉庫は安全なように思えた。国昭の妻の馨子は衣類と貴重品の大部分をそこに入れた。

今日、五月二十五日、小磯夫婦は故郷の山形を旅行している。

こうして番町を離れる人、番町に住まいを移す人がつづいているが、さすがに離れる人のほうが多く、二千戸、一万人が住んでいた番町の人口はほぼ半分に減ってしまっている。

五番町に住む内田百閒が夕刻に晩酌をはじめたと最初に述べたが、かれの家にはこのところずっと酒がある。

今月二十一日の夜には、その朝に中村武志が持ってきてくれた酒が四合あった。中村は東京鉄道局に勤めている。百閒の弟子のひとりだ。三十六歳になる。酒は飲まないから、配給があればかならず百閒のところへ持ってくる。翌二十二日に百閒はかれに礼状を書いた。

「……夕方飲み始めてみんなのまずに大事に取つて置くと云う分別も有るのですがそれよりも久し振りに好い気持になる方が大切なりと考え　後の事を考えずに飲むことにしました」

じつは二十二日にも、酒があった。大橋古日が千葉の布佐から闇酒を一升買ってきて、二人で六合ほど飲んだ。大橋は小学校の後輩で、内田が嘱託として勤めている日本郵船の社員である。

翌二十三日には残りの四合を片づけた。そして昨二十四日は酒の配給が五合あった。四月三十日にビールが二本、この五月はじめに大黒葡萄酒の配給があって以来のことである。

大黒葡萄酒といえば、以前ならこんな子供だましの飲み物に手を出したりはしなかったのが、ついつい百閒がグラスを重ねたのは、なんといってもほかに飲むものがないからだった。たちまち瓶を空けてしまってから、あまりうまくなかったと思った。酒石酸《しゅせきさん》抜きであっても、ふつうの葡萄酒のほうが味は良かったと思った。

かれが酒石酸抜きの葡萄酒を飲んだのは二月末のことだった。大橋古日が持ってきてくれた。帝国劇場に店開きしている国民酒場からだった。そこは昨年から東京にできた三百軒ほどの酒場のひとつである。長い行列に並べば、酒一合が飲める。持参の瓶に移して、大橋は百閒のために持って帰ってきてくれた。ビールを飲ませることもある。飲ませるのが葡萄酒というのは珍しかったが、人の列は相変わらずで、大橋は一時間近くも待たされた。

百閒は味利きをしてみた。けっこううまかったので、一合全部を飲んでしまった。五日あと、大橋が再び葡萄酒を買ってきてくれた。このときは五合あった。

葡萄酒が配給になったり、ワインの立ち飲みといった珍しいことが起きたのは、この二年前から葡萄酒の生産が大いに奨励されてきたからである。桑畑がつぶされ、茶畑が減反され、リンゴ、梨の果樹園が作付け転換を求められているとき、葡萄の栽培だけは奨励されている。

こうした優遇措置は酒石酸を採るためだ。酒石酸は仕込みの桶の内側に付着する。それだけでは足りないので、仕込み桶に石灰を入れ、桶の底に沈澱した酒石酸石灰をすくいあげる。葡萄酒の生産が全国一位の山梨や二位の山形の醸造所では、いずれも酒石酸工場の看板を掲げ、勤労奉仕の人たちで賑わい、警察官は貴重な戦略資源である葡萄をひそかに買い込んだ闇屋を駅で捕まえていた。仕込みがはじまるのは秋になってからだが、夏のあいだには葡萄の蔓《つる》を煮た。夕方、国民学校の子供たちが醸造場の庭に青い蔓を背負ってきた。山と積まれた葡萄の蔓にやぶ蚊の大群がむらがった。竹籠をかついで山葡萄の葉を採りに行った子供たちは、電波兵器をつくるのに葡萄が必要なのだと教えられていた。駅まで酒石酸石灰を運び、大阪の化学工場行きの貨車へ積み込んだ大人たちも、そのあとのことは知らなかった[48]。

葡萄酒のほうは東京、名古屋の大都市へ送られてきた。ゆっくり寝かせることをしなかったから、味の丸みは欠いていたが、百閒が褒めたように口あたりはまずまずである。中野区鷺宮では、三月はじめにこの葡萄酒の配給があった。一世帯に一本、空瓶持参で二円四十銭だった。回覧板には、「長期保存にたえざるにより直ちに飲用せられたく」と注意書きがあった[49]。

同じとき、麻布市兵衛町の永井荷風のところにも葡萄酒の配給があった。三月七日のことだった。かれは一口飲んで顔をしかめた。その昔にパリで飲んだ甘口の白ワインを思いだしたのかもしれない。それとも、いつの日にかの読者の顔を思い浮かべてのことであろう。日記につぎのように書きつらねた。

「隣組の媼《おうな》葡萄酒の配給ありしとて一壜を持ち来れり。金二円五十銭。味いて見るに葡萄の実をしぼりたるのみ。酸味甚しく殆んど口にしがたし。其製法を知らずして猥《みだり》に酒を造らんとするものなり。これ敵国の事情を審《つまびらか》にせずして戦を開くの愚なるに似たり。笑うべく憫《あわれ》むべくまた恐るべきなり[50]」

扱いが悪く、運ばれてくるまでのあいだに酸化してしまったのであろうか。

酒石酸からつくられるのはロッシェル塩である。これはマイクロホンに用いられる。敵潜水艦発見のために水中聴音器として艦船にとりつける。昭和十八年秋にドイツからロッシェル塩結晶製造の技術者と水中聴音器を艦船へ装備する専門家が潜水艦で来た。これまでに限られた船にとりつけられてきた水中聴音器は、有効距離が短く、取り扱いが面倒で、悪評高かった。そこでこの新兵器の開発に希望がかけられた。

川崎市小向の東京芝浦電気の工場にロッシェル塩マイクロホンの製造設備がつくられた。だが、この四月十五日夜の川崎の空襲で、小向工場はそのほとんどが焼かれてしまった。(51)

ところで内田百閒だが、昨夜は五合の配給の酒のほかに、駒込で焼けだされ、六番町へ引っ越してきていた義姉から借りてきた酒が二合あった。大橋と二人で七合すべてを飲んでしまった。そして今日は知人の配給を譲ってもらった酒が五合ある。妻が九段上まで取りに行ったのだった。二合を姉へ返して、残った三合が今夜の分である。

酒の肴はない。昨年六月のことであったが、勤め先の郵船の部屋で、かれは記憶のなかからうまい物、食べたい物の名前だけでも挙げてみようと思い、目録をつくったことがあった。

郵船でのかれの仕事は文章の添削であり、それも社長の訓示その他だけだから、いたって暇だ。毎日は午後出社で、水曜日は休みだ。昭和十四年に勤めだしてから、そのしきたりはずっと変わっていない。水曜日には日記にわざわざ「水曜不出社」と書き入れるのが長い習慣となっている。

思い浮かぶうまいものはどうしても魚だった。

「さはら刺身　生姜《しょうが》醤油　たひ刺身　かぢき刺身　まぐろ　霜降りとろノぶつ切　ふな刺身芥子味噌　べらたノ芥子供味噌　こちノ洗い　こいノ洗い　あはび水貝　小鯛焼物　塩ぶり（中略）くさや　さらしくぢら　いひだこ　白魚ゆがし　蟹ノ卵ノ酢の物　いかノちち　いなノうす　寒雀《かんすずめ》だんご　鴨だんご……」(52)

さらに野菜から果物、菓子、駅弁を拾いあげていき、時化《しけ》でもないかぎり、毎夜刺身か洗いがあり、小鯛の塩焼きがかならず膳に並んだことを最後に書き加えたのだった。

それから一年たったいま、そんな食べ物を思いだそうとする気力はない。

勤めに持ってでる弁当もおかずはない。毎日おむすびだが、鰹節を入れるか、味噌を醤油に浸したのを入れていたのが、それもなくなって、いまは塩むすびである。かれがおむすびを持って行くために、妻が昼ごはんを食べることができないことをかれは知らないにちがいない。

おにぎりを食べるのだから、せめて熱いお茶でもあったらと思うのだが、四月下旬からお湯がもらえなくなり、最近は昼間は水もでなくなり、お茶は家からの持参である。百閒にかぎらず、出勤する男たちはだれもが小さな鞄を肩からぶらさげている。

厚地の三河木綿の布鞄である。いずれも細君の帯芯でつくったものだ。その帯芯から亭主の戦闘帽やゲートルをつくった器用な女房もいる。この布鞄に百閒は弁当と砂糖なしの紅茶を詰めたサイダー瓶を入れている。

紅茶はもう少し残っているが、煎茶はない。今月はじめに郵船の購買部で半斤《はんぎん》二円の煎茶を買うことができて、百閒は喜んだ。寒さがつづき、遅れはしたものの、一番茶の摘みとりは終わり、ほの甘い新茶が飲める頃なのだが、これはひね茶もひね茶、どんな倉庫に放り込まれていたのか、異物の匂いを吸って、とても飲めるような代物ではなかった。

どうしたわけか、今夜は酒がまずい。身体の具合が悪いのかなと思い、二本でやめた。二十二日夜、二十三日夜と同じように、今夜も遅く空襲警報で起こされる恐れがある。かれはすぐに寝た。警戒警報のサイレンで目が覚めた。三十分ほど眠っただけだった。ラジオが後方目標ありと言っているので、かれはすぐに起きあがった。ズボンをはき、ネクタイを選んだ。手がでたネクタイは夏目漱石の遺品の一本である。十時二十三分に空襲警報が鳴った。

空襲で怖い目にはこれまでに何度かあってきた。昨年の大晦日の夜には、警戒警報のサイレンが三度も鳴り、そのたびに起こされ、浅草、下谷の方向にあがる火の手を寒さに震えながら、気味の悪い思いで見たことは前に記した(53)。

四月十三日の夜には、四谷、牛込、神楽坂が火の海となった。濠を越えて土手のこちら側にある六番町の家々が燃えはじめ、火の粉が雨のように降ってきた。その夜は大橋古日がいたので心強かった。ビール六本を持ってやってきて、二人で片づけてしまったときに警戒警報のサイレンが鳴り、大橋は千葉に帰ることができなくなった。大橋は火叩きを持って庭をまわり、屋根の庇《ひさし》にたまる火の粉をたたき落とした。火の粉というより、火の玉だった。そしていよいよとなったら持ちだす予定の荷物を外へだした。大橋が靴のまま二階へ駆けあがり、書斎の欄間《らんま》に掲げてあった扁額《へんがく》をはずして降りてきた。百閒が十一歳のときに書いたものだった。間違いなく火がくると覚悟を決めたのだが、風向きが変わって延焼を免れた。

爆弾も恐ろしかった。二月二十五日の午後には、かねて教えられていたとおりの音が頭上で聞こえた。爆弾の落下音である。どうしようと迷ったが、百閒と妻のこひは戸口の雪の上にうつ伏せになった。不気味な音は真上を通ったが、そのあとなんの物音も聞こえなかった。時限爆撃弾かと思ったが、不発弾だった。数日あと、その処理がおこなわれているあいだ、こひは近所の人たちとともに雙葉女学校へ避難したのだった[54]。

三月三十一日の昼すぎにも頭の上で爆弾の落下音が響いた。外へでると土手の向こうの四谷に黒煙があがるのが見えた。

四月十三日の夜の空襲のあとから、百閒は大事なものの疎開をはじめた。「吾輩は猫である」の初版本をはじめ、自分の著書を毎日少しずつ郵船ビル四階の自分の部屋へ運んだ。二枚あった父母の硝子写しの写真も郵船ビルへ持っていった。やがてはこの家も焼けてしまうのだと考えたり、いや、焼けることはなかろうと思い直しもした。

昨夜、百閒はこひとともに一杯機嫌の大橋を送ってでた。散歩にでたくなるような月夜だったからである。片側を延々とコンクリート塀がつづく道を二人は戻ってきながら、敵がどんなに残酷でも、小さなわが家をねらうことはあるまいと百閒が言った。お隣の立ち木一本分ですものねとこひが答えた。

コンクリート塀の上に大きく突き出た樹冠が十三夜の明るい空のなかに黒々とつながる。そのはずれに内田の家がある。その椎《しい》の木の並木がつづく広大な邸の所有者は山口誠太郎である。

山口誠太郎は日本石油の役員であり、その子会社の新潟鉄工所の役員でもある。

日本石油は昭和に入ってから橋本圭三郎がずっと社長をつづけてきているが、明治、大正期の社長は、この一月末に熱海で没した内藤久寛《ひさひろ》だった。灯油ランプが普及し、外国の石油会社、ニューヨーク・スタンダードとシェルの二社が日本に灯油を売るようになった明治二十年代に、内藤は日本石油を創設した。国内でも原油を精製できるようになって、新潟出雲崎に俄大尽《にわかだいじん》の井戸主があふれるようになったときのことである。そのなかで内藤久寛の日本石油がただひとつ生き残り、大企業に成長したのは、山口権三郎の協力があったからだ。権三郎はそのとき新潟県会議長であり、県下有数の実業家だった。権三郎のあとを継いだのが長男の達太郎であり、誠太郎はその子である。

日本石油についてもう少し触れておこう。日本石油の製油所はいまだに空襲がない。鶴見、東京、関西、下松《くだまつ》の製油所はいずれも爆撃を受けていない。無事なのは日本石油の製油所だけではない。日本石油の鶴見製油所と並んで、京浜運河沿いには、三菱石油と昭和石油のそれぞれの川崎製油所がある。集中爆撃を受けても不思議はないのだが、いずれも無傷のままだ。

アメリカが日本の製油所を爆撃しないのは、日本本土に石油のストックはないと承知してのことであるのは言うまでもない。日本石油の鶴見製油所は松根油の精製をはじめて難渋を重ねていることは前に述べた(55)。

もっとも、徳山にある第三海軍燃料廠と岩国にある陸軍燃料廠と安芸灘にある上蒲刈《かみかまがり》島の大浦にある海軍の貯油タンクが今月十日に爆撃された。日本本土に対する本格的な空襲がはじまって五カ月目のことだった。爆撃目標が少なくなり、無理やり目標としたかのようであった。

B29百機に爆撃された徳山の第三海軍燃料廠は航空揮発油をつくってきていた。だが、爆撃前の四月の生産量はとるに足らなかった。同じときに百十機のB29に爆撃された岩国陸軍燃料廠の装置やパイプのなかは空だった。八十機のB29に襲われた大浦貯油所の爆撃された七つのタンクも空だった。

敵がねらわないといえば、国内産の原油の精製工場も破壊しようとしない。昨夜はB

29の編隊が日本海側まで侵入した。日本海沿岸には日本石油の新潟、柏崎、秋田の製油所があり、昭和石油の新潟、平沢、日本鉱業の船川の製油所がある。それらの製油所の存在をアメリカが知らないはずはない。ところが、B29は新潟港の沖と富山湾沿岸に機雷を投下したのだった。

日本の油田などとるに足らない、わずかな原油を精製する小さな製油所は爆撃する値打ちもないとアメリカ側は見ているのだろうかと山口誠太郎は首をひねっているにちがいない。

ところで、誠太郎は百閒の住まいの隣の邸には住んでいない。新潟にいる。そこにある本邸は隣の邸の何倍もの広さがあるといった話を、清子は隣組の人から聞いたことがある。横沢村にある本邸内には、みごとな杉の美林でおおわれた小山がある。山口家はもともと新潟県刈羽《かりわ》郡横沢村とその周辺にまたがる大地主なのである。

山口邸についてもう少し述べよう。百閒とこひを含め、この界隈の人びとはこの邸を「軍需大臣の官邸」と呼んでいる。少し前には「商工大臣官邸」と呼んでいた。百閒やこひは隣の官邸の欅《けやき》造りの門扉が大きく開かれているのに行きあわせたこともあったにちがいない。黒塗りの自動車が現れて、そのなかには、ぎょろりとした大きな目の長い顔の男が乗っていた。ときにぐっと目をむき、恐ろしい容貌の男だった。商工大臣、つづいては国務大臣、そして軍需次官を兼任していた岸信介だった。

もちろん、岸はこの邸にはいない。そして現在の軍需大臣の豊田貞次郎はこの邸を使っていない。

敵機の爆音が腹に響く。今夜は隣の立ち木一本分のわが家がねらわれる気配が濃厚である。百閒は玄関に置いてあった持ち出し用の荷物を表へだした。雲が垂れ込めて月は見えない。麻布か芝か、西南の空が薄く赤くなっている。

三田綱町の小泉信三、大やけどを負う

小泉信三の家は三田綱町にある。

かれが今年一月二十六日の夜に六本木の花屋の後藤まで行ったことは前に記した[56]。妻の富子の誕生日だった。妻にいきなり花を手渡したら、彼女がびっくりし、娘たちが歓声をあげるだろうと思うと歩幅が広くなり、上がってきた満月を見つめながら、帰りもまた三キロ近くの道を元気に歩いたことも語った。

それから四カ月がたつ。妻を驚かそうと誕生日を祝う花を買いに夕刻にでていくような夫はもはやいない。東京は大きく変わってしまい、人の心も変わった。

小泉にしてからが、首相官邸から三田へ帰ろうとして、霊南坂を上りながら、咲いている桜を見上げて思いだしたのは、「花もまた哀れとおもへ……」の徳川慶喜が詠んだ歌だった。これも前に記した。四月五日だった。毎週木曜日に開かれる内閣顧問会の集

まりがあり、内閣顧問のかれも出席した。書記官長の石渡荘太郎が現れ、いましがた臨時閣議が開かれ、内閣総辞職が決まったと語った。総辞職となれば内閣顧問も辞任するので、その日の会合は開かれずに終わり、いったい日本はどうなるのだろうと思いながら帰路についたのだった。

一昨日、五月二十三日の夜には、信濃町の慶応大学医学部の施設の六割が焼失し、三田の普通部が全焼した。すでに四月十五日の夜、日吉の工学部の建物の八割が焼かれてしまっていた。

同じその夜、信三の長女の加代が勤めている綱研《つなけん》の一部も焼かれた。慶応義塾亜細亜研究所が正式名だが、三田綱町にあることから、だれもが綱研と呼んできた。彼女が二年がかりで集めたデータも燃えてしまった。焼けると困るからと二部つくった矢先のことだった。このことを詫びるために、この研究をしてきた佐原六郎教授の自宅へ彼女は行った。バスは動いていなかったから、恵比寿まで往復歩いた。家へ帰ってきたのは夕方だった。

今夜はいつになく賑やかだった。富子の弟が食事に来て、信三の頭を刈りに床屋が来た。信三の母が田園調布の松本烝治《じょうじ》の家の離れに疎開して、隣の家が空いたため、加代と妹のタエの長唄の先生が芝大門から引っ越してきて、挨拶にきた。加代は祖母のいる田園調布に寝泊まりすることが多かったのだが、身も心も疲れ、動くのがいやで、ここで寝ることにした。

午後十時過ぎ、加代が床に入ろうとしたとき、警戒警報のサイレンが鳴った。いつもなら大事なものを書庫へ入れ、水を汲んだりするのだが、なにをする気にもなれず、目の前にある大切な三味線の箱を書庫へ持っていくこともしないでぼんやりとしていた。十数分あと、十時二十四分、空襲を告げるサイレンが鳴った。

小泉は外套を着込み、帽子をかぶり、表へ出る。爆音は頭上に近い。今夜は十四夜で、月は中天にあるはずだが、夕方から雲がでて月は見えない。東の方向、芝浦の海岸あたりに早くも赤い火が見える。逆の西の方角、麻布方面も赤い。十時四十分だ。

急ぎ足で古川《ふるかわ》の川べりまで行く。近所の人がでてきている。広尾と思えるところが燃えはじめている。爆音が再び頭上に近づく。敵機は芝浦の海のほうから入ってきて、北西に進んでいる。うしろから駆けてきた人がかれに挨拶した。隣に住む慶応の教師の山本登である。四月十五日深夜の空襲で大森の家を焼かれ、妻の実家に同居している。かれの妻は信三の姪にあたる。「先生、今日はあぶないですよ」とせきこみながら言った。「ウン」と信三は答えた。山本が家の方向へ駆けていった。[57]爆音は真上を離れない。信三もわが家に戻る。十時四十五分近くになる。

加代はしっかりしなければと自分に言いきかせ、立ちあがり、三階に上がった。三階には信三の洋間の書斎と八畳の座敷がある。家は北側が崖に接していて、二階に玄関があり、居間、応接間、食堂がある。食堂は崖の中腹に開けた庭に面していて、庭にそのまま出られる。一階には台所と女中部屋、書庫と車庫がある。書庫はもともとは鉄の扉のついた納戸だったのだが、信三が書棚を入れて書庫としたのである。車庫には入れる車がないから、ガラクタを入れた物置になっている。

加代は三階の窓をあけてみた。火の粉が空を舞い、なおも爆音が頭上で聞こえる。これは大変だと思う。

加代は階段から下に向かって、父と妹のタエに声をかけた。いつもやるように屋根に水をかける用意をしなければならない。もうしばらくすれば、真っ赤に燃えている燃え殻が空から屋根に落ちてくる。ほうっておけば、くすぶりつづけ、やがて軒先、壁板が燃えだす。

小泉は三階に上がってきた。備え付けの用水桶がある。加代は二階の風呂桶に水を貯めようとしている妹のところへ行こうとした。このとき、ガーッという音がした。ガード下で上を電車が走るのを聞くような音だと思ったとき、家全体が揺れ動いた。時計を見る人はいなかったが、十時五十分近くであろう。

加代と母とタエは階段を駆けおりた。一階の内玄関から外へでようとした。外は輝くばかりの白色の世界だ。出ることはできない。また階段を駆けあがった。庭から崖の上へ逃げるつもりである。食堂から外を見ると、庭もまた白い炎でいっぱいだ。煙にむせながら、三人はまた階段を駆けおりた。

加代は母に向かって、「もう死ぬのね」と言った。出征して満洲にいる夫の正のことが思い浮かんだ。母が「大丈夫」と声を強める。そのとき三人は顔を見合わせ、「お父さまは」と言った。タエが二階への階段を上がりながら大声で叫び、加代が叫び、母が叫んだ。返事はない。すさまじい音に取り囲まれていることにこのとき気づく。一階から二階、三階までの階段は同じところにあるから、一階から見上げれば、火明かりのなかで三階の天井が見える。

小泉が三階の南側のガラス戸をあけたのはこれより少し前だ。東京湾の上と思えるところに敵機が見える。芝浦あたりかなと思って戸を閉めた。そのとき、異様な響きで家が揺れた。かれは倒れ、一瞬気を失った。顔に油脂を浴び、夢中で両手で顔を拭ったのだが、気づいていない。

落ちてきたのは、長さ五十センチ、直径八センチの小さな二・八キロの焼夷弾ではない。ずっと大きい。二百キロを超えるナパーム・マグネシウム焼夷弾だ。こちらがエレクトロン焼夷弾と呼んでいるものだ。

この大型の焼夷弾はコンクリート造りの大きな建物を貫通する。屋根を貫いたときに、瞬発の弾頭信管が作動し、爆薬が炸裂して、引火して燃えあがったゼリー状のガソリンを飛散させながら、焼夷弾の本体は床下まで落下して、燃えつづける。二千度を超す高温だから、水をかければ大きく爆発し、そこらじゅうに火が飛び散る。そして数分のあいだにすべての火はひとつとなり、火を消すことは不可能となる。

幸いなことに爆弾は小泉家の屋根の庇を貫き、庭に落ちた。小泉は顔を上げる。周りは明るい。座敷の畳のそこここに炎があがっていることに気づく。慌てて起きあがり、バケツの水をかける。効き目がない。

見上げる長押《なげし》に福沢先生の手簡の額が掛かっている。前の品川の家では、茶の間に掛けてあった額である。「これも焼けてしまうな」と瞬間思った。大樽の水を汲みだそうとして、北の窓から外を見た。見下ろす庭も、一面の火だ。

気がつけば、階段の下から熱風があがってきている。炎が見える。

どうしようと思う。火の中を二階へ駆けおりるしかない。目を閉じ、息をとめ、階段に足を踏みだした。再び顔が焼け、両手が焼ける。意識がもうろうとしているのだろう、階段を踏みはずした。小泉は自分を呼んでいる声に目を覚ました。やれやれ、起きなければならないのか、このまま寝ていたいのにと思いながら立ちあがる。

一階にいる加代は父がしっかりした足どりで階段を降りてくるのでホッとした。ところが、父の外套の胸のところが燃えている。父は気づいていないようだ。加代は母とともに夢中でその火を叩き消した。そして加代は薄明かりのなかで父の顔が異様に腫れあがっているのに気づいた。

「もうだめだと思っていたよ。しかたがないね。逃げよう」と父が言い、「どうかなさったの」という問いには「ウン」と言うだけだった。

手伝いの静さんがどこにもいない。何度呼んでも返事がない。一階の内玄関の外はそれほどの火ではない。「静さん」と呼んだが、外にもいない。祖母の家の庭を通る。長唄の先生の松次さんが庭にいる。布団を出すと言って、家へ戻っていった。親子四人は古川の川っぷちへでた。綱研の防空壕へ行こうとする。爆音の響くなか、焼夷弾の落下音が聞こえて、四人は道端に伏せる。

山本登の家では、女子供は疎開して、残っているのはかれと義父と義兄だけである。物凄い音が真上からまっすぐ落ちてきて、家鳴りがした。登は庭の防空壕から恐る恐るでた。庭のいたるところに青白い炎がたち、雨戸に白い炎がたち、あけてある雨戸のあいだからなかを覗けば、唐紙、畳に青白っぽい火が燃えている。そして赤い火に変わった。消すどころではない。

義父と義兄を呼んだが、返事がない。すでに家をでたのだろう、裏手の渋沢邸へ避難したのだろうと思った。渋沢敬三の邸には立派な防空壕があり、小泉一家もここへ入ったことがあることは前に記した。山本は二十三日の夜に焼けた普通部の焼け跡を抜け、綱町研究所へ避難する。宿直の者と数人の学生が頑張っていることで心強い。

研究所の奥の建物の陰から人がこちらに来るようである。近寄ってみると小泉塾長と家族の人たちだ。暗くてよく見えないが、先生は怪我をされているようだ。庭の壕に案内した。登の救急袋のなかには、メンソレータムとワセリンの小瓶しかない。三田の本部に塾長が大怪我をしたことを知らせようと思った。学生二人を伝令に出した。火の手にはばまれ、行くことができない。三十分ほどたち、もう一度行ってみると言う。だが、だめだ。山本は片手に水の入ったバケツを持ち、行ってみようとした。山の上からりんご大の燃え殻があとからあとから転がり落ちてきて、進むことができない。大ホールが燃え、その尖塔についている風見針がアイスグリーン色の炎をあげているのを、かれは呆然と見つめる。

壕のなかの小泉は苦痛をこらえ、家族を心配させまいとしている。「加代も、タエも、怪我しなくてよかった」と言い、加代が、正から預かっている正の母の写真と正からの手紙を背負ってきたと言うと、「感心、感心」と言った。ときどき学生が壕の入口に来て、状況を説明してくれる。父が黙ってしまい、加代に体をもたせかけてきた。加代は父がひどく具合がわるいのだと思い、この寒さが体によくないと思う。何度も水をかぶったから、衣服は濡れたままで、震えるほど寒い。早く朝になることを祈る。(58)

警視庁望楼から見る火の海

警視庁地下の指令室には消防課員が詰めている。消防部長の塩谷隆雄もそのひとりである。秋田県警察部長から転じて一カ月がたったばかりだ。壁には大きな東京都三十五区の地図が掲げられ、課員がその横に立ち、赤い印のついた針を打っていく。机では電話が鳴りっぱなしだ。警視総監、町村金五が地下に降りてきた。

だれもがこの指令室を作戦本部と呼んでいる。

たしかに作戦本部である。火災発生地域と火勢の状況を判断し、手持ちの予備消防部隊をどこへ投入するかを定め、どこの部隊を応援部隊にするかを決め、どこへ行けと応援命令をくだす。

消火の仕事は戦いとよく似ている。もっとも大事な場所に最大の力を集中しなければならない。そのためには、予備戦力を持つことに加えて、充分な通信組織を持たねばならない。高級指揮官は第一線で戦う下級指揮官からの情報を収集分析し、かれらに迅速な指令を与えるための通信体系を持つことが、戦いに勝つための必須条件である。

ところで、陸軍の野戦部隊の通信装備は貧弱をきわめている。戦いがはじまるや、大隊長は自分の壕の周辺の状況を握るだけとなる。高級指揮官のところには正確な情報がたちまち入らなくなり、敵の動きも、味方の動きも、皆目見当がつかなくなる。こんなことで戦いに勝てるはずがない。

戦いがはじまってたちまち手さぐりとなるのは、消防隊の指揮官も同じである。もちろん、勝てるはずがない。

アメリカのRCA社が大量に生産しているハンディ・トーキーやウォーキー・トーキーといった個人用の無線送受話機は消防隊の必要装備のひとつなのだが、陸軍の野戦部隊が持っていないのに、消防隊が持っていようはずがない。

有線電話だけが頼りである。だが、本部と各大隊を結ぶ電話線は、四月十三日、十五日、さらに五月二十三日の空襲で、その多くが焼失してしまい、すべてが修復できていないため、通信連絡不能の大隊がいくつもある。

そして空襲がはじまれば、本部と各消防署を結ぶ非常連絡用の電話線は切れてしまい、本部と各大隊との連絡が杜絶《とぜつ》するところが続出することを覚悟しなければならない。

都内に四十以上ある消防署を大隊と呼んでいるが、本部と大隊のあいだ、大隊と大隊のあいだの連絡が途絶え、各レベルの部隊を結びつけることができなくなり、応援部隊と救援先の大隊との連絡はまるっきり不可能となる。

そこで本部と各大隊はそれぞれ伝令員を置いているが、オートバイは伝令員の数ほどはないし、あらかたは故障している。

それにガソリンは各消防署にとって必需品であり、貴重品である。ポンプ車の放水にはガソリンが欠かせないが、一回の出動に二罐までとの制限がある。二罐使ってしまったら、引き揚げるしかない。たちまちガソリンを使い果たしてしまえば、火掛りが下手だったと叱責される。

帰る途中で、消防車が止まってしまい、消防士がメガホンを口にあてて、煙にむせながら「ガソリンはないか、あったら出してくれ、すぐに返すから」と官庁街の裏通りを怒鳴ってまわることにもなる。[59]ガソリン・スタンドなどあるはずもなく、公用車を持つ役所はどこも配給のガソリン罐を倉庫の地下に置いているのだ。

軍の施設の消火にあたれば、渦を巻く火炎を前にして、隣接する建物を防禦するからと約束して、どれだけガソリンをせしめることができるかが消防士の腕の見せどころとなる。

こんな状況だから、オートバイにまわすガソリンはとてもない。伝令員が利用するのは自転車だ。ズック靴は破れ、藁ぞうりを履いている。

じつは多くの者が藁ぞうり履きだ。頑丈な革靴を履いているのは数えるほどしかいない。藁縄を巻いたゴム長靴なら、自慢の足拵えだ。望楼に上がるのには、足の指に力が入るから、藁ぞうりがいい。使えなくなったホース、かれらは「水管」と呼んでいるが、水管の麻糸を芯にして、空き俵をほどいた藁を使い、消防隊員は自分でつくる。[60]だが、火災現場では、ときに道路のアスファルトが溶けだしていることがあって、ぞうりは熱い泥道にはまってしまう。

伝令員のことに戻るが、火の海を大きく迂回して本部まで自転車で行っても、たいした役に立つはずがない。本部の望楼だけが頼りとなる。しかし、視界が利くのは最初のうちだけだ。

結局のところ、自分の地域に空襲火災がなければ、どこへ集結すると各大隊は前もって決められている。だが、出発は空襲が終わってからということになる。火明かりを頼りに出動しても、進路を火の壁にはばまれ、戻って他の道を探して進めば、煙に囲まれ動きがとれなくなる。そうこうしているあいだに、すべては終わってしまうということになる。

今夜、警視庁の望楼が火災発生の第一報を地下の作戦本部に伝えたのは午後十時四十分だ。麻布、広尾、芝海岸で火災が起きたことを知らせる。

それを報告したのは消防部総務課長の篠田信男である。かれは現場の指揮をとったこともあるが、空襲のサイレンが鳴るや、かならず望楼にのぼることをつづけてきた。警視庁の望楼は何メートルあるのだろう。隣の丸の内消防署の望楼が二十四メートルだ。もう少し高いのか。

警視庁消防部消防課員の渡辺善吉は篠田信男に敬意を払っている。もともと渡辺は事務屋の上役たちを内心ばかにしてきた。火掛りのプロを自慢にする消防士はそうしたものだ。

ところが、篠田が望楼で厚板に張った地図をひろげ、空襲が夜のときには、地図のところだけに光があたるように工夫した懐中電灯を横に置き、磁石と物差しを使って火災地点を見当づける。手袋をぬいでの作業であり、冬のあいだは、手を何度も膝に打ちつけ、指の動きを取り戻そうとする。本庁の幹部のなかでそんなことをする者はいない。頭上の敵機の爆音が鉄骨を鳴らし、炸裂した爆弾が望楼を振動させるなかで、篠田は至極冷静である。けっして慌てない。火災地点をつぎつぎと地下の指令室に伝える。

渡辺は消防の仕事になによりも必要なのは冷静さだと思っている。非番で牛込原町の家にいた四月十三日、かれは隣組の全員に適切な命令をだし、かれらを落ち着かせ、隣組を火から守り抜いた。一昨日の夜もまた非番だった。隣組の人たちを奮いたたせ、焼け野原のなかに残っている十二戸をとうとう守り通した。夜十時から朝六時まで奮闘し、隣の人がおにぎりを食べてくださいと言ってきたが、疲れ果て、起きあがることができなかった(61)。

かれは前警視総監の坂信弥の指揮ぶりには批判的だった。四月はじめに小磯内閣とともに退陣した坂は熱血漢である。相手が首相であろうと陸軍であろうと言いたいことは言うというのがかれの自慢で、喧嘩早い。

そのかれが作戦本部に降りてきて、部下たちを大声で怒鳴り、電話機を横取りして、荒川や小岩の消防署に直接質問を浴びせて、相手をどぎまぎさせた。落ち着いて判断をくだし、各地の大隊にどこへ行けと命じ、本庁集結の部隊をどこへ応援派遣するかを決めねばならないときに、部下たちはおろおろするばかりで、本部長の顔色をうかがい、だれもが正しい判断ができなくなったのだと渡辺は思っている。

篠田信男は望楼班員とともに楼上で敵機の流れを見ている。二十三日の夜は敵機は駿河湾から上陸し、相模原、町田の上空をまっすぐ西進し、大森、荏原、品川、渋谷を襲った。今夜はちがうなと篠田信男は思う。

三月十日未明、四月十三日の夜と同じで、敵機は勝浦あたりで房総半島に上陸し、半島を縦断して、東京湾を北西に直進し、深川沖の埋立地、月島、芝の方角から東京上空に侵入してきている。

敵機は編隊を組んでいない。夜間の無差別爆撃をおこなうようになってから、敵は単縦陣をとるようになっている。夜間に編隊を組むのは衝突の危険が大きいから、一機ずつ侵入してくる。前の飛行機と後ろの飛行機は充分な間隔をとっている。

三月十日未明、四月十三日の夜は、敵機は望楼の東側の空を飛んだが、今夜は西側だ。すでに敵機は芝浦一丁目に焼夷弾を落とし、つぎには広尾あたりと思えるところに落とした。十時四十分である。

敵機が飛び去るのと同時に大きな火柱が五つ、六つとあがる。小さな六角柱の焼夷弾では、とてもあのようにはいかない。敵は二百キロの大型焼夷弾を落としているなと篠田は思う。

これはゼリー状のガソリンだけでなく、マグネシウムを入れている。瞬発の弾頭信管が炸裂し、引火したゼリー状のガソリンが飛び散り、さらにマグネシウムが燃えだす。高温であるうえに、長く燃えつづける。エレクトロン焼夷弾と呼んでいることは前に記した。

広尾あたりだと思っているうちに、つぎつぎと火柱が立つ。先頭の飛行機が投弾したあと、後続の飛行機が投弾しているのだ。

つぎは近い。銀座四丁目あたりに火の手があがる。つづいて六本木か、三河台のへんに火柱が立つ。

篠田が知らないことをつぎに語ろう。

敵の出撃部隊は先導部隊と後続主力部隊に分けている。先導部隊は全体の十分の一弱だ。先導部隊のＢ29には、選りすぐりの優秀な電波探知兵器の操作員を搭乗させている。アメリカ側は電波探知兵器をレーダーと呼んでいる。レーダーと呼ぶことにしよう。

前に述べたことを繰り返すことになるが、レーダーははじめ防空を主目的とした。つぎに射撃装置と連動させた。海上の戦いに利用するようになり、つづいては潜水艦の探知に使い、ドイツの潜水艦と日本の潜水艦を手も足も出せなくさせた。そして日本海軍、中攻の雷撃攻撃を阻止したのが、近接信管の開発だった。

さらに米英の陣営はレーダーを空からの攻撃に使うことになった。飛行機に搭載したレーダーは着陸する場所を見やすくさせた。英国の発明だった。つづいてアメリカはこの魔法の目を利用して、雲があっても闇夜でも、目標を教えてくれるレーダーをつくりだした。

前に記したとおり、サイパンとテニアンとグアムの滑走路に新しいB29がつぎつぎと着陸し、駐機場はピカピカのB29であふれるようになり、百八十機を基準機数とする航空団は三つあったのが、四つに増えている。これらの航空団から、それぞれ十二人の折り紙つきのレーダー手を選んだ。

それぞれの航空団は十二機の先導機を選び、これら優秀なレーダー手を搭乗させる。四つの航空団から選ばれた先導部隊は総計四十八機となる。この先導部隊は小さな二・八キロの焼夷弾を積まない。大型焼夷弾を積む。さきほど述べたゼリー状のガソリンとマグネシウムの焼夷爆弾である。前にも言ったとおり、すぐ近くに消防車が待ちかまえてでもいないかぎり、この大型焼夷弾が炸裂すれば消火は不可能だ。

先導部隊は四十八機といったが、B29一機はこの大型焼夷弾を二十発以上投下するのだ。二十四機ずつ、二隊に分かれる。

二十四機の一隊が決められた攻撃軸線上を一機ずつ飛ぶ。二つの照準点、芝浦と広尾町を結んで一本の火線をつくる。べつの一隊の二十四機が銀座三丁目と四丁目、三河台町、六本木、青山南町を結ぶ攻撃軸線上にもう一本の火線をつくる。

火線は五キロの長さだ。これをつくるには、十二機のB29で充分だ。倍の二十四機を投入したのだから、間違いなくとぎれのない火線をつくることができる。

　警視庁の望楼からははっきりとわからないが、厚木を飛び立った月光の搭乗員は声を呑んだことであろう。真っ暗な東京の町に二本の火の直線がつくられていく。二本の直線のあいだは二キロだ。

　三月九日の夜、隅田川を挟む東京の下町を方形に仕切り、この焼き払い地域に先導部隊がつくったのは巨大なXの赤い文字だった[62]。

　このXの文字より、今回の二本の直線のほうがはるかにわかりやすい。最初の投弾からすでに二十分がたつ。警視庁の望楼班員は火災発生点の報告に忙しい。

　このとき、篠田信男は敵機が八王子の方角から襲来してくるのに気づいた。これが敵の主力部隊だとうなずいたにちがいない。八王子と相模原のちょうど真ん中あたりの空をまっすぐ東に向かってくる一列縦隊の主力部隊は、前方に赤い進入灯が二本並んだ巨大な滑走路を見ることになる。もちろん、灯の列のあいだに着陸するのではない。この十平方キロの市街地に焼夷弾の雨を降らせるのだ。

　この二本の火線の左の線の外側を飛び、爆撃するようにと命じられた航空団があり、やがて火の海となる地域の手前の渋谷、淀橋、杉並区を割り当てられている航空団もある。総計三十五平方キロを焼く予定だ[63]。

　壁一面に貼られた広い黒い紙に、細い小さな赤い色のテープを貼っていくようだ。黒い紙の中央に二本の赤いテープの線が東西に延びる。向きと位置がはっきりする。べつの短い赤いテープがそのあいだに現れる。その横にべつの赤いテープがつづく。さらにそのうしろに赤いテープがつながる。とぎれたと思うと、ずっとうしろに再び赤いテープが現れる。その横にも、またその横にも、赤いテープがするすると延びる。そして最初の赤い長いテープの外側に、新たに赤いテープが現れる。

午後十一時二十五分、杉並高円寺に火の手があがった。空襲がはじまってちょうど一時間がたつ。つづいて淀橋百人町、西荻窪、柏木四丁目から一斉に火の手があがった。さらに十二社《じゅうにそう》、角筈《つのはず》一丁目が火事となった。午後十一時四十分、芝赤羽町、城山町、葺手町《ふきてまち》、愛宕町《あたごまち》、田村町が燃えはじめ、巨大な炎と煙に町はおおわれる。

警視庁の望楼、各消防署の望楼に立っている消防署員たちは手すりをしっかりと握りしめる。すごい風だ。はね上げ式の鉄の床板がすきま風に鳴る。ついさっきまで不快だった、町の焼けている臭いはいつのまにか気にならない。火災の算定はとっくに不可能となっている。ひとつひとつの火災は横につながり縦につながり、独立火災は合流火災へと変わり、遠い火は巨大な煙雲に隠れてしまった。東京全体が火の海である。

冷静さがあってもどうにもならず、無線送受話機があったとしても、いかんともしがたい。消防隊そのものがもはや役に立たない。そこへ再び焼夷弾が落ち、新たな火の手があがる。火は風を呼び、秒速十メートルに近い烈風がうなり声をあげ、敵機の爆音と対空砲火が吠えたて、望楼は揺れ、鉄骨がきしむ。

番町の網野菊、内田百閒、火のなかを逃げる

真上を飛ぶ敵機の数が多くなったようだと内田百閒は思う。ザザッと焼夷弾が降ってくる音と爆発音、高射音の炸裂音が鳴り響く。空を見上げたとき、四谷牛込の方向から飛んできた敵機はいままでに見たことのない大きさである。翼や胴体が町の炎の色を映して赤く染まっている。イモリの腹のようだと思うまもなく、頭の上をかぶさるように飛び去った。もういけない。持ち出し用の荷物をだそう。かれは家へ飛び込んだ。

網野菊《あみのきく》は麴町四番町に住んでいる。五番町の内田百閒の家から北に六百メートルほど離れている。番町には、広い庭のある邸のあいだに、小さな家が何軒かかたまって建っているところがあるが、百閒の家と同様、菊の住まいもそうした一画にある。

網野菊は作家である。明治三十三年の生まれだ。四十五歳になる。生まれは麻布だが、小学校は番町小学校である。馬具製造販売業の父親は女の子が高等教育を受ける必要はないと思っていたから、菊に女学校に行ってもいいと言ったのは、小学校の卒業式のあとになってだったし、日本女子大に通学できるようになったのも、女子大なんてとんでもないと反対していた父親が折れてのことで、五月になってからだった。

大正十五年、義母の死を描いた小説「光子」が志賀直哉の紹介で「中央公論」に載り、

これも志賀の世話で新潮社から刊行された。結婚をしたことはあるが、すぐに別れた。学校卒業以来、ずいぶんと住まいを変えた。麴町四番町の借家に移ったのは昭和十七年のことだ。弟や妹といっしょに住んだのだが、いまはひとり住まいである。

三月九日の夜には焼けずにすみ、四月十三日の夜もあぶないところで助かり、庭の広い家がつづき、空き地が挟まっているから、番町はもう大丈夫だろうと隣組の人が言い、網野もそう思っていた。一昨日夜の空襲でも番町は無事だった。

さて、今夜である。日記を書き終え、床を敷いたとたんに警戒警報のサイレンが鳴った。ラジオのスイッチをひねった。B29二百五十機が侵入と言っている。一昨日につづいて大規模な空襲となる気配である。

うすら寒かったから、寝巻用の防空服の上にセーターを着込んだ。その上に紺がすりの防空服を着て、防空頭巾と非常袋、それに手袋もそろえた。空襲のサイレンが鳴り響いた。

夜具をたたんで、風呂敷に包み、玄関の上がり口に置き、旅行鞄を庭先にだした。壁から油絵をはずした。林檎三個のその絵は志賀直哉が描いたものである。読みかけの洋書二冊と辞書二冊、本箱の上に飾ってあった死んだ従弟の写真と旧師の英国婦人の写真を持ってでた。ほかのすべてのものは焼けてもしょうがないと覚悟を決め、防火訓練のときにみんなに羨ましがられた自慢の地下足袋を履く。洋書と辞書、写真を庭の防空壕に入れる。

彼女がひとりで二カ月かかってつくった壕だ。庭に穴を掘り、長いあいだ使ってきた腰掛け用の机をその穴に入れた。その上に板を渡して土を盛った。中に入ると身動きできなかったが、それでも自分でつくりあげたことで得意だった。入口の蓋もつくった。強制疎開家屋のとり片づけの勤労奉仕をしたときにもらってきた古トタン板を蓋の裏側に打ちつけた。

網野の家の前にある空き地には、人が集まってきている。空き地の先の崖に東京都がつくった横穴式の大きな防空壕がある。網野は防空活動ができるし、家を守るのは彼女ひとりだけだから、この壕に入るのには遠慮がある。

「アッ、やりやがった」と男の声が聞こえ、火明かりが部屋の壁に反射した。彼女は表へ飛びでた。三番町のあたりに火の手があがっている。あいだには広い道路があり、広い庭のある邸がいくつもあるから、ここまで焼けてはこないだろう。それでも万一の場合のためと、風呂桶から水を汲みだし、路地へ出て、屋根めがけて水を投げかけた。背は低いし、力がないから、屋根の上のほうまでは届かず、全身びしょ濡れになった。

火の手はだんだんひろがり、近くなってくるようだ。高射砲弾の炸裂音がつづく。爆音が宮城の方角に遠ざかると思うとまたつぎの爆音が近づいてくる。玄関へ行き、夜具の包みを表へだそうとした。そのとき、カラカラと大きな金属性の物音が聞こえたかと思ったとき、背後に重いものがドスンと落ちてきた。網野は前にのめり、膝を上がりがまちに打ちつけた。振り向いて見ると、玄関の土間いっぱいに金属性のものが転がっている。焼夷弾だ。やっとの思いで玄関の外へでて、用水桶のそばの濡れ筵を持ってきてかぶせながら、訓練で教えられたとおり「焼夷弾落下」と叫んだ。

だれも来ない。焰も立たず、なんの音もしない。筵の下を恐る恐る覗いた。両手で抱えるほどの大きさの八つ橋の形をした金属板である。すでに中身が離れた焼夷弾のカバーのようだ。まさに間一髪のところだった。頭にこれが当たっていたらと思い、薄明るい空を見上げた。梅雨が来るというのにこんな大きな穴が屋根にあいてしまってどうしたらいいのだろう。やっとの思いでその湾曲した板を表へだした。

ほっとすると急に背中が痛い。身の周りが軽くなったように思い、気がつくと、肩からさげていた非常袋が土間に落ちている。その金属の板が落ちてきたときに、鋭い端で袋の紐が断ち切られたのだろう。家に上がって針で縫いあわせようかと考えていたとき、裏側の家で「焼夷弾落下」と叫ぶ声が聞こえた。非常袋をモンペの腰紐にくくりつけて、水の入ったバケツをさげ、声のするほうへ駆けだした。家と家とのあいだの路地から見えるその向こうの道路でいくつもの焼夷弾が燃えている。狐火がつづいているようだ。風呂桶から水を汲みだし、隣組の人たちとバケツ・リレーをして、裏側の家の庭に落ちた焼夷弾を消した。わが家は暗く、ひっそりとしている。安心したが、腰に結びつけた非常袋がなくなっているのに彼女は気づいた。どうしようと息を呑んだ。

煙が道路を流れてくる。「だめだ。逃げたほうがいい」とひとりの男が叫び、隣組の人たちはいなくなった。彼女は袋を探そうとした。貯金通帳や救急用品よりも一枚の古い葉書が気にかかる。

中村研一からの葉書だ。ペン書きの女の顔が描かれ、「明日たちます、妹ですよ、これは」とだけ書かれてあった。彼女はかれに妹がいることを知っていた。しかし、彼女はそれが妹ではなく、自分の顔だと思っていた。大きな目に長いまつ毛の顔だった。彼女が日本女子大の英文科を卒業し、同窓会機関紙の編集員となり、母校で英語を教えるようになった二十一、二歳のときのことだった。のちに高名な画家となったかれとはそれっきり会ったことがなかったが、ずっと彼女の心のなかの恋人だった。

煙がたちこめる路地を何回か往復したが、暗くて袋は見つからない。力抜けした気持ちで庭へ戻り、米と小麦粉を入れたブリキ罐と三個の鞄を防空壕に入れ、水の入ったバケツを置いた。壕のなかはいっぱいである。壕の蓋をして、土をかぶせる。火が迫ってきていて、気が気ではない。玄関へまわって、夜具の包みを用水桶に突っ込む。

内田百閒は二つの鳥籠を表へだす。籠の戸をあけておこうと思ったが、クオ・ヴァディスの一節が頭に浮かぶ。森の鳥がローマの火をめがけて飛び込むといったくだりである。焼け死んでしまうなら、住みなれた籠のなかで死なせてやろうと思う。

ほんとうは鳥は自ら炎に向かって飛び込むのではない。逃げまどう鳥は物凄い勢いの火災旋風に引き寄せられ、巻き込まれるのだ。

こひが床の間にたてかけてあった漱石の額を玄関まで運んできた。持っていきましょうと彼女は繰り返す。持っていくことなどとてもできない。いざとなったら切りとるつもりでポケットにナイフを入れているが、そんな余裕もない。

向かい家のあいだから見える道路を白色の炎が横に走っている。逃げなければいけない。

三月十日未明には、たいへんな数の人が逃げ遅れて焼け死んだという話は百閒もこひも聞き知っていたし、遅れないように逃げよと明示した新聞記事を読んでもいた。

三月十四日に、貴族院で、大河内輝耕《おおこうちきこう》がこの膨大な焼死者の問題を問うた。大河内輝耕は上州高崎の殿様だ。子爵である。歯に衣着せぬ物言いをすることで知られ、六十四歳になる。

大河内は「このつぎは東京が全部やられるかもしれぬ。その場合に人を助けるか、物を助けるか、これを伺いたい」と尋ねた。

この四日あと、衆議院の本会議で、安藤正純《まさずみ》が同じ質問をするのだが、これについてはこのさきで触れる機会があろう。

大河内輝耕の問いに内相の大達《おおだち》茂雄が答え、「どうも初めから逃げてしまうということは、これはどうかと思うのでありますᅟ[64]」と言いながらも、「現場で指揮する人が常識的に指図することが大事」と答えた[65]。

原宿二丁目に住む大河内は、今夜どこへ逃げようとしているのだろう。秘密会だったから、新聞には大河内の質疑は載らなかった。だが、内務省を中心とする政府の首脳は「初期防火」「延焼防止」を隣組防空群に押しつけることがとてもできないと思うようになり、そんなことよりも、火のなかをどのように逃げたらよいのかを教示しなければならないと考えるようになっていた。

大河内の質問があったのと同じ三月十四日の新聞には、内務省の指示とも都の防空本部の発表とも明らかにしないながら、逃げるな、火を消せという指図ではなく、逃げろという指示を大きく載せていた。たとえば、朝日新聞は「敵機が来襲する、防火活動をせねばならぬで、いきおい避難の時機が遅れがちになるのだから、防空群長あたりが果敢な見極めをつけて、迅速な行動に出ねばならぬ、その際は出来るだけ身軽にして、全身くまなく水をかぶり、よくぬらした布団をかむって決めて置いた避難場所へ進む」と説いていた。

百閒とこひは背中と両手に荷物を持つ。玄関に置いてあった言海《げんかい》と辞苑、それに英和、独和の辞典はとても持てない。裏の土手へでる。一軒おいて隣の身重の女性といっしょになる。

雙葉女学校の焼けあとに行くつもりだ。雙葉の校舎が焼けたのは四月十三日だった。大橋が来ていて、軒の庇にたまった火の粉を叩き落とし、荷物を往来までだしてくれた夜だった。

市谷の町はいたるところに火の手があがっている。風がひどいのに、百閒と妻、隣の若い女性もびっくりする。ひどいなどと言うどころでない。熱風が吹きまくり、火の玉が飛び、埃と灰が顔にぶつかり、目はあけていられず、呼吸が思うにまかせない。体は風に押され、足をあげると吹き飛ばされそうになり、眩暈《めまい》がする。なによりも風の乱れと風の変化が荷物を持った身にこたえ、一歩また一歩と歩むたびにバランスが崩れ、体がよろけ、手にした荷物を下ろす。

こんなひどい風が吹くものなのか。どうして吹くのか。秒速何メートルの風が吹いているのだろうか。五メートルなのか、十メートルなのか。

一軒に一本か二本の焼夷弾が落ちることを想定してのバケツと火叩きの訓練を教え、教わるだけだったのだから、こんなことを言ってもしょうがないが、いくつもの火災がひとつになる大火災が引き起こす旋風について、内務省と東京都の責任者は教えることがなかったし、関東大震災を知らない人びとは火流の怖さを知らなかった。

逃げることを教えた三月十四日の朝日新聞は、はじめて旋風と火流について述べ、旋風は「気まぐれに変化する」と言い、火流は「風速一メートルにつき一メートルの長さと思えばよい」と告げ、飛び火は「風速一メートルにつき百メートルの割合で飛ぶ」と言い、荷物や衣類についた火の粉は「風圧の関係でピッタリ密着、こすり落とすのに一苦労する」と教えたのだった。

新聞が教えなかったことをつづけよう。家が百軒、二百軒といちどに燃えると、強烈な上昇流が起きる。そこでその周辺でこれまた物凄い下降流が起きる。これが突風となる。十メートルの風で上体が傾き、思いどおりに歩けなくなる。火の手は上にあがらず、この風に乗って広い道路を火炎が横に走る。人は逃げきれずに火に呑まれる。風の速さが十五メートルを超したら、だれもが目をあけてはいられず、風に吹き飛ばされそうになり、歩くことはできず、しゃがみこむ。

三月十日未明の空襲のときに吹いた風が秒速十二メートル以上だった。瞬間には二十メートル以上の風が吹いた。この物凄い風は水の入ったバケツを若い女性の手からもぎとり、彼女を突き倒した。土手へ逃げた母親と娘は川に転げ落ち、サイドブレーキを引いた消防車はくるっと向きを変え、消防車から引きのばされた水管は吹き飛ばされ、放水員は投げ飛ばされた。下谷消防署の望楼では、監視をつづける望楼班員はしっかりと両手で手すりを握っていても立っていることができなかった。

風に乱れがあれば、わずかな風でも足は思うように進まない。両手に荷物を持てば、運動能力のある人でも、歩くことができるのは秒速五メートルから六メートルまでの風が限界となる。周りが火の壁のなかで、逃げ道を探し、あっちに行き、こっちに行きとなれば、さらにたいへんだ。

市谷の町のほうから吹いてくる熱い風は秒速五メートルを超すのだろう。

苦しいから休みたいとこひが言った。妻が弱音を吐くのを、百閒ははじめて聞いた。しゃがみこみ、山口邸の裏の塀に寄りかかる。こひはこのまま立ちあがることができなくなるのではないかと思いながら、しばらく息を整えたのち、隣家の若い女性に向かって鏡を持っているかと尋ねる。爆音と燃えはじける音のなかで、声を張りあげる。鏡をお腹に向けて持っていれば、身持ちで火を見ても、生まれる子に痣《あざ》ができないと言って鏡を渡した。私が今夜死んだら、この鏡を形見にしてくださいとこひは言い添える。

番町の星野直樹、貯水池に身を沈める

星野直樹の住まいは麴町二番町にある。五番町の内田百閒の家から、通りを三本へだてた先だ。あいだにある六番町の番町国民学校は、百閒の家からは百メートル、星野の家からは二百メートルといった距離だ。

星野直樹は五十三歳になる。かれは東条内閣の書記官長をやった。東条内閣の総辞職とともに浪人生活に入った。二十五歳になる長男の正は満洲の建国大学を出て、満洲で兵役に就いている。東北帝大に在学していた次男の良は学徒出陣で海軍にいる。明治二

年生まれの星野の母と長男の嫁、それに生まれたばかりの孫娘は、昨年の十二月に伊東の町の裏山に疎開している。かれがここを訪ねる途中、高射砲の砲身を林のさきに見て、いつかそれがなくなったと知ったことは前に記した。

星野直樹について述べねばなるまい。

かれの評判はよくない。負け戦になって、だれもが開戦の責任者の東条英機のことを悪く言い、かれの部下たちを悪しざまに言うのが流行りなのだから、東条内閣の大番頭だった星野が悪く言われるのはしかたがないことなのである。

星野が東条と知り合ったのは、昭和十年の暮れ、新京に向かう車中でのことだった。財務部次長の星野はすでにそのとき満洲に三年いた。関東軍憲兵隊司令官で少将の東条は、満洲へ来てまだ二カ月がたったばかりだった。星野は読んだばかりの「極東の鉱物資源と工業」といった本の内容を語った。そのときフィリピンの経済顧問をしていたフォスター・ベーンというアメリカ人の著書だった。東条はその話に耳を傾けた。人と話し合って口数が少なく、もっぱら聞き手にまわるのは東条の若いときからの習慣である。かれは手帳をとりだし、星野の話を書きとめた。

二人はそれ以来親しくなった。星野が総務長官となり、東条が関東軍参謀長となってからは、ほとんど毎日のように顔を合わせるようになった。東条の妻と星野の妻とのつきあいもはじまり、文官や政治家との接触の少ない、どちらかと言えばそうしたつきあいを避けてきた東条にとって、軍隊の序列のうえでのつきあいとは関係のない数少ない友人となった。七歳年上の東条が兄貴格である。

そして東条が得意とする話をすれば、きまって星野の名前がでてくる。東条が指揮をした戦いは、察哈爾《チャハル》の戦いだけなのだが、のちにかれは秘書官たちにこの自慢話をして、戦いの成功は充分な準備をしたからだと言い、チャハルの道路から水事情までを星野から詳しく聞いていたのだと語ったのである。

東条と星野は昭和十五年七月に東京へ戻った。東条は陸軍大臣に、星野は企画院の総裁となった。八カ月のちの昭和十六年四月に星野は辞任した。商工大臣の小林一三《いちぞう》と次官の岸信介、さらに企画院が絡んでの対立があり、星野も側杖《そばづえ》を食ったのである。

陸相だった東条は昭和十六年十月に首相に任命されるや、迷うことなく星野を書記官長に据えることに決めた。かれを組閣参謀にして、新内閣の人選をおこなった。

このことに不満を抱いたのが東条の部下の軍務局長の武藤章と軍務課長の佐藤賢了《けんりょう》だった。かれらは閣僚銓衡の協議に加わることができないことで怒った。そして首相が書記官長に星野を登用したことで憤慨した。かれらは書記官長に岸信介をもってくるつもりでいた。商工大臣の小林一三と喧嘩をして商工次官を辞めた岸は、陸軍が望むことをやってくれる、まことに頼もしい、頼りになる味方だった。陸軍省軍務局の代理人である矢次一夫《やつぎかずお》が岸と連絡をとり、岸はやる気充分の構えだった。

それが星野となってしまって、この危急のときの内閣の大番頭に星野なんかをもってきてとかれらは息巻いた。かれらは星野を買っていなかった。星野の母親はジューのあいのこだと意味ありげに言う者もいたにちがいない。星野の父は牧師だった。横浜のフェリス女学校の教頭だったときに、教え子の卒業生と結婚した。彼女の父親がユダヤ系イギリス人だった。軍務局員のなかには、東条夫人と星野夫人が口出しをして星野の書記官長が決まったのだと、見てきたような話をする者もいた。

星野が内閣書記官長となって五十日足らずで、アメリカとの戦いになった。そして昨年七月に東条とともに辞めるまで、かれが首相とともに政府の態度決定にどれだけ関与したのであろうか。

アメリカとの戦いを決める重要会議に星野は出席しなかった。戦いがはじまってからも、基本戦略に口出しできるはずもなく、航空機の増産に助言したこともなかったのであろう。防空や調達や補給といった問題でも、数多くの会議に参加するだけのことだったのであろう。

昨年二月に東条が参謀総長を兼任する決意をしたときにも、それこそ独裁だ、幕府をつくる魂胆だと猛烈な非難を浴び、それが命取りとなったのだが、星野は東条からなんの相談も受けなかった。

かれがかかわった大きな仕事は、まだだれもが明るい気持ちでいた昭和十七年五月の総選挙の準備だった。そのあとずっと議会対策がかれのもっとも重要な仕事だった。

さて、今夜のことになる。星野の邸内にも焼夷弾が降ってきた。

焼夷弾は星野の邸の住まいと庭にも落ちてきた。星野と妻の操は、女中と手分けして、畳に突き刺さってシューシューと音をたてている焼夷弾に座布団をかぶせ、そこここに飛び散り、焔をあげている油脂状のガソリンを火叩きで消してまわった。

星野は隣組の人びとと火叩きの竹竿を持って壁や塀についている火を消し、庭に転がり火を噴いている焼夷弾に水をかけた。再び爆音が迫ってきた。慌てて壕に入る。爆音が遠ざかるのを確かめて、すぐに外へでる。またも焼夷弾がそこここで火を噴いている。火を消してまわる。

気がつくと、二階の軒下から煙が吹きでている。小屋組みにひっかかり、天井裏にとまっていた焼夷弾であろう。すでに周りの家は燃えている。逃げるしかない。のろのろしていると火に巻き込まれる。妻が蔵に食料の包みを入れるのを手伝う。牛込佐戸原町の津雲国利《つくもくにとし》のところへ向かうことにする[66]。

三月十日の明け方に星野の家へ避難してきたのが津雲国利だった。その夜、星野は母の疎開先の伊東にいた。はるかに東京の燃える火が見えた。夜が明けてかれは伊東を出発したが、東京駅に着いたのは夜になってだった。本所深川の方向にまだ火が見えた。

中央線に乗り換え、万世橋駅に電車が止まったとき、炎を静かにあげて家が一軒燃えていた。星野は不気味な感じに襲われたのだが、これを見た少なからずの人びとの忘れることのできない心象風景となったのである。

四谷駅から家まで四百メートルほどある。家が残っているのかどうか、門に入るまで気が気ではなかった。歓声をあげて玄関に出迎えたのが妻と津雲だった。

津雲の家は焼けたのだが、そのあとかれは邸内の焼け残った蔵に住んでいる。

五十二歳になる津雲は八王子出身の衆議院議員である。昭和十七年四月の総選挙で、かれは三多摩を選挙区とする東京都第七区から出馬し、三万一千票をとり、二位に一万票の大差をつけて首位当選した。

津雲はカネこそが味方を増やし、支持者を固める接着剤だと信じる、いつの世にもいる叩きあげのプロ政治家であり、政界の傭兵隊長である。前に述べたことを繰り返そう。昭和三年に二十七歳で代議士となったかれは、久原《くはら》房之助の助手となって独楽鼠《こまねずみ》のように駆けずりまわった。中溝多摩吉《たまきち》の反共救国団が政友会本部を占拠したときには、中溝にそれをやらせたのが同郷の津雲だということで、かれは政友会から除名された。もっとも、こんないざこざは毎度のことで、かれはなんの痛痒も感じなかった。

久原が政治の舞台から身をひいたあとは、これも豊富な資金を持つ日産企業集団の大ボス、鮎川義介にとりいった。つづいては東条内閣の大番頭となった星野の潤沢な政治資金に密着して動いた。昭和十七年四月の総選挙の指揮をとった星野は、選挙にはずぶの素人だったし、政界地図にも不案内だったから、その道のベテランの津雲の助力を仰ぐことになって、二人は急速に親しくなった。そして津雲は政府与党である翼政会の実質的な幹事長となった。

これも前に記したことだが、清沢洌は東条内閣瓦解の数日前の日記につぎのように書いた。「東条の参謀は津雲だとのこと。この男はもっとも下等な陰謀政治家だ[67]」

星野は五番町の通りを抜けた。いつしか妻の操と二人だけになってしまった。市谷見附の大通りに出た。ものすごい風だ。大きな火の玉がつぎからつぎへとサッカーボールのように転がり抜け、火の粉が渦を巻き、火の玉の流れがとだえたと思ったとき、白い火が道路を矢のように走る。そして煙のさきの向こうの町は炎のなかで揺れている。逃げるのが遅すぎたと臍《ほぞ》を噬《か》んだ。

いま来た道を戻るしかない。横丁に入ると行く手に火が燃えていて、道を曲がるとそのさきにも火の手がたちふさがっている。同じ道を二度三度行き来して、山口邸のコンクリート塀のところへまた戻る。ここで死ぬことになるのかと星野は思う。

先頭に立っていた元気な操の姿が見えなくなった。あちらの路地、こちらの道に向かっての星野の呼び声は、燃えさかる火の音にかき消される。煙が逆巻き、火が壁をつくり、目を閉じ息をとめても、顔が焼けはじめるように熱い。眉毛がちりちりと焦げる。妻を見つけだすことはおろか、もはやどこへも進むことができない。道路脇の空き地に六メートル四方の防火用の貯水池がある。

向こうから来た人影がある。ここだと叫ぶ。妻かと思ったが、近づいてくれば、四十代の男である。どこへも行けない、ここに入りましょうと言う。星野と男はこの池に身を沈める。震えあがる水の冷たさにも気づかない。


網野菊はリュックサックを背負い、革のトランクを持った。三月半ばの新聞に載った注意を、彼女は思いださないようであった。もう一方の手にバケツを持った。隣の大家に声をかけた。その昔に小学校の同級生だったその女性は病身の兄にそれを言いに奥の部屋に行ったようだった。ところが、いつまで待っても出てこないので彼女は気をもんだ。ふだんとちがうのだと自分に言い聞かせた。さきに逃げることにする。

網野はよろよろと歩く。

アイロンと電気焜炉《こんろ》が入っている革トランクが重い。アイロンを焼いてしまって不自由だと知人が言っていたことから、アイロンは忘れずに持って逃げようと思っていた。大家の家の用水桶からバケツに水を入れた。水が入っているバケツをもう一方にぶらさげると早く走れず、つまずいたりよろけたりした。知人が非常袋ひとつしか持ちだせなかったという理由がいまわかったように思う。

空き地のさきにある横穴の防空壕に行こうとは思わない。トンネルを掘ったときには土を運びだすために彼女もリヤカーを押す仕事を二、三日手伝わされた。大きな防空壕だが、煙が流れ込んで、煙に巻かれるのではないかと彼女は恐れている。逃げるさきは東郷国民学校脇の坂と坂とのあいだの谷間にある空き地と言っていいような小さな東郷公園である。上下二段に分かれ、九百坪ほどだ。

震災復興の公園計画として、五十二個所につくられた小公園のひとつである。以前は、ここは上六番町だったから、上六《かみろく》公園と呼ばれた。小学校はこれも上六小学校だった。町内に住む東郷平八郎元帥が昭和九年に没して、かれの名を記念して東郷小学校、東郷元帥記念公園と改名したのだ。

網野は公園の入口まで来て、両手の荷物をおろして一息入れた。火の粉がうしろから前へ抜けていく。そして気がつくと、周りに何組かいた人影がいつのまにかいなくなっている。

網野はどきんとする。四月の空襲の焼け跡に行くことにしようと思う。ところが、公園の外のアスファルト道路には火の玉が走り、火の粉が舞い狂っている。もうどこへも行くことができない。公園内の一段高いところにあるプールへ上がる石段には火の粉が吹きつけ、まんじの形に飛び狂い、とてもプールのあるところへも行くことができない。

ブランコのある砂場まで行き、彼女は立ちどまった。足元に浅い水たまりがある。バケツ一杯ほどの水たまりである。二十二日と二十三日に小雨が降った。ここに溜まったらしい。彼女はそこに坐った。熱風が顔に吹きつける。バケツを持ちあげ、防空頭巾の上から、背中のリュックサックにもかかるように水をかぶった。そして水たまりの泥水を手ですくって、頭にかぶった頭巾の上にかけ、顔にかける。何度もこれを繰り返す。

火の粉が公園の周りの木に燃え移り、草に火がつく。彼女は立ちあがり、燃えている草のところまで行って、地下足袋で踏みつけ、手袋の手でつかんで消し、もとの場所に戻る。つむじ風が吹き、煙で息がつまり、火の粉が顔につく。膝の周りの泥水を手ですくい、繰り返し頭巾の上にかけ、顔にかける。だが、火のほてりでたちまち乾いてしまう。頰がちくっとする。また火の粉が頰にとりついたのだ。

いつだったか、知人に誘われて行ったスキー場の出来事を思いだした。ひどい吹雪になった。からだ半分が雪のなかに埋まってしまって身動きできなくなり、吹き狂う雪のなかで、顔は凍傷をおこしそうになり、肺がつぶれるのではないかと思いながら、やっとのことで宿へたどりついたのだった。雪と火の粉のちがいはない。見渡すかぎりの赤い火吹雪のなかにひとりだけで、いま自分は死と闘っているのだ。

煙と熱さで意識が混沌としはじめたのであろうか。魂は苦しんでいる肉体を離れてただよいでて、公園の焼け跡にただひとり死んでいる彼女を見おろしているような錯覚を覚える。いいではないかとひとりの自分が言い、あまりに淋しすぎる、意気地がないともうひとりが言う。頑張らなければだめだともうひとりの彼女に言い聞かせる。

プールの石段の下にコンクリート建ての公衆便所の建物があるのに気づいた。彼女は鞄とバケツをそこに置いたまま便所へ向かった。熱風と火の粉と煙が真っ正面からぶつかり、前に進むことができない。なによりも息ができない。やっとのことで建物に入る。ここなら大丈夫かと思ったが、扉が木だ。破れた窓から火の粉が入ってくるが、窓枠も木製だ。

恐ろしいと思った。綱野は聞いた話を思いだしたのであろう。三月十日未明のことだ。清澄《きよすみ》通りを火に追われて逃げる人が小名木《おなぎ》川に架かっている高橋《たかばし》を渡ろうとした。だが、川向こうも赤い炎が切れ目のない幕のようにつづいている。石垣を下りて川に入ろうとしたが、川の表をときどき火流が走るので、恐ろしくて飛び込めない。橋のたもとに公衆便所がある。二人、三人、四人とこのコンクリート建ての小さな建物に入った。燃えるものすべてが燃え尽きたあと、十人以上の人がこのなかで死んでいた。ぎゅうぎゅういっぱいの焼死体は立ったままだった。

綱野は再びもとの場所へ戻った。四方を火に囲まれている。いちばん近く、物凄い音をたて、火の粉を飛ばし、ひどい熱気を浴びせかけてくるのは、いま燃え盛る塔のある教会である。プールのある高台の向こうに坂道があり、道をへだててその教会はある。あの教会が焼け落ちてしまいさえすればと綱野は念じる。(68)

番町で大平正芳、観音像を抱えて

麴町二番町の津島寿一《じゆいち》の邸の庭には、ついさきほどまで大蔵省の幹部たちがいた。四月五日に小磯内閣が総辞職して、津島寿一は大蔵大臣を辞めた。慰労の夕食会をやることになったのが今夜だった。議事堂に近い「山の茶屋」で開いた。もちろん、この料理屋も表向きは大蔵省かどこかの軍需会社の寮ということになっているのであろう。前次官の田中豊、現次官の松隈《まつくま》秀雄をはじめ、主だった局長が集まった。秘書課長の福田赳夫《たけお》もいたし、津島の秘書官だった大平正芳もいた。

大蔵大臣だった津島寿一は五十七歳になる。

かれは谷崎潤一郎と一高時代に同じクラスだった。潤一郎の「羹《あつもの》」という小説に一高生が何人か登場する。だれが読んでも津島がモデルだとわかる青年は、「頭が好くて、人が好くて、いつ見ても快活で深切な男」と描かれている。

頭はいい。一高、東大、大蔵省と秀才がごろごろいて当たり前の学校、職場のなかで、津島は秀才のうちの秀才で通ってきた。

カルタ、碁をやり、芝居、寄席に通い、仕舞に凝ったのと同じように、勉強も楽しんでやるのがかれの流儀だった。

大蔵省に勤めるようになってからは、女子学習院の跡地でテニスを楽しんだ。赤坂の女将や芸者たちがおやつを持参して観戦に現れた。彼女たちが「眉目秀麗、白面の美青年」である津島を目当てに来ていることはだれもが知っていた。張りのある声がかれの魅力をさらに増し、芸者たちを夢中にさせた。

そして冬には赤倉にスキーに行った。やがてゴルフに替わった。なにをするのも、勉強するのと同じようにかれは一生懸命にやった。

そして東京市と横浜市の震災復興のための外債の募集のために、財務官として英国にいたときには、「ヤング・ツシマ」と呼ばれ、アメリカのモルガン商会のトーマス・ラモント、英国のクーン・レープ商会のジョン・シッフといったそれぞれの国の外相や蔵相よりも大きな力を持っていた強力な金融組織の投資家に信頼され、高い評価を受けることになった。

そこで昭和十六年のことになる。

津島はそのときなにをしていたのか。日本銀行の副総裁だったのが、その年の十月に東条内閣が成立して、北支那開発株式会社の総裁だった賀屋興宣《かやおきのり》が大蔵大臣となり、津島が後任の総裁になった。

じつは賀屋は津島より後輩だった。年は一つ下だったが、大蔵省に入ったのは津島より五年遅れた。そこで、昭和十一年に津島が大蔵次官だったときには、賀屋は主計局長だった。ところが、津島が仕えた大臣の高橋是清がその年の二月に殺され、馬場鍈一《えいいち》があとを継いだ。大蔵省出身であったが、日本勧業銀行総裁が長かった馬場は、新たな財政政策の推進を意図して、そのとき大蔵省を支配していた津島寿一、石渡荘太郎、青木一男のトリオを排除した。津島は退官することになった。そんなことがあって、津島はずっと日銀の副総裁をつづけることになったのだった。

現在、大蔵大臣は最高戦争指導会議に出席しないが、四年前、開戦か避戦かを決める会議には大蔵大臣も加わった。昭和十六年十一月に、賀屋興宣は「臥薪嘗胆《がしんしょうたん》」でいこう、是が非でも戦争は避けようと頑張りつづけることができなかった。

アメリカの側から戦争を仕掛けてくることはないだろうとかれは言いはしたものの、その主張に裏づけはなかった。油がなくなってしまってから、アメリカが日本に難癖をつけ、戦いを挑んできたらどうにもならないと説く軍令部総長の言葉にかれは反論できなかった。

津島は自分が大蔵大臣だったら、どうしたであろうと考えたことがあったにちがいない。

戦いをはじめて三年さきのことはわからないと永野修身は言ったのだという。三年さきが読めないのなら、どうして「臥薪嘗胆」を国の方針とするようにと賀屋は説かなかったのか、対華政策を再検討すべきだ、国策の大転換をおこなうべきだと主張すべきだった。

そこで、陸海軍の首脳が戦うしかないと言いつづけ、大蔵大臣が「臥薪嘗胆」の主張をつづければどうなったであろう。「閣内の不統一」となる。総理大臣は大蔵大臣に辞職を促す。辞めないと言えば、総理大臣は辞任せざるをえないことになり、結局は内閣総辞職となる。

「閣内の不統一」による総辞職は過去に十数回ある。だれもがうっかり忘れてしまっているのかもしれないが、そのときよりもわずか二週間前の近衛内閣の総辞職も、情報局の発表は、「閣内一致最善ノ努力ヲ傾注シ来ッタノデアルガ、遂ニ意見ノ一致ヲ見ルコト能ワザルニ至リタルヲ以テ」と言っていたのである。

そこで、大蔵大臣が政治的勇気を発揮したら、内閣総辞職となったであろうか。

内大臣が「臥薪嘗胆」策を支持する側に立っていたのであれば、間違いなくそうなったであろう。だが、内大臣が開戦やむなしと思っていたのであれば、かれは大蔵大臣に辞めよと婉曲に言い、ただちに大蔵大臣の首のすげ替えとなり、結局は開戦となったであろう。

津島はこんな具合に思い、自分に内大臣を説得できたであろうかと考えたにちがいない。ため息をつき、私が蔵相であっても、賀屋興宣と同じことをしたかもしれないと思ったのではないか。

津島の話はこのくらいにしよう。

最初に戻れば、今夜の食事会に福田赳夫が加わったことは前に述べた。かれは四十歳になる。大蔵省に就職したのは昭和四年だ。文書課勤務十カ月のあと、英国駐在を命じられ、ロンドンに三年間いた。そのときの上司が津島寿一だった。昭和十六年には南京政府の経済顧問となった。ゴルフの打ちっぱなしができる広い庭を持つ邸に住み、福田公館と呼ばれた。汪《おう》主席の諮問がいつもかれに向けられることが、かれの心ひそかな自慢だった。帰国してからは、石渡荘太郎に仕え、官房文書課長兼秘書課長、さらに大臣秘書官を兼任した。大蔵省の歴史で、一人でこの三つの重要ポストを兼ねたのは福田がはじめてであり、さすがにとだれもが言ったものだ。

大平正芳が食事会にいたことも前に述べた。かれは三十五歳になる。いわゆる十一年組である。昭和十一年に大蔵省に就職した。年より老けた顔つきとほかの者よりも三歳ほど年上ということもあって、オトウチャンというあだ名がつけられた。

昭和十四年に興亜院に転出し、内蒙古の張家口《ちょうかこう》に派遣された。大同炭鉱や龍烟《りゅうえん》鉄鉱の監督、指導をした。本を読むこともできない暗い電灯の宿舎にいた。昭和十七年の夏に大蔵省に戻り、主計官となった。そして昭和十八年の末には東京財務局の間税部長となった。

昨年三月に政府は料理屋の閉鎖を命じた。料飲店向けに配給されていた業務用の酒が余ることになった。これらの店舗を利用して、新たに大衆向けの酒場を開くことにした。「国民酒場」が店開きをしたのは昨年の五月だった。大平の快挙だと言われたのだが、業務の再開に備え、配給実績を確保しておきたいという料飲店側の強い希望があってのことだった。

今年の二月二十一日、大蔵大臣の石渡荘太郎が内閣書記官長に移り、かれが先輩の津島寿一を推し、津島が蔵相になった。津島は秘書官に黒金泰美《くろがねやすみ》を選んだが、もうひとり、同じ香川出身の大平正芳を選んだ。津島は坂出の出身、大平は県の西の端の農村の生まれである。

二月二十五日、まだ東京財務局の間税部長だったときの大平が消火に奮闘したことを語っておこう。

大雪のさなか、東京神田への昼間の無差別空襲についてはすでに何度も記した。日本の都市にたいしての無差別爆撃のはじまりだったことも語った。

大平の勤務する東京財務局の庁舎は麹町区大手町一丁目にある。この日は日曜日だったが、かれは防火当番だった。空襲は午後二時にはじまった。一時間がたち、濠ひとつへだてた神田、日本橋地区に黒煙があがり、火柱がたつのが見えた。午後三時、雨のように焼夷弾が落ちてきた。一度目はどうにか消すことができたが、二度目はどうにもならなかった。隣接する内閣印刷局の三階建ての庁舎と千四百人が働いていた大手町工場も吹雪のなかで赤い火と黒煙をあげはじめた(69)。

大平は地下室だけでも守ろうとした。重要書類と印刷機械が収めてあるから、ここさえ残れば、明日から仕事ができる。かれは職員を督励し、雪の降りしきるなか、神田川からバケツ・リレーで消火に努めた。だが、バケツの水ではどうにもならなかった。

お濠ばたに消防車が一台止まり、消火作業をしていないと部下のひとりが言う。大平はそこへ駆けていった。消防士たちは疲れきっている様子で、目があかなくなっている者もいるようだった。「このポンプ車は応援出場だ、戻らなければならない」と言って、いくら頼んでも動いてくれない。

大平は思いだすことがあった。守衛がマンホールの蓋をあけ、なかに一升瓶を何本か入れていた。とっさに、「わずかだが酒があります。消火に協力してくれたら、それを差しあげます」と言った。

機関士がやりましょうと言った。巻いた水管を伸ばしはじめた。大平の部下たちが二十五本あるという水管を運ぶのを手伝った。隊員が吸管を外濠におろした。かれらが消火にあたってくれ、地下室は助かった。太平が秘書官になってからだが、財務局長の池田勇人《はやと》から表彰状と一金五十円をもらったのだった。

小磯内閣は四月はじめに退陣したから、大平が津島に仕えたのは四十日足らずだった。

大平は昨年までは横浜の本牧《ほんもく》に住んでいた。昭和十二年に横浜で税務署長をやったことがあるかれは、横浜好きになり、内蒙古から帰国して横浜に住まいを求めたのだった。のんびり横浜から通うことができない情勢になって、牛込の若宮町にある妻の実家の隣に住むことにした。前は川合玉堂《かわいぎょくどう》の邸、両隣が中村吉右衛門と古河従純《よりすみ》という有名人の邸に取り囲まれているのが、かれの新しい自慢となった。

古河は古河財閥の当主であり、古河鉱業、古河電気工業の社長である。四十歳だ。七十二歳になる川合玉堂は日本画家だ。すでに若宮町にはいない。西多摩郡の古里《こり》村に疎開している。中村吉右衛門は五十九歳になる。妻の千代、娘婿の幸四郎と妻の正子《せいこ》、二歳の昭暁、一歳の辰次郎の二人の子とともに日光に疎開している。かつて大正天皇が利用したことのある田母沢御用邸のすぐ近くの下浄寺の客間六間を借りている。一月に日比谷音楽堂で一谷嫩《いちのたにふたば》軍記の直実《なおざね》役をやったのが最後だった。

大平のところでも、妻のしげ子と三人の子、正樹、裕、芳子は妻の故郷、岩手県の東《ひがし》磐井《いわい》郡川崎村に疎開している。

さて、今夜の夕食会である。

だれもが、大蔵省か、疎開先の日本銀行に寝泊まりするようになって、ろくなものを食べていない。家に帰ったところで、なにもありはしない。配給通帳は役所に移してしまっているのだから、家族を疎開させてしまった者は、家に戻っても食べるものはなにもない。会食は楽しみだが、滅多にない。そして、これはご馳走だといったものにお目にかかったことはない。今夜も、酒はお猪口に五、六杯、幕の内弁当は鯨と鰊《にしん》、玉子焼きは野菜巻きだった。

夕食会はたちまち終わった。今夜も空襲があるかもしれず、早く帰らねばならなかった。ところが、津島がご馳走になったと言い、うちにとっておきのウイスキーがあるから来ないかと言った。ウイスキーが飲めるのなら、二番町まで歩いていくのはなんでもない。

みなは津島の家の縁側に坐り、芝生に坐った。上海土産のオールドパーだ。偽物が多いのだが、そうとわかる人はいない。これはどうだったのだろう。氷はないが、水割りにして飲んだ。声が大きくなり賑やかになったとき、サイレンが鳴りはじめた。しまったと思ったが、もう遅い。四谷駅まで行けば、駅に着いたころに空襲警報が鳴るだろう。ここにいようということになる。

息が詰まる思いの空襲のサイレンが鳴りおわる。鼓膜に響くB29のエンジン音が聞こえだす。高射砲弾の炸裂音がつづき、探照灯の光の帯が動く。敵機が真上を通る。つぎの敵機がこれも真上に来る。夜間の空襲は、敵は一機ずつつながって来る。西から東に向かっている。

これは危険だと思うまもなく、そこここに火の手があがる。だれかが「星野さんの家が燃えている」と言った。

星野直樹は大蔵省の出身であることは前に言った。大正六年組だ。賀屋興宣といっしょだ。昨年七月までは内閣書記官長だったから、津島家に集まっている人たちのなかには書類を持って星野の家を訪ねた者もいる。

星野家のほうから火の粉が飛んでくる。火の粉ではない。大きな燃え殻だ。屋根に落ちた燃え殻は屋根の瓦を転がり、雨樋でぶすぶす燃えている。福田赳夫は濡れ雑巾のついた竹竿を持って駆けずりまわる。

「応接間の屋根が燃えている」の声に福田は応接間の前へ行き、竿を伸ばそうとした。爆音がつづくさなか、空気を切り裂いてなにかが落ちてくる音がしたと思ったとき、みかん色の光がぱっとひろがった。かれは芝生に叩きつけられた。

大平正芳は津島夫人の綾子、女中とともに壕にいた。壕内が瞬間、明るくなり、物凄い音がした。壕から顔をだすと応接間から大きな炎が噴きだしている。これはだめだと思った。逃げましょうと大平が言った。

声をかぎりに叫ぶが、津島や田中の姿はすでに見えない。大平と夫人と女中が四谷通りにでようとしたとき、夫人がたいへんだと言った。「仏壇に観音様を忘れたので、お迎えしてきてほしい」

秘書官だった大平は当番で官邸に泊まり、二番町にも何度も来ていたから、仏壇のある部屋を知っているし、津島夫婦がその観世音像をどのように崇敬しているかも知っている。すぐに取って返す。まだ家のなかに入ることができる。火が反射して、玄関のなかも、廊下も明るい。仏間に飛び込み、観音様を救いだした。夫人が待っているはずのところへ戻ったが、だれもいない。「津島さん」と叫ぶが、燃え盛る音にかき消され、そのさきまでも聞こえそうにない。

だれもが四谷駅のほうへ逃げていく。ずしりと重い観音像を横抱えにして小走りに走る。目の前になにかが落ちてきて、大きくはずんだ。束ねた焼夷弾を包む鉄の殻のようだ。ばらばらになった焼夷弾が降ってくるのではないかと気が気ではないが、隠れるところがない。火の粉と燃え殻が飛ぶなか、やっとの思いで四谷駅まで来た。どうやら駅舎は無事だ。プラットホームに駅長がいる。名を名乗って、駅長室に観音様を安置させてもらい、ほっとした。

福田、そして大平も気づかなかったのであろうが、津島邸の応接間を直撃したのは、二百五十キロの焼夷爆弾だった。福田はこの爆弾の爆風にあおられて倒れたのだった。福田は無我夢中で起きあがった。肩が燃えている。慌てて上着を脱ぎ、火を叩き消した。芝生のあちこちで炎があがっている。

かれは芝生を横切り、津島家の大きな防空壕まで行く。壕の入口に桶が置いてある。この水を夢中で飲み、壕のなかに入る。だれもいない。どのくらい入っていただろうか。外を覗いてみると、津島邸が火に包まれている。

田中、松隈、津島夫妻はどこへ行ったのだろう。これはたいへんなことになったと思う。四谷通りへ駆けだす。なにかがあるのをよける。もしや人ではないかと思うが、振り返る余裕もない。どこへ逃げようと考える。四谷の橋の下へ行こうと思う。

道路の両側が燃えている。うしろを振り返った。赤い炎が切れ目なくつづいている。とてもだめだ。四谷駅に向かうしかない。駆け抜けようとしたが、意識が薄れ、足がよろよろする。窒息しそうだ。酸素が欠乏しているのだ。そして顔がひりひりと熱い。急がねばだめだ。

明治神宮ではなく青山墓地へ、岩佐凱実、武見太郎

岩佐凱実《よしざね》は三十九歳になる。安田銀行に勤め、本店の営業部貸付課長だ。兵隊の経験はない。体は丈夫だが、召集されたことはない。だれからも運がいいなと言われてきた。

ずっと銀行勤めをしてきて、かれが得意に思うのは、日本電気工業の立て直しをしたことだ。日本電工は現在の昭和電工である。アルミニウムの国産化は昭和九年に日本電工がはじめた。ところが、安い優良なアルミニウムが大量に輸入されて、日本電工、それにつづくほかのアルミニウム会社も四苦八苦の有様となった。昭和十二年に岩佐は日本電工の再建のために出向した。横浜市神奈川区恵比須町の埋立地にある横浜工場に通

った。日本電工は朝鮮の明礬石《みようばんせき》を原料にしていた。パイプやバルブが詰まり、手を焼く毎日で、やっとのことでつくられたアルミナの品位は低かった。品質のよい安価なアルミニウムをつくるためには、マレー半島のボーキサイトを輸入するしかないと岩佐は主張した。翌十三年にボーキサイトを原料にすることで、日本電工の経営は立ち直った。

忘れることのできない思い出は昭和十七年に上海に駐在したときのことになる。知り合った上海の中国人の銀行家が、戦いは最終的にアメリカが勝つと思っていることにびっくりした。

かれが銀行から上海に派遣されたのは六月であり、ミッドウェー海戦が起きたときだった。かれは大本営の発表を新聞で読んで、相討ちだと思っていたのだが、中国人はサンフランシスコからの短波放送を聞いていて、アメリカ海軍の勝利と信じていたのである。そしてかれらの関心は、日本の敗北がいつごろになるのか、戦後の中国、日本の状態はどんな具合になるかということだったのにかれは驚いたのである。

上海での楽しみは食べることだったが、いちばんの思い出は太湖で蟹を食べたことだった。はじめて上海蟹を食べたのは昭和十七年の旧暦の九月だった。「鮮蟹上市」と書いた紙が店に貼られた。かれは上海の人が蟹を食べるのは一年のうちのその時期だけと知った。小さな木槌と丸い台がだされて、かれは山盛りの蟹を堪能した。翌年の中秋《ちゆうしゆう》に友人が本場の太湖に連れていってくれた。蟹もうまかったが、老酒がこんなにうまいものかと思ったのだった。

上海には一年半いた。帰国して、昨年の四月に神奈川支店長になった。静岡県三島市の龍澤寺《りゆうたくじ》住職の指導を受けて、かれは参禅するようになった。

この住職に触れておこう。山本芳吉、二十五歳のときに玄峰《げんぽう》と号し、現在はだれもが玄峰老師と呼んでいる。慶応二年の生まれ、七十九歳になる。

かれは人を心服させる力を持ち、多くの弟子を持つ、行動力のある宗教家である。かれの名をだれもが覚えたのは、昭和九年、血盟団首領の井上日召《につしよう》の特別弁護をして、新聞に大きく報じられてからだった。多くの人びとは、殺された財界の巨頭、井上準之助と団琢磨よりも、この殺人を指揮した日召を心情的に支持していたから、かれを弁護した玄峰を偉い禅坊主だと思った。昭和のはじめの数年間、すでに右翼の旗頭のひとりとなっていた日召は玄峰の寺で修行をしたことがあったのである。

今年の正月のことだ。岩佐凱実は玄峰老師が横浜に来たことを知って挨拶に行った。玄峰老師は「岩佐さん、この戦争は負けですよ」と言った。少し間があったにちがいない。「負ける覚悟はできています」と岩佐は答えた。「昔から言うでしょう。ならぬ堪忍、するが堪忍、負けるが勝つ、と。この言葉を忘れないでください」と玄峰老師は言った。

この五月のはじめ、かれは本店に戻った。最初に言ったとおり、貸付課長になっている。
罹災支店の一覧表を見れば、気が滅入るばかりだ。一月二十七日に数寄屋橋支店の前に爆弾が落ちたのがはじまりだった。三月十日の未明、浅草、雷門、駒形、千束、吉野町、寺島、押上、本郷、亀戸、吾嬬《あずま》の各支店が罹災した。総計十六支店にのぼった。三月十三日には、大阪本町支店、船場支店、戎橋《えびすばし》支店ほか七店が焼かれた。三月十七日未明には神戸の兵庫支店が焼かれ、三月十八日には名古屋の明道橋《あけみちばし》支店が焼かれた。四月十三日深夜には東京の牛込、小石川、池袋、高田馬場、王子、千住支店が失われた。四月十五日の夜には、蒲田、梅屋敷、麻布の支店、川崎支店が焼かれた。そして一昨夜、五反田、荏原、広尾の支店が灰になった(70)。

安田銀行の行員たちはさきを走る三井、三菱、住友、第一銀行に追いつこう追い抜こうと努力を重ねてきた。数多い支店網の力を発揮して、預金額第一位の位置を獲得できるのもいよいよ間近となっていた。だが、このように支店が片端から焼かれてしまって、いったいどうなってしまうのだろうと岩佐は考える。

かれの胸のなかにはまたべつの不安がある。京浜工業地帯の二つの柱、アルミニウムと鉄鋼の生産基地、昭和電工と日本鋼管がいまや末期的な状態にあるということだ。この二つの軍需会社は安田銀行が融資担当銀行であることから、貸付課長になったかれは詳しくその内情を知るようになっている。

かれは昭和電工の幹部から、以前に横浜工場の貯鉱場を見たことがありますねと問われ、うなずくと、いまや貯鉱場に一かけらのボーキサイトもなくなりましたと教えられた。はじめて輸入されたマレーのジョホールからのボーキサイトの赤い山を見たときの感激をかれは思いだした。昭和十三年一月のことだった。

昨年十月から航空機の廃材を原料にしているが、もはやこれもない。十一月から、華北の礬土《ばんど》頁岩《けつがん》を原料にすることにしたが、この輸送もまったく見込みがないという。

こんな説明を聞かされて、聞きたくはなかったが、このさきどうするつもりかと岩佐は尋ねた。

長野県の上松《あげまつ》で粘土採掘の鉱業所を来月には開設すると言われ、木曾谷の真ん中あたりだ、谷間から松の多い峰を仰ぐから上松という地名がついたという説明を聞かされ、岩佐はどうにかなるのかと尋ねようとして思いとどまった。

日本鋼管はどうなのか。

岩佐は日本鋼管の総務部長からつぎのような話を聞いた。

横浜の鶴見製鉄所に高炉が二基、川崎の川崎製鉄所に高炉が五基ある。この七基の実情はどうか。川崎の第五高炉は昨年末にできあがったが、火入れができない。鶴見の第二高炉は昨年三月に改修のために吹き止めして、それっきりだ。

操業しているのは五基だけだ。ところがこの五基のうち、川崎製鉄所の第三高炉は二月四日に休風《きゅうふう》し、第二高炉は四月十六日に休風した(71)。

岩佐は吹き止めと休風についての説明を聞いたのであろう。

高炉の操業は一度火入れをしたら、ずっと作業をつづける。高炉は火を消したり、またつけたりということができない。つねに原料を投入し、熱風を送りつづけ、高炉の底の炉床に溜まり、溶けだした銑鉄《せんてつ》を一日六回から七回、出銑口から樋を通じて熔銑《ようせん》鍋に取ることをつづける。

千二百度の熱風は熱風炉から熱風管を通して高炉の炉腹内に送り込む。この送風量が出銑量を左右する。平和な時代のことになるが、鉄の価格が下落して、生産制限をおこなうときには送風量を減らす。「緩風《かんぷう》操業」をおこなうことになる。

この送風を止め、炉の操業を停止するのが吹き止めである。

炉体を修理したりするときには、送風を一時的に止める。これを休風という。休風といっても、この二月と四月の川崎製鉄所の休風は長期休風だ。バンキングと呼ぶ。炉内のコークスの燃焼と鉄鉱石の溶解をできるかぎり防止しながら、送風を再開する日を待つ。だが、長期休風が三十日、五十日とつづけば、吹き止めと同じことになってしまう。炉の内部に熔銑、熔滓《ようし》が固着してしまう。

川崎の第五高炉が火入れできないのも、川崎の二つの高炉がバンキングしたのも、鉄鉱石と石炭が不足しているからなのは言うまでもない。

鉄鉱石は高炉に入れる前に焼結作業によって、有害成分を除去し、大きさ、強度をそろえる。これをおこなうのが焼結工場だ。鉄鉱石が不足するから、川崎製鉄所の第一焼結工場、第二焼結工場が三月に操業を休止した。鶴見製鉄所の焼結工場も今月中に休止する。

こうしたわけで、現在、バンキングをしていない高炉は、川崎が二基、鶴見一基だけとなっている。

この三つの高炉の成績がさっぱりだ。華北、満洲からのコークス用粘結炭と揚子江沿岸の鉄鉱石に依存していたときには、公称能力どおりの出鉄量だった。ところが、昭和十八年からは、北海道、九州の石炭、東北、関東の鉄鉱石に頼ることになり、多種類の雑鉱石を処理するようになって、高炉の出銑率は下がりつづけてきている。

しかも空襲があれば、高炉は減風、あるいは休風にする。昨年十一月から、空襲のたびに休風にしてきた。休風にすれば、当然ながら出銑量が減少する。いちど休風にすると元に戻すのに時間がかかる。

四月十五日の空襲による製鉄所の被害はとるに足らなかった。ねらわれたのは市街地だったから、従業員の多くが住まいを失った。社宅や会社の寮が灰になった。川崎製鉄所関係の工員寮七十五棟のうち、五十九棟が焼かれ、社宅八百三十戸のうち、二百五十戸が焼かれた。現在にいたるまで、従業員の五割が出勤するだけだ。[72] だが、ほんとうのことを言えば、全員が出勤してきたところで、する仕事などありはしないのだ。製鋼部門では、高炉でつくられる銑鉄が減少している上に、鉄屑がなくなり、出鋼量は急激に低下している。当然、つぎの段階の圧延鋼材の生産も減り、最盛時の二割以下となっている。

残った三基の高炉の操業はこのさきさらに悪化し、鋼材の生産はとるに足らない量となる。

こうした話を岩佐は聞かされた。

かれは考え込む。昭和十七年夏の中国人銀行家の予言を思いだし、この一月の玄峰老師の断言、それに答えた自分の言葉をあらためて思い返すことになる。

さて、今夜だ。

岩佐凱実の住まいは赤坂区青山南町五丁目だ。妻と長男の海蔵、次男の泰蔵が家にいる。ともに中学生だ。長女の清子は岩佐の母とともに伊東の親戚に疎開している。国民学校三年生だ。

一家は庭の壕に入っている。

庭つづきの隣の家は自分のところの小さな壕に入らず、空襲になれば、岩佐の家の庭の大きな壕に入る。夫婦と中学生の息子がこちらの壕に来ている。いっしょにいるほうが心強いし、火を消すのにも好都合だろうと考えてのことだ。

敵機がつぎつぎと頭上に来る。敵機が去って、壕から出る。再び爆音が近づいて、壕に飛び込む。壕からでるごとに風が強まり、火が近づき、火の粉が増え、吹きすさぶ風の煙が濃くなり、目が痛い。

どこもかしこも火だ。どこにいても、自分の黒い影が壁に映り、地面に伸びる。これはもうだめだと岩佐は思う。わが家を守り抜くことはできない。隣の主人に逃げましょうと言う。妻が貴重品と乾パンの入ったリュックサックを背負い、息子たちは水筒を肩に掛け、バケツを持つ。逃げ場所は決めてある。この界隈に住む人なら、考えることはみな同じだ。明治神宮か青山墓地だ。明治神宮に行こうと思う。青山の電車通りに出る。明治神宮参道との四つ辻まで来た。左手の角に安田銀行の青山支店がある。木造ではないから、支店のなかでは宿直員が頑張りつづけ、水をかけつづけているのだが、岩佐は気づかない。煙が吹き荒れ、支店の建物も見えない。

火の粉を交えた熱い煙が広い直線の表参道を原宿駅の方向に物凄い勢いで走っている。明治神宮まで五百メートルだ。体が押され、自然に前に出る。だらだらと下り坂だから楽にちがいない。だが、怖くなった。煙に巻かれてしまい、明治神宮まで行けないのではないかと思う。火事のときには風上に逃げよという俚言《りげん》を思いだす。風上の青山墓地に逃げたほうがいいのではないかと岩佐は考える。同じ五百メートルの距離だが、青山墓地に向かうほうが安全という気がする。

青山墓地に行くぞとみなに声をかけるが、ごうごうとうなりをあげる風と家が燃える音がすさまじいうえに、防空頭巾をかぶっているから、自分の耳にも届かない。息子たちを引き寄せる。気がつくといっしょに逃げてきた隣家の人びとが見えないが、どうしようもない。

風上に顔を向けるのは息苦しいばかりでなく、火の粉が顔にあたる。夏みかんほどの大きさの燃え殻が道路を転がっていく。行こう、頭を下げて、両足に力をこめろと妻と子供に叫ぶ。息苦しいどころではない、窒息しそうだ。酸素が欠乏しているのだろうか。

表参道につづくこの広い道路から横の道に入らなければならない。なるたけ狭い道路を行こうとする。行く手に大きな炎があがり、あたり一面に火の粉が飛んでいる。顔が熱い。戻って、べつの道を探す。空襲がはじまって最初に燃えたところだろうか、すでに焼け落ちた一角がある。防火用の水槽を探し、持ってきたバケツに水を汲み、お互い水をかけ合う。子供の手を握りしめ、まだ熱い焼け跡の道路を抜ける。

ずいぶんと大回りをして、やっと青山墓地にたどりつく。妻に向かって、よかったと言った。すべてが真っ赤に燃えているなか、墓地のなかだけは暗い。暗いなか、どこにも人がいるのにびっくりする。

坐り込んでいる人びとのあいだをそろそろと抜け、奥のほうに行く。南北に長い墓地の真ん中、外人墓地のあたりだと見当がつく。岩佐が青山に住むようになるのは小学校四年生のときからだから、墓地の地理には詳しい。覚えのあるキヨソーネの墓の輪郭がぼんやり浮かぶ。まだB29の爆音が聞こえる。(73)

武見太郎は四十一歳になる。昭和十四年、三十五歳のときに銀座四丁目に診療所を開いた。湿気を嫌う機械装置のために冷房装置がとりつけてあって、夏の朝、はじめて診察を求めに来た人びとを驚かせたものだった。冷房を入れた病院や診療所はほかにはない。横浜に住むハンガリー人が設計、製造したその冷房装置は、新造の大型潜水艦にとりつけられたばかりだった。

武見はなかなかの勉強家であることに加えて、患者の信頼をかちとるある種の力を持っている。

多くの有名人が教文館三階のかれの診療所を訪ねてきた。内閣のひとつぐらいは簡単にできる顔ぶれである。政治家、高級軍人だけではない。理化学研究所の研究者、岩波書店から本を出すような文人も、かれの診断を乞うた。

一人二人、例を挙げよう。枢密顧問官の南弘は武見の患者だった。南の持病を治したことで、南は武見のたいへんなファンとなっている。横浜正金銀行頭取の大久保利賢の夫人が武見の患者だった。彼女に信用されたことから、利賢の実兄の牧野伸顕《のぶあき》を診察することになり、かれの信頼を得ることにもなった。

武見が牧野伸顕の孫娘の利舞子と昭和十六年に結婚したのも、牧野と南の後押しがあってのことだった[74]。

武見は学生時代に寄生虫の研究に関心を持ったことから、その方面の権威の小泉丹《まこと》の教室で学ぶことを許され、小泉は親しくしている岩波書店の岩波茂雄をかれに紹介した。岩波もかれのシンパになり、診療所開設のために銀座のビルを見つけてくれた。幸田露伴、西田幾多郎《きたろう》を紹介してくれたのも岩波だった。

北海道帝大の教授、中谷宇吉郎を診察、治療したのも、岩波と小泉に頼まれてのことだった。まだ武見が慶応病院の医局にいたときだった。結核性炎症という大病院の診断をくつがえし、肝臓ジストマ症であることを見つけだし、宇吉郎の命を救ったのである。

武見の住まいは明治神宮表参道の入口のすぐ右側だ。善光寺の山門の隣である。妻と昨年十一月に生まれた昭子は柏の郊外に疎開している。田中村の十余二《とよふた》というところだ。下総《しもうさ》台地の一角にあり、明治初年に開墾した入植地である。

そこに小さな家を建てたのが昭和十二年だ。まさか今日の事態を予測したとは思えないが、武見は先見の明があったのだと自慢している。

かれの診療所は焼けていない。一月二十七日の銀座の空襲で教文館にも火が入ったのだが、待合室が少し焼けただけで診療室は無事だった。

今日のことになる。

夕刻にかれは妻の祖父の牧野伸顕を訪ねた。二十三日の夜に渋谷区神山町の牧野の邸は焼かれた。すぐ近くの鍋島直高の邸に避難している。宮内省に勤める長男、伸通の妻、純子の実家である。

ほかに疎開先がないなら、十余二に疎開してはどうかと武見は言い、牧野が尋ねたのは、東京まで何時間かかるかということだった。お上のお召しがいつあるかもしれず、なるたけ東京から近いところに住まわなければならない。柏までは常磐線を利用する、距離的には東京駅から横浜駅までと同じだと武見は語り、もっとも、汽車を下りてから一里ほど歩くことになると説明したのであろう。

そして、牧野の娘婿の吉田茂がまだ釈放にならないことを二人は語り合った。茂の妻、雪子は牧野の長女である。昭和十六年に亡くなった。

このさきで述べる機会もあるだろうが、第一総軍司令官の杉山元に吉田の釈放に力を貸してほしいと頼んだが、だめだったことを牧野はまた繰り返し語ったのであろう。

月があるから、夜道は大丈夫ということで、帰りは遅くなった。青山車庫前の停留場まで来たとき、道路の右側の青山学院の真裏の空に光るものを見た。その光るものはどのくらい光りつづけたのであろう。かれは敵機が落とした照明弾だと思った。午後九時だった。今夜は大空襲になるぞと思ったのだが、実際にはまだ警戒警報もでていなかったのである。かれはなにを見たのであろう。

午後十時、警戒警報のサイレンが鳴り、その二十分あと空襲警報のサイレンが鳴りだす。家にいるのは年若い看護婦と武見だけだ。武見の家は庭を含めて四百坪ほどある。家は狭いから、家が焼けても庭の防空壕は安全だろうとかれは思ってきた。

Ｂ29の爆音が近づき遠くなるごとに防空壕に入ったり出たりしているうちに、かれはここにいて大丈夫だろうかと不安になった。明治神宮の境内か、その隣の代々木の練兵場に逃げるべきではないかと思った。

柏にすべて送りだしてあるから、家に置いてあるものはわずかだ。それでも、モーニング・コートが一揃い、冬の洋服が一着ある。下駄箱に靴が三足ある。大風呂敷にすべてを包み込む。

これをどうしようと思う。持っていくことはできない。防空壕に入れようかと思ったが、考えを変えた。庭の端にコンクリートの用水槽がある。バケツで水をかいだし、さかさまにした。この下に風呂敷の包みを押し込んだ。

いましがたＢ29が落とした焼夷弾が燃えはじめたのであろう。すぐ近くで火の手があがる。

表へ出た。さっきまで人が大勢いたのが、いまは数えるほどだ。顔見知りの年寄りの豆腐屋がいる。企業整備で商売はとっくにやめている。かれが近づいてきて、「先生、どこかへ連れてってくれ」と言う。

もはや明治神宮の境内へ行くのは難しい。表参道は煙が逆巻き、視界を完全にさえぎってしまっている。煙の切れ目から見えるのは火の手だ。青山墓地へ行く決心をする。

火の粉と熱風が吹きすさび、燃え殻が飛ぶ青山通りを渡らなければならない。武見は小さな鞄を持つだけだ。救護用の救急薬品と衛生材料を入れてパンパンにふくらんでいる。看護婦の小松嬢と豆腐屋の主人はリュックサックを背負い、バケツを持つ。二人の肩に手をかけ、耳元で大声で叫ぶ。体を曲げ、走ろうとするのだが、風に押し戻される。私が先頭、おやじさんは真ん中、小松さんが後衛だ。頬が焼けるように熱いと思ったとき、熱い煙を吸い込んで、だれもが咳きこみ、手拭いで口と鼻を押さえる。大きな燃え殻が道路を走ってくる。夢中で避け、前の人の衣服に着く火の粉を叩き消しながら、道路を渡り終える。

熱風と燃え殻が暴れまわる広い道路を避け、細い道を行く。炎の壁があれば、また戻り、べつの道を行く。豆腐屋の主人が私に任せてくれと先頭に立つ。アメリカとの戦いをはじめる前までは、豆腐を入れた桶を担いで朝夕歩いた青山南町の界隈だから、大きな邸の裏口がどこにあるか、そこの庭を抜ければどの道に出られるか、そのさきが燃えていればどの道を行ったら青山墓地に近づくことができるか、かれほど知っている者はいない。裏門をくぐり、無人の庭を通る。コンクリートの高い塀を越えるときには、身の軽い、年若い看護婦はリュックサックを背負ったまま最初に上がり、豆腐屋の主人の手を引っ張り、武見が尻を押し、つぎに武見の鞄を受けとり、よじのぼる武見の腕をかかえる。

やっとのことで青山墓地に着く。(75) 北の端にある建物が燃えている。青山斎場が燃えているのだと気づく。だが、墓地は大丈夫だ。暗闇のなか、避難者でいっぱいなのに驚いたのは岩佐凱実の一家と同じだった。爆音と高射砲の炸裂音はつづくが、頭上ではない。

青山の田尻愛義、雨水渠のなかで

田尻愛義《あきよし》は四十八歳になる。今月十三日に大東亜省の次官になったばかりだ。前任次官の竹内新平は白十字の標識をつけた阿波丸に乗船していて、敵潜水艦に不法撃沈されて死没した。

田尻の自宅は東横線沿線の第一師範の近くにあるが、赤坂葵町にある大東亜省により近いところに宿舎を置かねばということで、赤坂区表町三丁目にある秋田清の邸を借りている。秋田は徳島選出の政治家であり、衆議院議長、第一次近衛内閣の内閣参議をやったことがある。昨年十二月に病死した。

田尻は大正十四年に漢口総領事館に領事官補として着任して以来、ずっと中国勤務と本省亜細亜局、のちの東亜局とのあいだを往復してきた。

蔣介石の国民党の軍隊が武昌と漢口を占領したのは、かれが漢口にいるあいだのことだった。そのときまで漢口を支配していた呉佩孚《ごはいふ》は華北に逃走した。

本省の亜細亜局に戻った田尻は、昭和五年に天津の総領事代理となった。翌年には満洲事変が起きた。天津の日本租界に蟄居《ちつきょ》していた溥儀《ふぎ》を大連に脱出させるのを手伝うことになった。

昭和十一年に大使館の書記官となり、上海に勤務した。翌年、盧溝橋事件が起き、戦いは拡大した。昭和十五年、南京大使館の参事官だったときには、かれは重慶政府との和平交渉に懸命となった。重慶から来た「大公報」の主筆、張季鸞《ちょうきらん》と香港で秘密交渉をおこなった。だが、この交渉に猜疑心を燃やす人たちは、汪兆銘《おうちょうめい》政権を正式承認させまいとする重慶側の陰謀だと睨み、妨害した。結局はその年の十一月の末に汪政権と日華基本条約を締結して、重慶政府との和平交渉は破綻し、田尻を悲嘆に追い込むことになった。

昭和十六年十一月に田尻は調査局長となった。チャイナ・サービスを歩んできた田尻はアメリカとの外交交渉には無縁だった。加えて、調査局長など、戦うか戦わないかを決めるにあたって、なんの力も持たなかった。

昭和十七年にかれは南京大使館の上海事務所長となった。そのときに大使であり、昭和十八年に外相となった重光葵は、「対支新政策」を唱え、日中両国の平等を主張した。そんなきれいごとを言ったところで、重光葵にも汪兆銘にもなにもできはしないと田尻は冷笑した。

無遠慮で、でしゃばりすぎるのは、かれ自身が欠点として認めるところだ。それを買う上司もいたが、当然ながらかれを嫌う上役は多かった。

昨年の四月、汪兆銘は古傷が悪化し、日本に行き、名古屋帝大病院に入院することになった。それに先立ち、田尻はマニラのフィリピン大使館の参事官に転任となった。汪主席の不在に乗じ、田尻が重慶政府側の連中と秘密交渉をはじめるのではないかと外務省と陸軍の幹部に警戒されて、かれ自身の言葉を借りれば、「御殿女中ども」にしてやられ、マニラに「島流し」にされたのだった。

マニラではかれは大使の村田省蔵の話し相手になった。

村田については前に詳しく述べたことがあるが[76]、繰り返そう。六十六歳になり、大阪を代表する財界人のひとりであり、第二次、第三次近衛内閣で逓信大臣をしたことがある。かれは大阪商船の社員として上海、漢口、重慶に駐在したことがあり、若いときからずっと中国に関心を持ちつづけてきたから、田尻の話を興味深く聞いた。重慶政府と和平を回復することこそ、真っ先に取り組まなければならない外交工作だと村田は考えた。かれは外相重光への伝言を田尻に託し、帰国してこの問題に専念してもらいたいと言った。

だが、重光は東京に戻ってきた田尻を相手にしなかった。重光は次官に、田尻を早く任地へ戻せと言った。田尻はマニラに戻った。レイテ島にアメリカ軍が上陸しようとしているときだった。

村田がもう一度、田尻を東京に戻らせることにしたのは、すでにルソン島に敵軍が上陸し、マニラからバギオに逃げてからのことだ。ルソン島北端のアバリから台湾南部の屏東《へいとう》に飛んだのが二月二十日だった。さらに上海に飛び、上海から東京に戻ったのが三月八日だった。

またあいつは逃げてきたのかと重光は怒った。やっとのことで三月末に面会できれば、ラウレル大統領の救出の手配を提言したあと、「大臣は負ける用意はできているのか」と言いだし、「朝鮮、台湾を手放し、独立させる用意があることを知らせるのも一方法ではないか」と語って(77)、重光をさらに怒らせた。

小磯内閣が総辞職し、重光は留任できなかったことが田尻に幸いした。五月のはじめ、かれは大東亜省の次官となった。

さて、今夜である。

田尻は逃げ遅れた。庭に落ちた焼夷弾に砂をかけたり水をかけたりしているうちに、空襲警報が鳴りだすまで話していた新聞記者も、使用人もいなくなった。急いで外へ出る。どこへ逃げたのか、どこにも人の姿はない。

電車通りは炎が走っていて、怒号するような音をたてて熱風が吹き荒れている。またつぎの炎が舌先を伸ばして走り抜ける。それでも電車通りを横切ろうとする。向こう側の歩道なら、青山御所の土手がずっとつづき、安全だと思ってのことだ。青山一丁目の交差点に向かうつもりだ。無事に渡り終え、助かったと思ったとき、強風に足をとられて転んだ。歩道の脇の幅広い雨水渠《きょ》に転げ落ちた。

痛さでしばらく動けなかった。雨水渠には水はわずかにあるだけだ。背中の痛みはひいたが、溝から出るどころではない。どこへも行くことはできず、横になったままでいる。物凄い風が御所の土手にぶつかり、火の粉がこの土手に沿った溝のあいだを奔流のように走る。燃えている木切れや熱い燃え殻が溝のなかに転がり込む。屋根に葺いてあったトタン板が真上を飛んでいき、首をちぢめる。なにかが頭にひっかかった。飛んできたレインコートだ。これはいいと、それを頭にかぶる。

なぜなのか、眠くなる。顔が焦げる熱さではっと気がつくと、頭にかぶったレインコートが燃えだしている。慌てて叩き消す。まぶたが腫れ、目が開かなくなる。「ナムカンゼオンボサツ」という声が聞こえてくる。唱えているのが自分だと気づく。

昨年十月にマニラに帰任するとき、母親がかれに観音経をお守り代わりに渡した。することがなかったから、一日に一回は観音経を唱えていた。意識が薄れていき、気が遠くなりそうになりながら、意識をしっかり保とうとする力が働いて、夢中で観音経を唱えていたのだ。

溝のなかを飛ぶ火の粉がめっきり減り、トタン板が飛ぶこともなくなった。燃えるものは燃えてしまったのだ。立ちあがることができた。雨水渠へ落ちたときには、青山一丁目から神宮外苑へ向かうつもりだったが、反対の方向、赤坂見附のほうへふらふらと向かう。目はわずかしか開かない。大東亜省に行くつもりだ。

体が強風にもっていかれそうだ。くちびるに火ぶくれができ、喉がカラカラだ。人に行きあうごとに水を飲ませてくれと言うのだが、だれも水筒を持っていない。

不思議なことが起きた。焼け残った家があったのか、防空壕があったのか、二人の男がいる。水を飲ませてくれと言うと、相手の男は「いいものをあげますよ」と言って、脱脂綿にバターをぬったのをなめさせてくれ、「ちょっと待って」と言って、ビール瓶を一本持ってきて、口のあたりを器用に叩き割り、そのビール瓶をかれに手渡した[78]。

吹きすさぶ風のなか、意識と無意識の境をもうろうとして歩いていたのだ。実際に起きたことなのであろうか。

海軍本庁舎、焼け落ちる

柴田銀造は今夜は海軍省防衛当直である。

かれはいわゆる短現《たんげん》だ。東大法学部を卒業し、昭和十八年九月に海軍経理学校に入校し、昨年二月に卒業した。艦船部隊、航空隊の勤務ではなく、官庁勤務、それも東京ということで、がっかりした。最初は南方政務部にいたのだが、業務縮小となり、軍務局第三課に配置となった。「軍需産業ノ動員、管理及指導ノ統制」が管掌である。この三月に海軍主計大尉に進級した。

かれが以前に海上護衛長官の官舎だった一室で休んでいると、軍務一課長の山本善雄が入ってきた。

「今夜零時ごろ、大挙来襲してくるらしい。いまのうちにひと眠りしておこう」

あと二時間ほどある。柴田は言われるままベッドに横になった。ところが、サイレンが鳴りだした。雨衣を着て、ガスマスクを肩にして、本館に駆けつける。

十時三十分、「総員退避」の命令がでた。第二事務室に下りた。地下三層建ての大規模な防空壕である。最下階に発電設備と通信室があり、中階と上階が事務兼居住室となっている。上階の外への出入り口は四つの隅にある。

遅れて入ってきた者が、すでに虎ノ門あたりに火の手があがっていると語る。今夜こそ敵は都心をねらってくるのではないかという予感がする。

どのくらい時間がたったか。中庭に何十発か焼夷弾が落ちたが、警防隊が消し止めたと情報が入る。つづいて外務省が炎上していると言ってくる。煙が階段から入ってきて焦げ臭い。

ゲートルを巻き、ガスマスクを着け、手袋をはめ、火のなかをくぐる用意をした。「特別警防隊員も消火に応援せよ」と命令がでて、外へ出る。三課の者とともに事務室に行く。書類を持ちだす。

外務省の火の手はいよいよ猛烈である。南の方の虎ノ門から押し寄せてくる火は、吹雪のように火の粉を飛ばしてくる。

構内には自前の消防車が十輌ある。アメリカ・ラフランス社のポンプ車をモデルにいくつもの海軍管理工場を動員してつくらせた自慢の消防車だ。そして東京警備隊の警防隊員がいる。

南側にある総長官邸が燃えはじめた。さらにこれも木造の旧議事堂が猛火に包まれる。ポンプ車が消火に努め、その一方で海軍省、航空本部の建物に放水をつづけているとき、空き家になっている木造の東京通信隊の建物が爆発したかのように、一挙に炎に包まれる。取り壊すためにすでに無人となっているのだが、迂闊なことにまだ手をつけていなかった。

猛烈な風の音と爆音、高射砲の音が本庁舎の窓ガラスに共鳴する。通信隊の建物からあがる炎と火花が本庁舎に吹きつける。

江波洋三郎は柴田銀造と同じく短現十期である。江波についいては前に述べたことがある。南方政務部にいる。仕事はほとんどない。

南方政務部のある一角の一階と二階を受け持つ防衛隊の大隊長を命じられている。部下は書記と理事生である。大隊長は三人だから、三日ごとに当直しなければならない。四月十三日の夜には、かれは当直だった。自宅のある牛込の方角が燃えているので気が気ではなかった。翌日の夕方に帰宅すると、家は燃えてしまっていたが、両親と妹は隣の小笠原長生《ながなり》邸に避難して無事だった。

そして今夜も江波洋三郎は当直である。

廊下のスピーカーから「各隊持ち場を死守せよ」との声が聞こえてくる。だが、燃えあがる通信隊の建物からの火と輻射熱を防ぐすべはない。江波がいる二階の部屋の円窓のガラスは手が触れることができないほど熱くなっているが、どうすることもできない。轟音とともにガラスが粉々に割れる。「窓際にいるな。下がっていろ」と叫ぶ。その隣の円窓のガラスがふくらんだと思った瞬間に破れた。

新しい風道ができて、ここぞとばかり煙が部屋のなかに入ってくる。真っ赤な大きな燃えさしが飛び込んでくる。

江波は大声で部下を集める。スピーカーは「死守せよ」とまだ叫んでいる。火明かりで明るかった部屋のなかはたちこめる煙でなにも見えなくなる。だれもが方向感覚を失い、ドアがどこかわからない。やっとのことで廊下に出る。ここも煙がたちこめている。伸ばした手は空をさまよう。足の裏で床をさぐりながら、すり足で進む。咳きこみながら、ほかの部屋にいる者にも声をかける。手さぐりでドアの数を数えながら、左手であとからついてくる者の手を握ってそろそろと進む。がつんと鉄の板にぶつかる。手を出して触ってみる。行く手が閉ざされている。鉄の防火扉が閉められているのだ。ここで死ぬのかと江波は思う。

「戻るぞ」と言い、どうしたらいいかと考える。非常階段がある。非常口の位置を思いだそうとする。どこまで戻ったらいいのか。喉と目が痛い。扉を見つける。鍵がかかっているのではないかと心配だったが、扉はあいた。熱風と物凄い音が入ってきた。扉を押さえ、大声で「下りるぞ」と告げる。外へ出る。強い風に体がよろめいた。階段を下りはじめ、「手すりをしっかりと握れ、最後の者は扉を閉めよ、確認しろ」と上を向いて言った。滑るから注意しろと言おうとしたとき、足を滑らせた。中庭に転げ落ちた。尻餅をついただけで、怪我はなかった。みんなが下りてきた。かれは立ちあがってみせた。紅蓮《ぐれん》の炎が燃え盛るなか、みんなの歓声は風と燃える音にかき消された。

構内を抜け、道路を渡り、日比谷公園へ逃げると指示をする。

門のところまで来た。道路を渡ることができない。体ごと持っていかれそうな烈しい風が走り、火焰が流れる。「できるだけ姿勢を低くし、煙や炎の下をくぐっていく」江波はみなに言った。かれと部下たちは這って渡る。[79]

柴田銀造と同僚はまだ本庁舎にいる。

ここにとどまっているのは危険だ。柴田は同僚の主計大尉に言った。避難することにする。本庁舎の外に出る。煙が視界を遮っているが、もはや構内で消火活動をしている者はいないようだ。再び第二事務室に下り、鞄を置き、頭から水をかぶり、司法省の側に出る。少しさきは火煙と砂塵の烈風にはばまれて、なにも見えない。

やっとのことで日比谷公園側にたどりついた。すさまじい強風を遮る石壁の脇に立った。燃える赤煉瓦の本庁舎をじっと見つめた。

さきほど、火明かりのなか、正面玄関大ホールのガラス屋根が雷鳴のような音をたてて落ちてきたときのすさまじい光景を柴田は思い浮かべる。

あの大広間は二千人を収容できる。式典のとき、「大構内」に勤務する人たちが集合した。海軍兵学校を卒業したばかりの年若い士官候補生が整然と並び、二階の中央階段前に立った大臣を見上げることもあった。本庁舎では、英国流の呼び方をしてきたから、大臣の立ったところは一階である。階段を上がった左側に大臣室がある。中央階段をさらに上がった二階には軍令部総長の執務室がある。

あの大ホールの思い出は、海軍軍人ひとりひとりの記憶にはっきりと残っていよう。大海軍を築きあげた三人、山本権兵衛、東郷平八郎、加藤友三郎があそこに立った日もあったのだ。そう思ったとき、ある激しい感情が柴田の胸をついた。

耳をつんざくばかりの音のなか、柴田は黙ったままだ。いっしょに逃げてきた二人の同僚も黙ったままだ[80]。

青山で村上兵衛、軍旗とともに神宮プールへ

村上兵衛《ひょうえ》は東京青山の近衛歩兵第六連隊の連隊旗手である。

ふつう、軍旗と呼んでいるのは連隊旗のことである。連隊旗は大元帥の分身であり、連隊将兵の核心である。連隊が全滅するときには、連隊旗手は軍旗を焼却して、運命をともにしなければならない(81)。連隊旗が再下付されることは原則としてない。

ノモンハンの戦いで、軍旗二旒《りゅう》が戻らなかった。それこそ、西南の役の乃木連隊以来、はじめてのことだった。一旒は、停戦のあとの戦死者の死体収容のときに見つけだし、そっと持ち帰った。もう一旒は行方不明のままだった。連隊は解散となるところだったが、関東軍の強い願いで、再下付されることになった(82)。

村上兵衛の二歳上の兄の稔夫《としお》も陸軍軍人だ。同じ東京にいる。近衛第一連隊の大隊長である。近衛連隊は優秀な青年をそろえる。将校も同じだ。村上兄弟はともに優秀なのである。そして連隊旗手はとりわけ優秀な若い独身の将校が選ばれる。

村上兄弟の父も軍人だったが、昭和六年に死んだ。母の伯父は武藤信義である。満洲国駐在の大使であり、関東軍司令官であり、元帥だった。現職のまま、昭和八年に没した。

村上が近衛第六連隊の隊付きとなったのは、昨年の七月だった。連隊旗手の定位置は

連隊本部の連隊副官事務室にある。副官の助手であり、機密書類の管掌と将校の衣服、靴の配給を管轄する。もちろん、副宮の助手の仕事は付けたりで、連隊旗の守護がかれの主任務である。

今夜、かれは外出して、淀橋浄水場の近くに住む叔父の家を訪ねた。

警戒警報が鳴り響いた。午後十時一分だった。営外で警報を聞くのははじめてだった。軍刀をつかんで立ちあがり、新宿駅に向かって走った。まだ大丈夫だろうと思った。渋谷まで行った。地下鉄に乗り換え、青山四丁目で降りた。

すでに空襲警報が発令されていた。かれは激しい心臓の鼓動に調子を合わせて駆けつづけに駆け、真っ暗な闇のなかを営門から軍旗壕までさらに走った。

「異常ありません」と軍旗歩哨の声を聞いたとき、村上はしゃがみこみそうになる。十時何分だったのだろう。

空には探照灯が交錯して、そのひとつに敵機が捉えられている。意外に低く飛んでいる。そして爆音が頭上に来た。焼夷弾の落下音が真上に聞こえる。蛸壺壕に飛び込んだ。つづく焼夷弾の雨の音があたりを包む。

隣の外苑から大宮御所に落ちたようだ。その方角が一瞬明るくなり、ふっと暗くなった。やがて薄明となり、ゆっくりと空が茜色となり、火の粉が噴きあがる。

軍旗壕の上に立った村上は風が吹きはじめたなと思う。風は強くなり、将校集会所の裏手の楠《くす》の巨木が枝を揺すりはじめる。

そのあいだにも、敵機はつぎつぎと来る。村上は壕を出たり入ったりしている。出るたびに火柱の数は増え、炎の高さが高まり、火の粉の流れは何本にもなる。

兵営からは火の手はあがらない。中隊のほかの仲間と兵士たちも、それぞれ持ち場で、落ちてきた焼夷弾を始末しているのだろう。だが、広い営庭には大きな燃え殻が数限りなく飛び、兵営の東側にある女子学習院の校舎が燃えはじめ、たちまち火達磨となる。同じく東側にあり、女子学習院と隣り合う野球場のスタンドも燃えだしている。

村上のいる軍旗壕の向かいにある連隊本部と兵舎と倉庫がその炎で昼間のようにはっきり見えるようになった。長い梯子がいくつもたてかけられ、兵士たちが梯子にとりついている。バケツが上へ上へと送られ、屋根のこちら側に伏せている兵士の手にバケツは渡り、棟の上に躍りでた兵士がバケツを振るう。兵舎はコンクリート建てだが、本部と倉庫は木造だ。屋根を転がる燃えさし、煙をあげはじめた下見板や庇に水をかけているのだ。

屋根の上の兵士が倒れた。烈しい風に吹き倒されたのかと思った。そうではないようだ。煙に巻かれたのであろう。縄でゆわえた体を梯子をつたって引きずり下ろしている。

コンクリート三階建ての兵舎の屋根の一角から火が噴きでた。発見できなかった焼夷弾があったのだろう。いまや営庭は白昼のように明るくなって、吹雪のように荒れ狂っていた火の粉の数は減ってしまったように見える。走りまわる兵士たちの影が三つ、四つとできているなと思うまもなく、すべては煙のなかに隠れた。あらゆるものを焼き尽くす音と上空を低く飛ぶ敵機の爆音は相変わらずだ。

うなりをあげる風と燃え殻をよけ、体を低くかがめた連隊長と副官の一団がこちらに来る。持ち場から駆けつけてきた中隊長がつぎつぎと報告している。村上も連隊長の前に行った。ガスマスクをはずし、直立不動の姿勢をとったが、体がよろめいた。「軍旗、異常ありません」と報告した。

連隊長はかれの顔を覗き込み、耳元に口を近づけて、「おまえは軍旗のそばにおれ」と言った。村上はとっさに思いついたことを口にした。

「軍旗を神宮プールのほうへお移ししようと思いますが、いかがでありますか」

「よし、行け」と連隊長が言った。

前に述べたように、営庭の東側に女子学習院があり、神宮球場があり、相撲場がある。営庭の北に日本青年館があり、その北に競技場があり、さらにその北に水泳場がある。球場、相撲場、プール周辺地と防空壕は第六連隊の管轄下にあり、建物には東部軍の小部隊が寝泊まりしている。

東の衛門へ走っていき、燃えている衛兵所の前から外を覗く。球場の三塁側スタンドの下に保管してある薪と木炭の山が燃え、道路舗装のアスファルトも燃えだしている。

激しい輻射熱で、この前の道はとても通ることができない。

西の衛門はどうであろう。旗護兵のひとりを斥候にだした。危険という報告を持って帰ってきた。軍旗壕の背後は崖になっている。この崖の下に人が集まりはじめている。西の衛門を開放したから、原宿一丁目、二丁目に住む人びとが逃げ込んできたのだ。原宿二丁目に住む貴族院議員の大河内輝耕も逃げてきたのかもしれない。貴族院で、物よりも人命のほうが大切ではないかとかれが議会で質問したことは前に述べた。

村上は崖をのぼり、はずみをつけて塀によじのぼり、兵営の北側を覗いた。道路をへだてた先にある日本青年館が燃え、競技場の前が燃え、絵画館が燃えているようだが、水泳場には行かれるだろう。水泳場まで五百メートルだ。塀を越えることにする。

壕に入り、軍旗を入れた桐の長い箱を抱えようとして、思いつくことがあった。防火用水の池に入り、全身を濡らした。旗護兵も池に飛び込んだ。銃を持ったかれらとともに人梯子をつくり、塀を乗り越えた。

火熱に耐え、猛火の横を駆け抜けねばならない。だが、道路にはいたるところに焼夷弾が突き刺さっていることに気づく。立ち止まり、振り向いて「足元に注意しろ」と叫ぶ。

プールの前の建物まで来た。燃えていない。どこの火を消すつもりか、兵士たちがバケツを持って走っている。十メートルの高飛び込み台にのぼってみる。四谷、牛込がすべて燃えている。真っ暗なのが左手の新宿御苑だ。右手の慶応病院も暗い。医学部の木造の校舎と病棟が焼失したのは二十三日の深夜だ。

村上はプールの縁に戻る。箱から軍旗をとりだした。衛兵に銃を組ませ、軍旗をたてかけた。火がここまで来ても、軍旗を抱いてこの水のなかに飛び込めばよい。こう考えたとき、思ってもいなかったことだが、突然、涙がかれの頬を伝わったのである。(83)

渋谷のナガイ・コンパウンドの住人たち

エルヴィン・ヴィッケルトは渋谷区金王町《こんのう》の自宅にいる。妻のフランツと二人の男の子は河口湖に疎開したばかりだ。

かれはドイツ大使館の館員だ。文化部の放送担当官ということになっているが、その仕事も終わった。すでにドイツは滅亡した。ドイツ大使館も消滅してしまった。だが、その実感はとてもない。大使も、参事官も、武官も、相変わらず大使であり、参事官であり、武官である。そして、かれもまた大使館の書記官なのだ。

かれは三十歳になる。

かれの一家がここに住むようになって四年近くになる。

一家が上海から日本に来たのは、独ソ戦争のはじまる直前だった。帝国ホテルに仮住まいをしていたが、このナガイ・コンパウンドに住んでいたアメリカ大使館の武官補が帰国することになり、ここへ移ってきた。

ここに住んでいる外国人がコンパウンドと呼んできたとおり、境界内は三万三千平方メートル、一万坪ほどもある。タブの大木、小さな池、丘、テニスコートのあいだに十四軒の貸家があり、いちばん奥に、このコンパウンドの所有者の大きな石造りの家がある。

青山や赤坂に住む大金持ちの二代目が、広い邸内の林のあいだに純洋風の家を何軒かつくり、外国大使館や公使館の館員、著名な外国の会社の駐在員に貸すことをはじめたのは、大正末からの流行である。

ナガイ・コンパウンドの持ち主は長井亜歴山《アレキサンダー》である。ベルリンの日本大使館の商務参事官である。現在はオーストリアのバート・ガスタインのホテルに疎開しているが、進駐してきたアメリカ軍の監視下にある。

話は脇道にそれるが、長井亜歴山についてもう少し触れておこう。

藤山楢一はドイツ駐在の大使館員である。参事官の長井亜歴山とは親しくしている。藤山はバート・ガスタインに疎開するまで対米英放送部にいた。エルヴィン・ヴィッケルトと同じ仕事であり、英語の上手な美人を採用したのも同じだった。藤山は二十九歳になる。

じつは藤山楢一は子供のときから、長井亜歴山の名前を知っていた。楢一は渋谷の宮《みや》益《ます》坂に住む祖父母の家で育った。祖母と散歩をしていて、大きな邸の門の表札の不思議な名前を見て、祖母に尋ねた。ドイツ婦人と結婚した長井さんのお屋敷で、亜歴山は息子さんだと教えられた。

楢一は祖母から、表札の主の長井亜歴山のお父さんは喘息の薬「ナガ井」をつくった長井長義《ながよし》という人で、日本最初の薬学者、最初の理学博士、薬学博士だということ、明治のはじめにドイツに留学し、帰国してから大日本製薬で薬をつくるのを指導し、東京帝大の先生だったこと、昭和のはじめに亡くなったが、口髭を生やした、立派な顔をした人だったと聞いていた。そこで、楢一は表札の主が自分の上司となったときに、ずっと以前から知っているように思ったのである。銀髪の、これまた立派な風采の長井亜歴山は、大使館内ではあまり重きをおかれなかった。外国人を両親のどちらかに持つ人にたいする偏見があるからだった。

ところが、アメリカ軍に抑留されるようになって、大使の大島浩がほかのホテルに移されたあと、長井が大使代理となって、かれにたいする館員たちの評価が変わった。

長井は館員たちに向かって、見苦しい態度をとるな、臆せずにふるまえ、とくに服装には前よりもいっそう気をつけよ、ズボンにはアイロンをかけよと指示し、かれ自身、大使の代理としてしっかりと仕事をこなしてきたから、若手の館員たちをはじめすべての抑留日本人の尊敬を集めるようになっている。英語ができることから、アメリカとの交渉を任されるようになった藤山も、かれに敬意を払っている。(84) 長井は現在、五十八歳になる。

長井亜歴山の留守宅には、次女の嶺子が夫の上中《うえなか》省三と住んでいる。省三は大東亜中央病院と名前を変えた聖路加国際病院の外科医である。昭和十八年二月に改称し、塔の金色の十字架もはずされたのだが、だれも新しい名前で呼ばない。省三は三十八歳になる。

ナガイ・コンパウンドには、アメリカとの戦いがはじまったときにも、アメリカ人の大使館員と新聞記者が住んでいた。かれらが交換船で帰国することになって、何軒か空き家ができた。エルヴィンは仲の良い友人たちに移ってこいと言った。大使館員のフランツ・クラブフ、リヒャルト・プロイアー、そしてドイツの通信社の特派員、フリッツ・ゼルマイヤーがここに住むようになった。

外国人が帰国してしまったから、ここには日本人も住むようになっている。金持ちと高級官吏である。

山本為三郎《ためさぶろう》が昭和十五年から住んでいる。帰国する外国人が残していくことになった家具、什器のすべてを買った。

日銀副総裁の谷口恒二《つねじ》が隣に住む。四谷三光町に住んでいた谷口にここに移ってこいと誘ったのが山本為三郎である。大阪の府立北野中学で、山本の一級下にいたのが谷口だった。谷口の家の広い庭のさきの生け垣の向こうにあるのがエルヴィンの家だ。

山本の家のうしろは石垣になっているが、その下の家に住んでいるのが小坂善太郎である。善太郎は三十三歳になる。信越化学工業の重役だ。父親の順造が社長である。

金持ちの二代目たちは、コンパウンドと呼ばれる広い庭園のなかの洋館に住み、洋式の生活をしていることがいささかの自慢である。

山本為三郎は五十二歳になる。大阪財界を代表する容姿と魅力を持った人物だ。父親から受け継いだ山為《やまため》硝子製造所はビール壜とサイダー壜をつくる中小企業にすぎなかったが、豊富な資金と金融力を持つことから多くの起業家を助けてきた。そこで、若いながらも為三郎は大阪財界の中心的存在となり、多くの支持者、友人に囲まれ、役者、芸術家との交遊も広い。昭和九年に大日本麦酒の常務となって、東京に移ってきている。自家用車も、運転手も、秘書も、すべて自腹を切ってきた。もちろん、いまは車は使っていない。

大日本麦酒は東京には目黒工場と吾妻橋工場がある。

一昨日のことだ。五月二十三日、かれは大蔵省の主税局長に呼びだされた。ビール醸造の停止と工場の引き渡しを命じられた。全設備を航空機燃料のアルコールの製造に変えようというのだ。いよいよ最後通牒だった。山本はなおも抵抗し、ビールは前線の将兵たちに不可欠な飲料だと頑張ろうとした。

主税局長の池田勇人はいつものだみ声をあげて脅したりはしなかった。かれは山本が谷口日銀副総裁と親密なことを知っていた。そして池田にとって谷口は恩人である。池田が長年の病気のために休職期間が切れ、辞職したあと、大蔵省への復帰に骨を折ってくれたのが、そのとき大蔵大臣秘書官の谷口だった。池田は膝を乗りだし、声をひそめて言った。

「山本君、気をつけたまえ。ビール工場の供出をはばんでいるのは山本だ、山本にビール会社を辞めさせ、業界から追放せよとひそかにぼくのところへ言ってきている奴がいる。しかもその男はビール会社の人間だよ。君の言い分はわかるが、やはり工場供出に踏み切ってくれたまえ(85)」

山本は腹を決めた。吾妻橋工場を供出第一工場にすると言った。池田が目黒工場にせよと迫った。吾妻橋工場は三月十日未明の空襲で一部被災していた。ところが、その夜、一昨日の夜だが、目黒工場は焼かれてしまい、サイロ内の麦芽まで燃えてしまった。結局、供出工場は吾妻橋工場となる。

エルヴィン・ヴィッケルトに戻ろう。

エルヴィンが日本に住むようになってから、驚いたことがいくつもある。日本に来て、ゾルゲという酔っぱらいに出会った。帝国ホテルの地下のバーでのことだった。リヒャルト・ゾルゲはぐでんぐでんに酔っていた。ヒトラーとあの悪党たちがとこきおろし、大声でわめきちらしていた。

かれが驚いたつぎの出来事は、そのゾルゲが逮捕されたと知ったときだった。ばかばかしい、口が悪いだけの、酒飲みのボヘミアンだ、スパイなんかであるはずがない、日本の警察はけしからんと憤慨したのだが、ほんとうにゾルゲはソ連のスパイであり、一人二役を完璧に演じ、すべての人を完全にだましていたのだと知ってびっくり仰天したのである。

さらに驚いたのは、船の爆発だ。昭和十七年十一月三十日だった。

横浜港の新港埠頭に入港していたドイツの補助巡洋艦シッフ10が明日出港するという日だった。かれはほかの大使館員、ドイツ人新聞記者、三人の日本人記者とともに、艦長グンプレヒトの招待で船を案内してもらった。

隠してある六門の十五センチ砲、六センチ砲、三十七ミリ連装機銃、魚雷発射管を見せられたが、素人の見学者には、そのすこぶるつきの重装備のほどはなにも理解できなかった。

昼食をご馳走になった。食前にベルモットがでて、カツレツを食べ、ビールを飲んだ。そのあと、黒いあご髭を生やし、堂々とした物腰の大男の艦長を囲んで記念写真を撮った。艦長は東条首相に別れの挨拶をしなければならないということで、船を下りた。

エルヴィンは埠頭で待っている車に向かう艦長から視線を移し、横に停まっている輸送船から白い煙が立ちのぼっているのに目を向けた。炎が噴きあがり、なにかがふくれあがるのを見て、なんだろうと思ったその瞬間、閃光が上空まで達し、なにか大きなものが宙に飛びあがった。

すぐうしろに山と積まれている榴弾と船内中央部に格納されている魚雷が爆発すると気づいた。物凄い音がつづくなか、同僚に合図をして、手すりから海へ飛び込んだ。(86)

エルヴィンは気づかず、ノートにも書かなかったが、艦長グンプレヒトは岸壁から海に飛び込み、何人もの負傷している部下を救ったのである。

グンプレヒトはそのあと通商破壊艦ミヒェルの艦長に就任した。昭和十八年十月十七日、父島沖でアメリカの潜水艦に雷撃され(87)、グンプレヒトは艦と運命をともにしたのである。

エルヴィンがいちばん驚いたのは、ドイツがソ連に戦いを開始したときであり、もうひとつ、日本がアメリカと戦いをはじめたときだった。

ゾルゲが悪酔いして、ヒトラーを殺す将校はいないのかとわめきたてていたのは、独ソ戦がはじまった六月二十二日の夜だった。ゾルゲの泥酔は、ドイツ軍のソ連攻撃は今日この日だと書き送った自分の報告書をついに信じようとしなかったモスクワの指導部にたいする憤懣を隠してのことだったが、なにも知らなかったエルヴィンは、ドイツがソ連と戦いをはじめたことに心底から驚いたのだった。

独ソ戦がはじまったときには、負けるとは思っていなかったから、びっくりしただけだったが、日本海軍が真珠湾を攻撃したと知ったときには、かれは全身が硬直して、コーヒーカップを持ったまま動けなかった。「どうなるのかしら」と妻がつぶやいた。馬鹿なことをしたものだとだれもが言った。結論を早まらないほうがいいと語ったのは、海軍武官のヴェネッカー海軍大将ただひとりだった。

エルヴィンとかれの仲間が尊敬する海軍提督が語ることだったから、だれもがその発言を心にとめた。エルヴィンとほかの年若い館員がヴェネッカー海軍大将に敬意を払っていたのは、日本人が知ったら、それはほんとうのことかとびっくりするであろうが、かれがナチに距離を置いていたからである。そして、かれが温和な性格であり、それでいて勇気ある武人であるとだれにも認められていたからである。

ヴェネッカー提督が予測するとおりに、日本の海軍が頑張るとしても、このさき日本の陸軍が戦わねばならなくなるだろうとエルヴィンたちは考えた。日本の陸軍はフィリピンのコレヒドール要塞をはじめ、シンガポール、香港、ウェーク、グアムの要塞をどうやって破るのだろうか。館員たちはだれもが悲観的だった。ほかの国の大使館員や新聞記者もすべて同じ意見だった。日本はまもなく完敗すると口をそろえた(88)。

東洋人、そして日本人を蔑視していたのは、英国の統帥部も、アメリカの大統領も、ドイツの大使館員もすべて同じだった。かれらの見通しはすべてはずれた。

ところで、ドイツがアメリカに宣戦してしまったことをエルヴィンはどう思ったのであろう。

ドイツも、日本も、やがて負け戦をつづけることになり、エルヴィンが記した「緩慢な崩壊」という道程をたどることになる。

ヴェネッカー海軍大将のことに触れたから、かれのことについてもう少し述べておこう。

ヴェネッカーは戦艦大和の艦内に入ったただひとりの外国人だった。潜水艦でドイツから帰国し、呉鎮守府長官となっていた野村直邦が昔からの友人であるかれの求めに応じ、大和の視察を許したのである。昨年の一月のことだった。

もうひとつ、二十日前の五月五日のことを述べておこう。ヴェネッカーはドイツのデーニッツ提督につぎのような報告書を送った。「日本の軍令部のある有力な幹部から、つぎのような説明を受けた。戦況は明らかに絶望と見られることから、条件が厳しくても、どうにか名誉が保てる条件つきの降伏をアメリカが要求するなら、日本軍のあらかたは反対しないだろう」

ヴェネッカーにこのように語ったのは、野村直邦だったことに間違いなかろう。かれは五月一日に新設の海運総監になったばかりだった。

だが、デーニッツがヴェネッカーのこの電報を読むことはなく、それどころか、かれの部下がこの電文を翻訳しなかったことも間違いのないところであった。国家元首となったばかりのデーニッツは米英両国の遠征軍代表と降伏の交渉をおこなっていたときだった。

　このさきで論じなければならなくなろうが、ここでひとこと触れておけば、ヴェネッカーからデーニッツに宛てたこの電報を解読したのはアメリカの暗号解読機関であり、これを読んでいたのはアメリカの軍と政府の首脳だった[89]。

　エルヴィンのことに戻るなら、ヴェネッカーがこのように書き送る四日前、五月一日の朝のことだった。かれは朝食をとりながら、サンフランシスコ放送を聞いていた。北ドイツの放送が伝えたところによれば、ヒトラーが昨日ベルリンで戦死を遂げた模様だと言った。

　エルヴィンは突然すべての緊張がゆるみ、重い荷物を下ろしたように体が軽くなったように思った。不思議な気持ちだった[90]。

　ところが、東京のナチ首領のヨーゼフ・マイジンガーは、相変わらず日本の憲兵隊、警察と協力して、館員たちに睨みをきかせている。ドイツの降伏のあと、日本の外務省は大使館のすべての活動を禁止したのだが、ナチ党は勝手に行動している。

　マイジンガーは占領したワルシャワの警察署長の時代に悪名をとどろかせ、日本に来てからは、大使館付きの公安官として、日本にいるドイツ人とユダヤ人に恐れられてきた。

大使館の疎開が決まり、河口湖の富士ビューホテルに移ることになった。エルヴィンの妻と二人の息子が河口湖に疎開したのは、こうした理由からなのである。そしてエルヴィン自身は小型トラックを予約して、残りの荷物といっしょに明日、河口湖に行く予定だ。

家は貸すことにした。夕刻、借り手が来た。茶の実から油を採ることを奨励する協会とかの責任者と名乗る男だった。陸軍か海軍のお偉方を上手にだまし、カネをひきだすすべを知っている詐欺師のたぐいであろうとエルヴィンは思ったはずだが、こんな男に家を又貸しすることを気にはしないようであった。

エルヴィン、火と闘う

エルヴィンが午後十時に横になると同時に、近くの渋谷の東横百貨店のサイレンが鳴った。警戒警報だ。

扉を叩く音がして、隣に住むマックス・ブロプストの声が聞こえた。かれは大使館の経理担当だ。B29の大編隊がこちらに向かっているとラジオが言っているぞと大きな声で教えてくれた。エルヴィンの家のラジオは、ほかの荷物といっしょに疎開してしまったことをマックスは知っていたのである。

エルヴィンは暗闇のなかで着替えをした。いつもはパジャマの上に洋服を着るのだが、ちゃんとパジャマを脱いだ。ネクタイまでしめた。麹町五番町の内田百閒と同じだ。再びサイレンがとぎれとぎれに短い間隔をおいて鳴りだした。十時二十五分である。

鉄かぶとをかぶって、防空壕に向かった。エルヴィンの家の前に、この一角に住むドイツ人四人とその家族が入る大きな防空壕がつくってある。すでにマックスとかれの妻の愛子が入っている。彼女は妊娠八カ月だ。フリッツ・ゼルマイヤーの家の二人の女中もやってきた。フリッツは一年前にサイゴンに転勤した。フランツ・クラブフの家の女中も息を切らして小走りにやってきた。フランツは他人の細君に惚れ込み、そのスウェーデン美人のヘルガのあとを追って、彼女が疎開した軽井沢に行ってしまっている。そして、このナガイ・コンパウンドの外国人を担当し、訪問客を記録している外事係の田口巡査が来た。

エルヴィンと田口は壕の入口に立って、空を見上げる。最初のB29が探照灯の光の帯を横切るのが見えた。B29は芝区の方向からこちらに向かって飛んでくる。

今夜、山本為三郎の家にいるのは四人だ。

山本の妻の幸は大阪に行っている。長女の春子がいる。夫の君孝は応召中だ。次女と三女の夫が同居しているのだが、次女の夫の英弥は宿直で、今夜いるのは三女の婿の秀夫だ。かれらの妻と子供たちはいずれも疎開している。そして女中がいる。

谷口恒二の家は三人だ。

今日、妻の幸子は娘のキヨ子と京都へ向かった。谷口の母と息子の洸二が疎開している京都の嵯峨へ行き、キヨ子を残して戻ってくる予定だ。

そこで今夜、家にいるのは、谷口の大蔵省時代の部下であり、かれの付け人といった役目の宮崎徳次郎と女中である。

山本と谷口は避難コースを相談したことがある。宮益坂を下りて渋谷駅へ行く。駅の周りの店は強制疎開でなくなり、空き地が広いから安全ではないか。渋谷駅が危険なようなら、上目黒の根津嘉一郎の邸へ向かう。当主の嘉一郎と山本は親しい。自分の家を使ってくれと山本は言われたことがある。嘉一郎は埼玉県の越谷に疎開している。上目黒もだめなら、恵比寿のビール工場に行こう。こんな具合に話し合ったことがある。

B29の爆音が近づいてくる。山本は娘にせかされて防空壕に入る。

B29の機体が迫ってくるごとに、エルヴィンと田口は壕に飛び込む。すでに芝浦の空が真っ赤だ。なにかがすさまじい音をたてて落ちてきて、道に転がった。目の前に電話線が垂れ下がった。赤い火が何十とひろがって落ちてくる。ここからだいぶさきだ。マックスやエルヴィンはクリスマスツリーと呼んでいる。豆電球を飾りたてたクリスマスツリーのように見えるからであろうが、ドイツでの呼び名を真似てのことなら、それはちがう。ベルリンやドイツのほかの都市の市民がクリスマスツリーと呼んでいたのは、夜間空襲をおこなう英国の爆撃機部隊の先導機が目標の上空で落とす照明弾のことだった。この明るい火がさかさまに吊るしたクリスマスツリーのように見えたのである。

また敵機が来る。これはあぶない、真上に来ると思い、防空壕の階段を下り、扉を閉める。強い鈍い音がつづいて聞こえた。離散用の信管が炸裂する音だ。一昨日の夜に聞き覚えた。束ねていたすべてのベルト、外殻がはずれ、一本一本の焼夷弾はばらばらになって落ちてくる。

一昨日の夜は、一発の焼夷弾もこの界隈には落ちなかったが、煙を吹きだし、落伍するB29がトンボの目玉のような機首をこちらに向けて落ちてきたときには、みんな金縛りにあったように動けなかった。瞬間であり、見えるはずもなかったのだが、正面のガラス窓の内側に爆撃手の顔が見えたように思ったのだった。明治神宮外苑の方向へB29が急旋回したあと、だれもが大きく息をついた。その夜、エルヴィンは四機のB29が撃墜されるのを見たのである。

ゴー、シュッというすさまじい音がする。田口が壕の扉を少し開けた。なにかが落ちてくる。壕が揺れ、明るい光が壕のなかに入ってきた。壕の奥に妻とともにいるマックスが叫んだ。「焼夷弾だ」

田口が飛びだし、エルヴィンもつづいた。目の前のエルヴィンの家の二階の浴室とその隣の部屋の窓のなかが多量のマグネシウムをたいたように白く輝いている。エルヴィンは玄関に駆け込み、壁に掛けてある消火器を手にとる。

もちろん、日本製ではない。前に触れたように、現在、消火器をつくっている工場はない。これはドイツ製だ。封鎖突破船が容易にドイツと日本のあいだを行き来していたときに何百本と運ばれてきたのであろう。

エルヴィンはガスマスクをつける。ネクタイをつけたのは百閒と同じだといったから、ガスマスクのこともつけ加えよう。ガスマスクを着用したのは近衛歩兵第六連隊の連隊旗手、村上兵衛が同じなら、海軍省軍務局第三課員の柴田銀造が同じなのである。

明日の疎開のために玄関脇に置いてある自転車とトランクにぶつかりながら、エルヴィンは階段を駆けあがる。明るい。

焼夷弾は浴室の床の上を転がり、白い炎をそこらじゅうにばらまき、灰色の煙を大量にあげている。

エルヴィンは消火器の安全弁をはずし、レバーを押す。焼夷弾に噴射したが、これは失敗だった。そこらじゅうに白い火が飛び散った。エルヴィンは後ずさりをして、階段を途中まで下り、周りの火に消火液を吹きかけた。そこらの火は消えた。

テルミット・マグネシウム焼夷弾だ。エルヴィンは知っているのだろうか、これはドイツの都市を焼いた焼夷弾だ。不要になってマリアナ基地に送られてきたのだ。百十発を束ねた二百十キロの集束弾で、一発は一・八キロの重さだ。

田口ともうひとりの男が手伝いにきた。玄関にあったもうひとつの消火器を手にして階段を上がってきた。レバーを押したが、手元が狂い、エルヴィンの首筋に吹きつけたから、かれが飛びあがった。つぎには焼夷弾をねらったから、また火のついたマグネシウムがそこらじゅうに散らばった。

エルヴィンは階段を駆けおり、玄関に置いてある砂の入っている大きな植木鉢を抱え、再び階段を上がり、砂をたたきつける。どうやら焼夷弾にはさほどマグネシウムは残っていなかったようだ。すさまじい煙がたったが、火は消えた。

エルヴィンは息苦しいので、ガスマスクをはずしたが、白い煙に耐えられない。強烈な臭いがたちこめている。ほかの部屋へ逃げ、窓をあけた。

山本為三郎の一家は壕のなかにいた。物凄い音がして、壕の入口の扉がバタバタと鳴り、耳がジーンとし、息が詰まる。暗くてわからないが、土ぼこりが吹き込んできたらしい。だれもが咳き込む。恐る恐る、秀夫と為三郎は壕の外に顔をだす。

あちこちで花火のような火が飛び散っている。そして大きな炎があがり、煙がたちのぼっている。すごい悪臭だ。庭の端である。大型焼夷弾が落ちたらしい。家のなかを調べるために、秀夫と春子は玄関に飛び込む。どうやら家のなかには焼夷弾は落ちなかったようだ。

秀夫があぶないですよと言うのもかまわず、春子から渡されたタオルを鼻にあて、為三郎は庭の先で燃えている火のほうに行き、なにかをひとつふたつと拾って戻ってくる。薄明るいなかで、みんなが覗き込む。欠けてしまっているが、大ぶりの鉢の一部だ。もうひとつも、割れた鉢のかけらだ。

春子が息を呑み、運が悪かったなと為三郎が言う。二百五十キロの焼夷弾が浜田庄司の作品を埋めた壕のあるところに落ちたのだ。

山本は浜田庄司のパトロンだ。脇道にそれるが、つけ加えておこう。二人が知り合ったのは、窯業科の学生だった浜田が山為硝子工場を見学したときにはじまる。三十年昔のことだ。大正十四年には、山本はかれのために個展を開いた。昭和三年に上野で博覧会が開かれたときに、浜田と友人は民芸館をつくったのだが、博覧会が終わったあと、山本はその建物を大阪三国の邸内に移築し、かれらの作品を並べた。そのあと、大原孫三郎の援助で財団法人日本民芸館ができたときも、山本は支援した。

浜田は五十一歳になる。今夜、おそらくかれは庭に出て、はるか遠い南の空が赤く染まっているのを見て、動悸が亢進するのを感じているのではないか。東京まで百キロある。かれと家族は栃木県の益子町に住んでいる。登り窯と作業場に隣接する住まいだ。

山本は浜田の作品を三千点ほども集めた。布で包み、綿を詰め、庭に掘った防空壕に収め、これで絶対に大丈夫と思っていたのだが、真上に大型焼夷弾が落ちたのではどうにもならない。

再び爆音が近づく。為三郎もほかの者も、壕に走る。エルヴィンも家のなかから自転車を持ちだして木陰に置こうとしていたのだが、急いで壕に飛び込む。

クリスマスツリーがいくつもいくつも落ちてくる。エルヴィンはそのうちのひとつが渋谷駅の上空あたりからこのコンパウンドへ押し流されてくるのを見た。つぎの瞬間にゴーゴーと音をたてて落ちてきた。

日銀副総裁の谷口と宮崎と女中は庭の壕のなかにいた。これは近いぞと思ったとき、閃光と同時に大きな音がし、すさまじい臭いがたちこめ、火が上着についた。扉を破って焼夷弾が飛び込んできたのだ。逃げろと谷口が言った。反対側にもうひとつ口がある。碁盤、碁の本、衣類の包み、布団の包みを乗り越える。壕の階段に足をかけ、扉をあけた。

エルヴィンは壕を出た。そこらじゅうで焼夷弾が燃えている。エルヴィンは庭に落ちている焼夷弾にバケツの水をかけ、家の裏手にまわった。階段の脇で火がほとばしりでている。裏の入口に置いてある砂をかけた。たちまち消えた。

刺激臭はない。マグネシウム入りの焼夷弾ではない。ふつうの油脂焼夷弾だ。

家のなかを走ってまわった。炎はあがっていない。エルヴィンはフリッツの家へ駆けていった。かれが助けに来たと知って、女中が大きな声で叫んだ。居間で焼夷弾が火を噴き、暴れている。今度はしっかり、床や壁や椅子に飛び散りチョロチョロと舌をだしている炎に消火器の筒先を向けて消していった。そして玄関にとって返し、砂の入った鉢を持って戻り、焼夷弾に投げつけた。女中に、大丈夫、水をかけなさいと言って外へ出た。

かれの家の裏の二本の棕櫚《しゅろ》の木のうちの一本の葉が燃えている。ほうっておくことにする。フランツの家の女中が助けを求めている。玄関の消火器を持って、台所に行く。屋根裏が燃えている。外に出て、梯子を持ちだし、屋根の穴から消火器のレバーを引いた。煙だけになった。

日銀副総裁の家のベランダが燃えている。エルヴィンは消火器を持って、低い生け垣を飛び越え、谷口の家まで走った。ベランダの火を消そうとする。だが、消火剤がなくなっている。気がつくと、庭の防空壕から炎が噴きでている。いま落ちた焼夷弾ではないようだ。向こう側の入口があいているらしく、煙がでている。なかが燃えているようだ。だれも入ってはいないだろうと思ったが、近寄って声をかける。返事はない。

振り返れば、谷口の家の二階の窓が真っ赤だ。焼夷弾が落ちたのはベランダだけではなかったのだろう。

エルヴィンはフランツの家に戻り、台所の火は完全に消えたかどうかを調べようとした。そのとき、またも焼夷弾が落ちるザーッという音が聞こえてきた。フランツの居間の書棚の陰に身を寄せた。

家が揺れ、本棚の本が躍り、耳をつんざくような音がつづき、フランツ家の庭が白昼のように明るくなった。そのとき外で悲鳴が聞こえた。女性の声だった。屋根を貫いて、焼夷弾が食堂、二階に落ちたのは間違いないが、ひとりではどうにもならないと思い、玄関から外へ出た。

そこにもここにも、いたるところで焼夷弾が火を噴いている。火のついた油脂が飛び散るのを避けて、フリッツの家の前まで来た。また頭上で焼夷弾の落ちてくるすさまじい音がした。フリッツの家の壁にぴたりと体をつけ、地面にうつぶせになった。恐ろしい音が数秒間つづいた。今度はだめだ、おしまいだとエルヴィンは覚悟した。あたりが再び白昼のように明るくなった。稲妻が光りつづけているようで、眩しいほどだ。

起きあがった。防空壕まで十五メートルだ。転がっている焼夷弾が火をまき散らしているなかを駆けた。

壕に飛び込む。一息ついて、エルヴィンはみんなの名前を呼んでいく。さっきまでの顔ぶれがそろっているが、マックスがいない。奥さんを置いてどこへ逃げたのだろう。まさかどこかで怪我をしているのではないかと気にかかるが、どうにもならない。そして田口もいない。

外は燃えているから、出ることができない。だが、ここにいて大丈夫だろうか。

エルヴィンはリヒャルトに向かって、ここにいたら窒息するかもしれない、明治神宮外苑まで逃げようかと言った。リヒャルトはだめだと答えた。八百メートルはあるだろう、途中は燃えていて、とても行けないだろうと言った。

家は燃えている。近くの家も燃えている。山本為三郎は逃げなければならないと思う。宮崎が走ってきた。谷口さんがいない、来ているかと問う。谷口はどこへ行ったのだろう。気になるが、避難することにする。

表通りに出る。怒り狂う火と煙のなかで、たちまち秀夫と女中の姿を見失い、連れは春子だけとなる。敵機が頭上に来る。コンクリート塀に身を伏せる。気がつけば春子もいない。東福寺の門内に逃げ込んだ。火明かりのなかでかれを見つけた春子がかれを呼んだ。

渋谷駅構内に逃げる。東横線の切符売り場で、いっぱいの人びとのなかで秀夫と女中にめぐりあう。

ここは安全だろうか。代々木の練兵場に行ったほうがいいのではないか。よし、行こうということになる。今度は離ればなれにならないように、秀夫が先頭に立ち、四人は縦に並ぶ。

山手線のガードの下に大勢の人がいる。ガードのこちら側、そして向こう側にも、消防車が止まっている。ここがいちばん安全だろうと思い、ここにいようということにする。

どこへ逃げたらよいのかわからない人たちが消防車を見つければ、そここそ安全と思い、その周りに集まるのは三月十日未明の空襲のときからのことだ。

エルヴィンたちは壕のなかにいる。気がつけば、飛行機の爆音も高射砲の炸裂音もしない。

エルヴィンは腕時計を見る。一時間そこそこの空襲だった。中規模の空襲だったのだと思う。

かれは数え間違いをしている。最初の投弾は昨夜の午後十時四十分にはじまった。最後の投弾は午前一時十分だ。二時間半の空襲だった。

二時間半の空襲は、けっして中規模の空襲ではない。なるほど、一昨年七月のハンブルグの空襲は四夜にわたってつづき、この二月のドレスデンにたいする空襲は三日にわたった。エルヴィンが知らず、だれも知らないことがある。ハンブルグに投下された爆弾と焼夷弾の総計は三千トンだった。ドレスデンに投下された弾量は三千四百トンだった。今夜二時間半のあいだに投下された爆弾と焼夷弾は三千二百トンだった。

聞こえるのは、ものが燃えるすさまじい音、そして風のうなり声だ。風がひどくなっている。というより嵐だ。防空壕の扉を少しあけると、エルヴィンとフリッツの家が燃えているのが見えるが、煙と熱気と灰がすさまじい勢いで飛び込んでくる。すぐに扉を閉めなければならない。

扉の隙間から煙が忍び込む。壕の入口は煙がひどく、息苦しい。エルヴィンの不安は、輻射熱で木の扉が熱くなっていることだ。扉に火がついたら、煙と酸素不足で、窒息することになる。フランツは扉の外側に土を盛ろうと言う。熱風が吹きすさび、火の粉が飛ぶなかで、そんな作業をすることはできない。

防空壕の階段の脇に水の入ったバケツが二つ置いてある。防空訓練のバケツ・リレーでお馴染みの、そして、だれもが逃げるときに持つ二升か四升入りの小さなバケツではない。これもドイツ製だ。十一升、二十リットル入りの大きなバケツだ。エルヴィンは布切れを濡らし、扉を拭いて、熱をさまそうとする。布切れは扉に触れただけですぐに乾いてしまう。

外に出て、扉に水をかけるしかない。エルヴィンはいつからか上着を脱ぎ、ネクタイもはずし、汗でびっしょりのシャツの上にレインコートを着ている。レインコートを水に浸し、ガスマスクをつけ、鉄かぶとをかぶる。リヒャルトが扉を少しあけ、エルヴィンが外へ這い出る。火熱が襲いかかり、炎が渦を巻いていて、目がまわりそうだ。扉に水をかけ、急いで壕内に飛び込む。気休めにもならないと思う。濡れていたはずのレインコートはすでに熱くなっている。

扉はあとどれだけ持ちこたえるだろうとエルヴィンとリヒャルトは話し合う。奥のほうにもうひとつ、水の入ったバケツがあるのを見つけた。交代で扉を冷やしながら、壕内にガスマスクがないかを探した。フィルターのないものがひとつあった。最初に壕に入ってから身動きひとつしないでいる愛子に渡し、マスクの上から濡れた布を当てていれば、ある程度、煙は防げるだろうと言った。

煙とともにもうひとつ心配なのは、酸素が減っていくことだ。すでに息苦しい。

正面のエルヴィンの家の火が壕の扉を熱くしているのだが、エルヴィンが扉の鍵穴から覗いても、かれの家の梁が燃えているのか、すぐ近くの雑草の茎に火がついているのか、見分けがつかない。

地響きをたてて、なにかが崩れ落ちた。私の家が焼け落ちたのなら、これで扉に火がつくことはなくなったとエルヴィンはリヒャルトに言う。

エルヴィンはバケツに残っている水にもう一度レインコートを浸し、それを着込んで、ガスマスクをつけ、外へ出た。あたりはまだ昼のように明るく、火の粉は帯となって飛んでいるが、熱さには耐えられる。かれの家もフリッツの家も焼け落ちてしまっている。

どこからか飛んできた布団が壕のそばで燃えている。ひっくり返し、足で踏みつけた。その横に傘が骨をひろげたまま転がっている。壕の横の焼けた草むらのさきに黒いものがある。

近づくと男の人だ。怪我をしているようだ。かがみこんで覗くと、腿に傷を負っている。黒いズボンの穴から肉の塊が飛びだしている。焼夷弾の直撃を受けたのだろう。熱風のなか、火の粉が吹雪のように降りしきるなか、ずっとここにいたのであろうか。

なにか欲しいものはと尋ねると、ないと答えた。エルヴィンは壕へ戻り、リヒャルトを呼んだ。ふたりで男のところへ行くと、今度は水が欲しいと言った。バケツの水に布をひたし、かれの唇を湿らせた。

リヒャルトは壕に戻り、鋏を持ってきた。包帯は見つからなかった。腫れあがった腿に食い込んでいるズボンを切り開こうとしたが、あまりに痛がるので思いとどまった。ドクター上中の助けを借りようと考えた。エルヴィンは林のさきの長井の邸に行った。長井家は焼けていない。夫人の峯子が出てきた。無事でよかったと言い合った。

彼女はドイツ語ができる。ベルリンのビスマルク高女の卒業だ。二十八歳になる。ドクター上中は病院宿直でいないのだと言う。かれは聖路加病院の外科医であることは前に述べた。

帰り道、リヒャルトの家にまわった。焼け残っている。最初の焼夷弾はすべて消し止め、二度目、三度目に落下した焼夷弾は運よく家に当たらなかったようだ。家のなかに入った。ベランダのガラス戸が開け放たれ、灯火遮断用の黒いカーテンが強風にあおられている。火の粉が張りつき、いつ燃えだすかわからない。エルヴィンはカーテンをすべて引きちぎった。

居間のスタンドランプが目に入った。ここも燃えてしまうかもしれないと思い、それを持ち出した。庭の芝生の上に置いたランプを振り返って見ながら、どうしてこんなつまらないことをしたのだろうとかれは考える。

リヒャルトの家の隣のマックスの家は炎に包まれているが、まだ立っている。そしてその隣のエルヴィンの家はとっくに大きな炭火のかたまりとなっている。このとき、かれは目の前にマックスが立っているのに気づく。どこにいたのだと聞けば、焼夷弾に追われ、長井家に逃げていた、田口もいっしょだったと語る。

リヒャルトがやって来た。ドクター上中は病院宿直だとエルヴィンは言った。リヒャルトは自分の家が残っているのに驚いている。家具を出したほうがいいのではないかとエルヴィンは言い、ふたりで家具を庭にだす。リヒャルトが家を救うことができるのではないかと言いだした。

夜が明けようとしている。井戸から水を汲んで、リヒャルトの家の側のマックスの家の燃えている柱、板に水をかける。

エルヴィンは壕の傍の怪我人のことが気になった。消火をリヒャルトに任せて、怪我人のところへ行く。横に板が置いてある。担架の代わりにだれかが持ってきたらしい。だが、どこへ運ぶということになって、運ぶさきを探しにどこかへ行ってしまったのであろう。

怪我人の足は異様なまでに膨れあがっている。自分がとりだしたのか、板を持ってきた人がしたことか、かれの腕に数珠が巻かれている。

エルヴィンはもうひとつ気にかかるものがある。恐る恐る近くまで行ってみた。木の下の草むらにあるのは、やっぱり人間だった。二人だった。間違いなく死んでいた。二人とも焼夷弾に直撃されたようだった。

エルヴィンは交番に行こうと考えた。コンパウンドの入口まで行く。すべて焼けてしまっている。渋谷駅まで百五十メートルほどしかないが、煙のために駅は見えない。道路に都電が三台止まっている。そのうち二台は黒焦げだ。そして肉の焼けた臭いがする。

焼け落ちた交番の前に警官が立っている。

「いったい、どこの病院に運ぶつもり。そこらじゅう焼けてしまったのですよ」

かれが記憶している病院の名前を挙げた。焼け残っているのかどうかは知るはずもない。

「じゃあ、築地の聖路加病院は」

「どうやって。歩いて運ぶんですか。七キロはありますよ」

かれは警官と別れて、アオバ・コンパウンドに行くことにする。アオバ・コンパウンドは金王町の北隣の青葉町にある。会社社長とチェンバロ奏者のエタ・ハーリッヒシュナイダーと大使館の速記タイピストの三人のドイツ人が住んでいる。

エタはドイツ大使館の賓客として東京に来たのだが、ドイツに戻れなくなって、日本にずっととどまっている。ゾルゲが逮捕されたのは昭和十六年十月だが、その年の夏にかれがつきあっていた相手がエタだった。

エルヴィンの同僚のフランツ・クラブフがスウェーデン女性と仲良くしていたのは、その頃からであり、かれらとゾルゲとエタの四人が車で軽井沢の大使の別荘に行ったこともあるのだから、もちろんエルヴィンはエタとゾルゲの仲を知っていた。

都電の停留所「車庫前」をエルヴィンは通る。敷石の上に裸の遺体がある。三人だ。皮膚は焼け、手と足を空に突きだしている。

横須賀の長門から東京の火を見る

小林茂は戦艦長門の庶務主任だ。

かれは海軍経理学校三十五期生である。入校したのは昭和十七年十二月だ。ガダルカナル島の奪取をめぐって、海軍、陸軍ともに死闘をつづけていたときだった。卒業はこの三月三十日である。

かれは横須賀鎮守府人事部へ出頭した。渋谷部隊への赴任を命じられた。かれがびっくりしたのは、かつて海軍軍人、国民のだれもが誇りに思っていた戦艦長門が渋谷部隊と呼ばれていたことだった。

マリアナ沖海戦、レイテ沖海戦を戦った長門が母港に戻って、艦長の兄部《こうべ》勇次が船を下り、後任艦長の渋谷清見の姓をとってのことだった。

長門は昨年の十一月の末から小海《こうみ》の岸壁に繋留されている。よく見れば、外舷は傷だらけだ。レイテ沖海戦の手傷だ。岸壁にボイラーを据えている。蒸気はここから艦に供給している。風呂も烹炊《ほうすい》もこの蒸気を利用している。

指揮官集まれと信号旗が命令を伝え、二十隻、三十隻の内火艇がそれぞれ艦長を乗せ、白波を蹴立てて長門に集まってくる胸の躍る光景はもはや永遠に見ることができない。錨地を埋める巡洋艦や駆逐艦はなく、連合艦隊はもはやない。もちろん、長門が連合艦隊の旗艦であるはずもない。

今年に入って、長門が推進器を回転させたことは一回しかない。燃料庫にはブルネイで積んできた重油が一千トンほど残っているだけで、横須賀では一滴の油ももらえず、もはや動くことはできない。長門の現在の任務は、相模湾に上陸するアメリカ軍を主砲で迎え撃つというものだ。マストのてっぺんの射撃指揮装置は鎌倉のさきの片瀬の山に移してある。

主砲の砲弾薬をはじめ食糧、医薬品を陸揚げして、岸壁のすぐ裏の山の横穴に入れてある。そしてこの山には長門から撤去した高角砲を置いている。

長門の乗組員の毎日の仕事は長門の擬装と裏山の横穴をさらに深く掘ることだ。小林が長門に着任したときには、迷彩がほどこしてあり、砲塔におおいがしてあるだけだったのが、甲板に大きな木箱を置き、松や杉を植え、煙突の上部を切り取る作業をすすめている。現在は南瓜や胡瓜の苗も育てている。

そして退艦者が多い。レイテ沖で戦った古参の乗組員はつぎつぎと去っていく。四月末には再び艦長が交代し、応召の大塚幹夫が着任した。今度は大塚部隊である。

入江の向こう側の海軍工廠の組立工場のひとつで働く福島高女の女学生たちは、三百メートルほど離れたところに碇泊する軍艦が長門だと教えられて、胸をときめかせたこともあったのだが[91]、だんだんおかしな形になっていくのに失望し、いつまであそこにいるのだろう、戦いに出撃することはないのだろうかと思うようになっている。

長門の乗組員にとっても、いまは汚れて、さむざむとした、暗い迷路のような階段とハッチを上り下りする鉄の家でしかない。それでも長門は、そこらに錨を下ろしている掃海艇や海防艦とはちがう。雑魚ではない、鯛だ。小林茂が感心したのは、酒保物品の豊富なことだ。さすがに由緒のある戦艦だと思った。食事はぜいたくで、食事中は従兵がお盆を持ってうしろに立つ。昼食はまがりなりにも洋風で、ナイフとフォークを使う。駆逐艦などとちがって、長門では現在もこれがしきたりである。

今夜、小林は東京が空襲だと知り、艦橋に上がってみようと思った。リフトは動かない。真っ暗ななかをタラップを上がる。何度も訓練で駆けあがったことのあるタラップだ。「戦闘用意、配置に就け」のラッパが鳴って、庶務主任は艦長の位置する羅針艦橋に駆けつけ、戦闘記録をつけねばならない。すでに真っ赤な空の東京の方角を見る。線香花火の火花が散るように見えるのは、落ちていく焼夷弾だと気づく。(92) あの下には何十万という人がいるのだ。防空壕のなかで息をひそめているか、火に追われて逃げているのだ。かれは見ているのが不快になり、胸が詰まる思いで、艦橋を下りる。

平井富士男は明治四十四年七月の生まれだから三十三歳だ。麴町五番町にある実業教科書に勤務していたが、慢性の大腸カタルで欠勤が多かった。妻の直子とのあいだに男の子がいる。淀橋の戸塚町一丁目に住んでいた。昨年九月に海軍に召集されて、横須賀海兵団に入団した。

体の具合は悪く、団内病室を出たり入ったりしている。体は悪くなるばかりだ。この二月はじめに横須賀病院に入院させられ。二月末には湯河原分院に送られた。全身にむくみがでて、顔は膨れあがり、腹は冬瓜《とうがん》のようにはちきれんばかりとなった。ところが、三月末に退院させられた。

田浦山砲台の土木工事をさせられた。水雷学校脇の海岸まで行き、リヤカーに石材を積み、山腹の途中まで運ぶ仕事だ。八人ほどの兵士が棍棒に結びつけた荒縄を曳き、後押しに二人ついて、さらに二人が木製の車輪に手をかけねばならなかった。もっとも、かれは員数外だった。かれの足のむくみはひどく、ズボンが入らなくなった。そして食欲はまったくなくなっていた。

四月になって、この作業は無理ということで、かれは田浦から横須賀に戻された。団内病室に入れられた。それからだいぶ具合がよくなった。

戸塚町の家は四月のはじめに強制疎開になると妻が語り、細い道路をへだてて隣の住吉家が強制疎開からはずれたので、その家の二階を借りることにすると言った。ところが、住吉一家が東北に疎開することになって、直子がその家を預かることになったと手紙が来た。

四月二十七日に平井は外出を許された。さっそく鎌倉の森武之助の家まで行った。森は慶応普通部のときからの友人だ。大妻高女の教師である。朝早く七時半であったが、遠慮している余裕はなかった。かれの家で電話を借りる。四月十三日、十五日の東京の空襲以来、東京への電話はまったく不通ということだったが、この朝は五分も待たずに通じた。

迷惑をかけているのは森の家だけではない。平井の家の電話は強制疎開となったときに供出させられてしまった。引っ越したさきの住吉家に電話はない。住吉家の隣の蛯名という医者の家に電話をして取り次いでもらうのだ。二月にかれの母が急死したとき往診を頼んだのが蛯名医学博士だった。

妻が横須賀に来られますようにと祈りながら待っていると、受話口から妻の声が聞こえてきた。今日これから横須賀に行くことができると妻は言い、一麦といっしょに行くと言い、かれは田浦の集会所で待つと約束した。

直子はそれから大慌てに慌て、持っていく食べ物をこしらえ、十二時に集会所に来たのだった。

それから一カ月がたち、今夜のことになる。午後十時十五分から午前一時十五分まで防空壕にいた。出てきたとき、海の向こうの空が夕焼けのように赤い。横浜であろうか。ラジオを聞いていないから、どこが爆撃されたのかは知らない。いや、横浜より遠いようだ。東京だろうと思う。

気になるのは妻の直子と息子の一麦、直子の妹たちのことだ。上の光好《みつよ》は徴用逃れで戸塚町会事務所に勤め、下の幸子《よしこ》は女学校から蔵前の貯金局に勤労動員されている。両親が早く死んだことから、直子が二人の面倒をみてきた。

みんな、無事であろうか。

かれは二月二十七日のことを思いだす。かれは湯河原分院にいた。看護婦に呼びだされた。かれの母親の死を告げられた。本籍地の麴町区役所を通じての公電だった。この公電がなければ、外出許可は下りない。

そんなことがあるはずはないと思った。母は三週間前に面会に来てくれたばかりだった。信じられなかった。母ひとりではなく、妻も、子も、妹も、みんな死んだのだ、爆弾で一家は全滅したのだと思った。それより二日前の二月二十五日に大空襲があったことをかれは知っていた。

外出許可証をもらって、東京行きの電車に乗ったが、あの元気だった母が死ぬはずがない、防空壕に爆弾が落ちたのだ、直子も一麦も死んでしまったのだと思い、そんな不吉なことを考えるのはやめようと首を振ることを繰り返しながら、東京駅まで気が気ではなかった。駅前の公衆電話で家に電話をした。胸の動悸が大きくなる。握りしめた電話機から聞こえてくるのが間違いなく直子の声だとわかったとき、平井は大きく息をついたのである。まだ腑に落ちなかったが、間違いなく母ひとりの急死だった。

今夜はどうなのであろう。大丈夫なのだろうか。妻と妹たちは火に追われ、逃げまどっているのではないか。この前のように思い過ごしだといいが[93]。

鎌倉の川端康成、月を仰ぎ、鹿屋を思った

大佛《おさらぎ》次郎は鎌倉市雪の下に住んでいる。今日は午前中にフランスの哲学者、アランの「芸術論集」をひろげた。丹念に辞書をひき、フランス語の勉強をし直すつもりである。

大佛はずっと昔に外務省に勤めていたのだが、辞めて文筆生活に入った。小説を書きだしたときには、多くのペンネームを使って、「俠艶明治五人女」のたぐいを月に何本も書きなぐった。大衆小説を書くあいだに、フランス語の資料を読み、「ドレフュス事件」

「ブウランジェ将軍の悲劇」といった作品を発表したりもした。

もちろん、大佛次郎といえば鞍馬天狗である。大正十三年に「鬼面の老女」を発表して以来、鞍馬天狗を主人公にした小説を書きつづけてきた。今年も、近く九州の新聞に鞍馬天狗の連載をはじめることになっている。すでに数回分を渡してある。「鞍馬天狗敗れず」という題にしたのは、いかにも現在の戦局をふまえてのことであろう。

鞍馬天狗と同様に評判のよいのが、これは完結した「赤穂浪士」である。「赤穂浪士」が単行本になったのは昭和三年に改造社からだが、一昨年に博文館から全六巻で文庫本をだした。「鞍馬天狗」も同じように博文館から文庫本をだそうということになった。すでに共同印刷で印刷にとりかかっている。この夏には出る予定だが、本屋に並ぶ前に焼かれてしまうのではないかと大佛は心配している。

そんな心配はともかく、現在、新聞に連載小説を書き、本を刊行することができるのは、大佛のほかには吉川英治がいるだけだ。

吉川英治は読売新聞に「新書太閤記」を載せている。昭和十三年十二月から夕刊に連載され、昭和十八年三月に夕刊が廃止されてからは朝刊に移り、現在までつづいている。吉川と妻と三人の子は昨年三月に多摩郡吉野村に疎開しているから、文化部の部員は中央線で立川まで、青梅線で二俣尾《ふたまたお》で下車、長くて高い吊り橋を渡り、吉野村まで歩いていく。三鷹から立川の航空機工場をねらう空襲にぶつかり、電車が不通になることもあって、吉川係はたいへんだ。

昭和十八年九月に完結したかれの「三国志」は、講談社から刊行され、多くの少年たちに愛読されてきたが、全十四巻の予定だから、まだ刊行はつづいているのではないか。午後、大佛次郎の家に東京新聞記者の木原が来たので、かれを連れて貸本屋の鎌倉文庫に行く。鎌倉駅に近い八幡通りにある。

店を開いたのは今月の一日だ。商売をやめていたおもちゃ屋を借り、鎌倉在住の鎌倉ペンクラブの仲間たちが本を供出することにした。次郎、二階堂に住む久米正雄を筆頭に、これも二階堂の永井龍男、稲村ヶ崎の中村光夫、扇ヶ谷《おうぎがやつ》の小林秀雄まで、三十人近くの会員が乳母車を押し、リュックサックを背負って本を持ってきた。一千冊ほどになった。小町に住む里見弴《とん》が鎌倉文庫の看板を書いた。

貸本屋を開くにいたったいきさつについて触れておこう。

高見順が北鎌倉に住むことになったのは昭和十八年四月だった。大森にいるのは危険なような気がしてのことだ。安普請で粗末な家だと気にいらなかったが、一万一千円で買った。中山義秀《ぎしゆう》も同じときに東京から鎌倉極楽寺に移ってきた。

今年に入って、敵は相模湾に上陸するとだれもが語るようになり、長野に疎開することを高見と中山は考えた。小林秀雄もいっしょに行くと言った。小林は昭和六年から鎌倉住まいだ。

ところが、小林が鎌倉に残ると言いだした。蓼科の軽井沢並みの物価高を聞いてのことだ。高見も中山も、とても生活できないと断念することになった。二階堂の久米正雄の家に文士仲間が集まったとき、高見がこの顚末を語った。

久米は鎌倉ペンクラブの会長である。会員のなかでは、鎌倉在住はかれがいちばん長い。大正十四年からだ。いや、里見弴がいる。大正十三年からだ。親の別荘が材木座にあったから、それ以前から夏は鎌倉に来ていた。鎌倉駅、大船駅もなく、藤沢駅から人力車、途中から畑のあいだの道を歩いて行ったのである。そしてもうひとり、大佛次郎が大正十年から鎌倉に住んでいる。

親の別荘がと言えば、この集まりには出ていなかったのであろうが、中村光夫もそうだ。八幡様の表参道から、畑越しに横須賀線の汽車が煙を吐いて扇ヶ谷のトンネルに吸い込まれて行くのを見たことがあり、由比ヶ浜で泳いでいて手足が透き通って見えた大正の半ばから鎌倉に来ていた。

久米の家に集まった連中は砂糖入りの薬用アルコールを飲みながら、源頼朝はこの要害の地に幕府を開いた、鎌倉文士はこの鎌倉に籠城しようと威勢のいい話になった。葛《か》西《さい》ヶ《が》谷《やつ》の東勝寺で最後の防矢《ふせぎや》をしようと言おうとして、逆賊の北条高時ではまずいなと思う者がいたのであろう。鷲峰山にいくつも洞窟がある、あの「百八やぐら」にたてこもろうとだれかが言った。

二階堂にある覚園寺《かくおん》から五百メートルほど山道を上がったところにある、鎌倉時代の岩窟墓だ。

兵糧を用意しなければならない。まずは軍資金が必要だとだれかれが言いだして、貸本屋をやろうということに話は発展した。(94) 鎌倉の周辺には海軍の工場に働く若い男女がいっぱいいる。かれらは本を読みたくても、手に入らない。これはきっとうまくいくぞということになったのである。

店開きしてからは、ここに来ればだれかがいるので、散歩がてらやって来て、一、二時間喋っていく者が多い。

大佛次郎が東京新聞の記者とともに店に入ると、奥に川端康成がいる。

川端は四十五歳だ。大佛より二歳年下だ。川端が東京大森から鎌倉に移ってきたのは昭和十一年だ。二階堂に住んでいる。昭和十二年に創元社から「雪国」を上梓した。雑誌に連作のかたちで発表したものをまとめたものだった。名作と評判が高く、そのあとこれといった作品を発表していないが、鎌倉に住む小説家の中心的存在である。そんなわけで、かれが鎌倉文庫の代表となっている。社長と呼ばれている。日に焼けて真っ黒だ。昨日帰ってきたのだと言う。

海軍報道員として、海軍の輸送機で厚木から鹿屋に行ったのは先月の二十四日だった。ちょうど一カ月いたのだ。

川端が鹿屋にいた一カ月のあいだ、朝日新聞にも東京新聞にも、なにもかれが書いていないことを大佛は思いだし、なにを尋ねようかとちょっと迷ったのであろう。

大佛が思いだすのは、だれからかつぎのように聞いた記憶にちがいない。あと一息だ、沖縄水域の敵艦隊を追っ払ってみせる。海軍中央の若手幹部たちのあいだに、武者震いをするような高ぶりと、いまこそ敵を叩いてみせるといった意気込みのあふれていたときがあった。四月の中旬だった。菊水三号作戦がピークのときだった。川端が鹿屋に行く直前だった。

だが、川端が鹿屋にいたあいだは、わがほうの大きな戦果は新聞に載らなかった。大佛はそんなことを思いだしたのかもしれない。戦いのことには触れず、食事はどうでした、酒はありましたかと尋ねた。水交社には酒は無尽蔵にある、すき焼きも伊勢海老も毎日あると川端が答えた。それは豪盛だと大佛はうなずいて、話を聞き終わったような顔をしてみせたのではないか。

高見順は北鎌倉の自宅にいる。午前中は田山花袋の「蒲団」を読んだ。むろん、はじめて読んだわけではあるまい。

午後には鎌倉文庫へ行くことにする。開店してしまいさえすれば、二人の店番がいるのだから、午後からちょっと顔をだせばいいくらいに高見は思っていたのだが、店開きしてからもけっこう忙しい。「あまり繁昌しすぎて転手古舞をしている」とかれは朝日新聞に頼まれて書いた(95)。

　毎日のように店にでているから、人びとが読みたがっている本はよくわかる。

　大佛次郎が持ってきた改造社の世界大衆文学全集の八十巻の揃いがたいへんな人気だ。第一巻が「鉄仮面」、第二巻が「家なき子」、第四巻がアルセーヌ・ルパンだ。厚表紙の文庫本の大きさのシックといった感じのその本を手にした、油のしみついた作業服の少年少女はだれもが嬉しそうだった。午後に並べて、夕方までに全部でてしまった。

　菊池寛の十五巻の全集は二揃いあったのが、たちまち棚からなくなった。若い女性が借りていった。昭和十二年出版の立派な本だから、手にしたくなるだろうし、深緑色のクロス張りの表紙をそっと撫でてみたかったにちがいない。横光利一の「旅愁」はないのと何度も聞かれる。題名に惹かれるのだろう。これも若い女性だ。貸し出し中だ。読みはじめてその難しいのにびっくりするにちがいない。

　戦争を題材にした本は、出版社や著者から寄贈されたものが多いとみえ、だれもが持ってきた。ところが、さっぱり借り手がない。火野葦平の本は棚に残ったままだ。

　葦平の「麦と兵隊」を借りる人がいない。昭和十三年九月に改造社から単行本となって売りだされたその本は、七十銭でも利益がでるのにもかかわらず、一円という高い定価だった。ところが、その年だけで百万部が売れ、高見、小林、川端、だれもがびっくりしたのだった。いまはその従軍日記を手にとる人がいない。葦平の兵隊三部作の他の二作、「土と兵隊」「花と兵隊」は合わせてこれまた百万部が売れたのだが、これも借り手がない。

昨年九月に刊行された同じ著者の「南方要塞」は、版元の小山書店からか、それとも著者からの寄贈本があったとみえ、五、六冊の供出があったが、一冊もでていない。

かれの「陸軍」は朝日新聞に昭和十八年五月から昨年四月まで連載された。これが映画になったときはたいへんな評判だった。前に触れたが、木下恵介が監督だった。昨年十二月に封切られた。

映画の最後の場面で観客のだれもが泣いた。出征する若い兵士たちの行進がつづく。母親が息子に別れを言おうとする。あふれる見送りの人にへだてられ、息子の姿は見えず、軍靴の音が聞こえるだけだ。母親は人垣の外を走る。母親役は田中絹代だった。やっと息子を見つける。息子を見つめる目に涙があふれる。

その原作の刊行は遅れている。七月か、八月に朝日新聞社からでる。初版は三万部を予定しているというのだが、はたしてどれだけ売れるだろう。

高見順が店に行くと、川端康成がいる。すでに大佛次郎は帰ったあとだ。川端に向かって、無事でなによりでしたと言った。南九州の航空基地はすでに最前線になっていると語っただけで、川端の口は重かった。見てきたであろう前線基地について、聞いたであろう航空戦について、かれはなにも語ろうとしない。

高見が思いだすのは、川端が南九州に出発する一週間ほど前、久米正雄の家で語った話だ。「戦況は好転するらしい」と川端が語ったことから、嬉しいと思い、「特攻隊のおびただしい犠牲がある」のだと高見は日記に書いたのだった。(96)

その日、高見は川端から、鹿屋に行くつもりだとは聞かなかったのだが、そのあと、川端が九州に出発すると聞いて、そうか、かれは海軍省のだれからか鹿屋の特攻隊が沖縄水域の敵艦艇に大きな打撃を与えていると説明を受け、もう一息で沖縄の戦局は決すると告げられ、その同じときに鹿屋行きを勧められたのだと気づいたのであろう。

高見が川端に貸本屋が盛況だと話していると、久米正雄が来た。社長の帰還祝いをやろうと言う。

小町の二楽荘に使いを走らせる。妻の秋子が店を手伝いに来ているから、秋子も誘う。二楽荘に行く途中、高見は、自分がビルマから帰ったときには、ラングーン攻略の夜行軍の話から、マンダレー北方のシャン高原にある避暑地、メイミョーの話を仲間たちにしたことがあるのを思いだしたのではないか。かれは勝ち戦のビルマ作戦に報道員として参加したのだった。

川端は歩きながら、山の上にあがったばかりの白い月から目が離せなかったにちがいない。今夜は十四夜だとうなずき、沖縄の天候はどうなのだろうと考えれば、若い搭乗員の顔がつぎつぎと思い浮かんだのである。

鹿屋の基地は山に囲まれている。「だんだん、きれいになってくるぞ」と近くで大きな声で言うのが聞こえた。黄色くなった麦畑のさきを年若い飛行機乗りが三人歩いている。雨がやんで、霧のなかにあった山が濃い緑の半身を現した。天候が回復すれば、特攻隊員は出撃する。

川端は考えつづけるのであろう。桜花隊は今朝、出撃したであろうか。今頃、白菊は鹿屋を飛び立ち、「月明特攻」をおこなうのだろうか。それとも、沖縄は雨となっていて、今夜も出撃できないのだろうか。こうしたことを考えれば、自然と言葉が口からでる。「国難だ、国難だ」とひとり小声で呟くのであろう。

川端は、鹿屋にいたあいだに、連合艦隊は昨年十月二十五日、二十六日の比島沖海戦で壊滅し、大海軍はもはや存在しないという体が震える恐ろしい事実を知った。そして、いまは航空艦隊が海軍であること、基地の航空艦隊は菊水部隊と名乗り、すべて特攻隊であることを知った。

特攻隊がいくら攻撃しても、沖縄周辺の敵の艦隊はいっこうに減らないことも知ったし、特攻機に護衛の戦闘機をつける余裕がないことも知った。

東京に侵入するB29と戦っていた厚木基地の雷電の助けを借りることになったが、たちまちやられてしまって、引き揚げてしまったことも聞き知った。(97)

かれが鹿屋にいるあいだに、菊水五号、菊水六号作戦が敢行された。五月四日の午前五時に三隊、十一日の早朝に七隊、十四日の早朝に四隊が出撃した。たてつづけに殴りつづけるという力がとうていないことも、かれにはよくわかった。連続しての大攻勢をつづけることができさえすれば、敵艦船の砲員と護衛機の搭乗員を疲労困憊に追い込み、敵艦船の撃沈数を一挙に増やし、それこそ、海軍省の若手幹部が説いたとおり、沖縄の戦局を一変させることもできるのにと川端は思ったことだろう。

特攻に白菊を使うようになっているということも知った。白菊は作業練習機だ。固定脚だ。航法、射撃、爆撃、通信の教育訓練に使ってきた。練習生三人と指導員の計四人が同乗できるスペースがあるから、そこに二百五十キロ爆弾二個を搭載する。

速度は遅い。アメリカの無線電話を傍受していた士官が、八十五ノットほどの速力の飛行機がわが駆逐艦を追っていると敵は言っていると苦笑しながら語ったことがある。敵の駆逐艦が第一戦速で飛ぶように走っているとしても、三十一ノットが精いっぱいなのだから、追いつかないはずはないのだが、それでも日本の飛行機があまりにも遅いのに、敵は呆れているのだ。

白菊は速度が遅いうえに、まっすぐにしか飛ぶことができない。どのみち搭乗員は飛行回数二百回、飛行時間百時間足らずの未熟者だから、直線飛行が精いっぱいだ。

一人前になるには何時間の訓練が必要なのかと川端が尋ね、空母航空部隊の搭乗員は八百時間が必要だ、だがそんな搭乗員を訓練することは、もはやこのさきないだろうという返事が返ってきたのである。

白菊は超過荷重だから、ヨタヨタ飛ぶことになる。敵の戦闘機に出合ったらひとたまりもないから、敵の目を避け、攻撃は夜なのだという。月齢十から二十までの月明かりのなかを飛ぶ。そして敵の電探《でんたん》を避け、海面すれすれに飛ぶ。

つづいての説明はさらに川端の気を重くさせた。

海面から五十メートルの超低空で飛んでも、敵の電探は優れているから、敵艦に四十キロまで近づいたときには発見されてしまう。敵艦は上空の哨戒戦闘機に即座に指示をだす。だから突入までの十数分のあいだは、敵戦闘機の攻撃を覚悟しなければならない。上空から急降下で襲いかかる敵機の阻止攻撃をうまく突破しても、敵がエセックス級の空母であれば、十二・七センチ連装砲十二基が待ちかまえ、四十ミリ機関砲三十二門と二十ミリ機関砲四十六門の砲列が弾丸の雨を射ちあげる。

白菊と未熟な搭乗員の特攻は秘密にしてほしいと川端は最後に念を押され、そう語った士官は、埋め合わせでもするかのように、小松基地で訓練をしてきた、とっておきの神雷部隊、桜花特攻隊がつぎには出撃すると教えてくれた。

これが菊水七号作戦である。ところが天候が悪く延期になっているあいだに、川端は鹿屋に別れを告げたのである。

行きは飛行機だったが、帰りは汽車だった。山陽線は危険だからということで山陰線に乗った。暗い空、荒波が果てしなくつづく海に浮かびあがったのは、二楽荘に来る途中に月を見てかれがつぶやいた言葉、「国難」の二文字だった。

じつを言えば、今日の午後五時のラジオのニュースが、昨日の夜、奥山道郎大尉が率いる陸軍の空挺部隊が沖縄の敵が使用している北飛行場と中飛行場に強行着陸し、敵機、飛行場施設を爆破し、航空特攻隊も沖縄周辺の敵艦船を攻撃していると大本営の発表を伝えていた。

川端や高見は知らなかったようだ。鎌倉文庫にラジオはない。二楽荘に着いても、店の主人はラジオを聞いていなかったからか、それとも、ぬか喜びの戦果報道には慣れっこになっているため、わざわざ告げるほどのニュースではないと思って、川端や久米に話さなかったのかもしれない。

一昨夜、沖縄の天候は悪かった。だが、昨夜はほとんどまん丸の十三夜の月が中天に輝き、それこそ「月明特攻」に絶好の夜だった。そこで空挺部隊による義号作戦を敢行することになったのだった。

北飛行場と中飛行場を破壊する作戦であり、これまた、運に一切を賭けた、荒っぽい計画だった。

沖縄の敵の地上航空基地にたいするこれまでの空からの攻撃は、沖縄水域の艦船にたいする攻撃と異なり、散発の少数機によるものだった。北飛行場と中飛行場の滑走路脇の駐機場には、双方それぞれ二百機ほどの戦闘機、爆撃機が置かれているのだが、そのうちの一機を完全に破壊することすらできなかった。中飛行場への空襲は四月に一度、五月に入って四日と五日の深夜に襲った。だが、敵に与えた損害はほとんどなかった。北飛行場への空襲は四月に四回おこなったが、四機に損傷を与えたことが一度あるだけだった。五月十八日の夜の爆撃投下によって、十六機に損傷を与えたのが最大の成果だった。

昨夜の空挺部隊による義号作戦の決行は、飛行機にできないことを、飛行機から降り立った兵員が直接やろうというものだった。この作戦を掩護《えんご》して、陸海軍の航空部隊は沖縄の航空基地にたいする攻撃をおこなった。

一回目は午後八時すぎにはじまった。精いっぱいの六回にわたる攻撃がつづいた。いずれも少数機だった。敵にたいした損害を与えることはできなかった。

七回目が本番の空挺作戦だった。九七式重爆撃機十一機にそれぞれ十人の切り込み隊員が搭乗した。ところが、エンジン不調のため、四機が脱落した。熊本飛行場に戻るか、途中の飛行場に不時着した。(98) 七機が南下をつづけた。海上低く飛び、大きく遠回りをして、中飛行場と北飛行場に突入した。

九州の熊本の基地では、直接掩護の十二機の重爆隊からの無電を待った。海軍の第五航空艦隊司令長官の宇垣纒は、十時四十分に北飛行場に五機、中飛行場に二機が着陸に成功し、敵機を破壊しているとの報告を受け取り、つづいて敵側が北飛行場と中飛行場の使用停止を命じたとの知らせを聞き、陸軍もなかなかやる、敢闘したなと喜んだ[99]。

同じ時刻、沖縄の敵の三番目の飛行場、伊江島にある飛行場を海軍の軽爆隊十一機が襲った。陸軍機十数機も加わった。時限爆弾を混用した。

さらにこの夜、中城《なかぐすく》湾に投錨する敵艦船をも襲った。爆撃機六機のほかに、白菊二十機が特攻攻撃[100]を敢行した。

そして今日早朝から、陸海軍航空の制空隊と特攻隊が出撃した。だが、沖縄の天候は再び崩れ、七号作戦は中途半端に終わることになる。

ところで、昨夜の義号作戦だが、実際には、飛行場に強行着陸できたのは、北飛行場に胴体着陸した一機だけだったようだ。尾翼に５４６の数字をつけた迷彩色の九七式重爆である。着陸前に戦死者がでたらしく、機外に飛びでたのは八人だった。滑走路沿いに並んだヘルキャット、コルセア、C54輸送機に手榴弾を投げてまわった。破壊し、損傷を与えたのは三十三機だった[101]。かれらはすべて戦死した。

べつの九七式重爆のうちの四機は撃墜された。死者が数えられたのは六十九人だった。残る二機は海上に墜落したのであろうか。

北飛行場は今日の午前八時には使われるようになっている。伊江島飛行場に与えた損害もわずかだった。アメリカの艦船をどれだけ沈めたか。アメリカ側が認めた損害は昨日と今日を合わせて沈没が輸送駆逐艦一隻、損傷は駆逐艦一隻、護衛駆逐艦二隻、輸送駆逐艦三隻、掃海駆逐艦一隻だった[102]。

数多くの若者が国のために命を捨てている。高見順が日記に記したとおり、「特攻隊のおびただしい犠牲がある」のだ。だが、沖縄の戦局を変えることはできない。

二楽荘に集まった人びとのことに戻れば、川端が南九州の航空基地の土産話をなにひとつせず、そこで見たこと、聞いたことをなにも語らないことが、だれもの胸のなかのしこりとなる。

わたしは歴史に刻まれる輝ける栄光のときに九州南端の前線基地にいたのだと思う、青年たちの勇気ある死がアメリカ軍の侵攻を沖縄で阻止できるにちがいない、と低い声で川端が語りはじめたら、だれもが顔を輝かせ、一斉に拍手をし、だれかが立ち上がれば、みなが立ち上がり、万歳と叫ぶことになる。だが、すべては虚しい夢だ。コップの残り少ないビールを飲みながら、顎に手をあて、目を閉じている川端の顔に視線を送ったのではないか。

鎌倉文庫に来ていた真杉静枝がいちど家に帰り、遅れて中山義秀を二楽荘に連れてきた。真杉と中山はともに小説家だ。昭和十三年に中山は芥川賞を受賞した。三年ほど前に真杉静枝と結婚した。四十四歳になる。

中山は坐ったが、久米にも、高見にも挨拶をしない。高見は腹が立ってくる。中山の態度はひどい。貸本屋をはじめようとしたときに中山はひどく熱心だったから、川端、久米、高見の三人が世話役でやろうという計画だったのを、中山も加えることにした。誘ったのは高見である。ところが、中山はまったく店に手伝いに来ない。珍しくやって来たときには酔っぱらっていて、店番の久米夫人に暴言を吐き、高見に向かって、「こんなことが面白いかね」とからかう始末である。中山は酒癖が悪い。酔えば人にからむ。自宅で飲めば、日本刀を振りまわす。

それればかりか、中山は貸本料の計算をしたりすることもない。それでいて、世話役の手当は黙って受け取り、今夜のような会食には細君とやってくる。

高見はこみ上げてくる怒りを破裂させた。中山をなじった。だが、かれの身勝手さと粗暴な振る舞いに腹を立てたのがほんとうの理由ではないのであろう。高見は人びとのあいだに見え隠れする落胆と不安の感情にいたたまれず、突然に激情が表にでて、中山にぶつけることになったのではないか。

川端が明後日の日曜日には店番にでると言い、会食は十時前に終わった。

外へでると月は高い。北鎌倉まで行くのは高見夫婦だけだ。駅で電車を待つが、なかなか来ない。警戒警報が鳴った。十時十分だ。妻とともに駅を出た。二キロ半の道を歩くのは珍しいことではない。前に記したことだが[103]、四月七日の夜もかれは妻と一緒にこの道を歩いた。暗闇のなかで、道路脇の家のラジオが臨時ニュースを伝え、鈴木内閣の新閣僚の名前を告げているのを耳にしたのだった。今夜は月があるから、足元を心配する必要はない。人ひとりいない亀ヶ《かめが》谷《やつ》坂をゆっくりとのぼりながら、高見は妻に向かって、鹿屋の話を川端がなぜしなかったのかを語ったのではないか。そして中山の話をしたのであろう。どうして我慢できなかったかと後悔していると語ったのであろう。下り坂になったとき、空襲警報がでた。家に帰ってラジオをつけた。今夜の空襲は物凄くなるようだ。

大佛次郎は、今夜は家で横山隆一とウイスキーを飲んでいる。

横山は漫画家だ。朝日新聞に昭和十一年から「フクちゃん」を載せてきたが、紙面が減って連載は中断となった。

横山の一家は同じ鎌倉の大町に住んでいたが、妻と四人の子はこの三月末に信州上田に疎開した。横山は遅れて今月はじめに上田に行った。上田郊外の小県《ちいさがた》郡神科《かみしな》村の農家の養蚕室を借り、そこへ移った。家賃は百円だ。自家菜園をつくろうと桑畑を借り、桑の根を掘りだそうと妻と悪戦苦闘をつづけてきている[104]。仕事のためにでてきたのだが、明日は信州に戻る。今夜は大佛次郎の家に泊めてもらう。

大佛は横山と屋上に上がった。東京の方角を見る。白旗山の松の木の上の夜空が暁の雲のように紅い。東京が燃えているのであろう。[105] ため息をついて階段を下りる。

高見順は手洗いに行き、裏山の向こうの空が真っ赤なのに気づく。たいへんな空襲だと秋子に言う。妻が裏の山に登ってみようと言う。

昨年の十一月以前、まだ空襲がはじまる前のことだった。裏山の頂上から、まばたきしてつながる東京の灯を見たことがあった。運がよければ冬の日の朝、関東平野のさきの日光の男体山を見ることもできる。

月明かりでほの明るい山道を登った。爆音が近づいてくるなと思ったとき、扉を強く閉めるような大きな音が空いっぱいに響き、どきっとして足をとめた。高射砲が鳴りだしたのだ。砲声はつづく。金沢山の高射砲だろうか。どうしようと言った。そのあと砲声はとまった。じっとしていると不安がつのる。登ろうということになった。頂上にでた。高見は「おー」と声をだし、秋子がかれの手を握った。

東京の方角であろう。夏の入道雲のような大きな煙が見える。なんとも気味の悪い色だ。赤と黒のいりまじった腐肉のような色だ。そして、その上の空が地上の炎で真っ赤なのだ。

煙は芝居の書き割りのように動かない。遠くから見ているからだ。

物凄い勢いで上昇流が働き、上空へと熱い風を巻きあげているのだ。ついさっきまで人がいた家が燃えあがり、熱い旋風が家のなかにあった子供のノート、娘の衣服の燃え残った端布を吹きあげ、屋根のトタン板を空に巻きあげているのだ。だが、ここからはまったく静止しているように見える。それが恐ろしさを増す。

探照灯に照らしだされた、小さな点のような敵機が一機ずつ、その巨大な煙の塊の上を行く。高射砲弾がパッパッと炸裂する。焼夷弾がまた、空の途中でピカッピカッと光って炸裂し、光った蜘蛛の巣が落ちるようなかたちでゆるゆると地上へ迫っていく。音は全然聞こえない。光だけだ。この世の出来事ではないような凄惨な怪奇さだ。地獄と言いたいところだが、そう言っては実感の伴わない空疎な形容詞になってしまう。

焼夷弾はつぎからつぎへと落ちていく。あの下、凄い火煙のなかには人間がいるのだ。いたたまれないと思う。見物していることに耐えられない(106)。

世田谷祖師谷の伊藤整、旅順の本を出そうとしたら

今夜、同じ五月二十五日だが、伊藤整《せい》は自宅にいる。世田谷祖師《そし》谷《がや》一丁目の家にはかれひとりがいるだけだ。妻と二人の息子は十日前に北海道へ疎開した。家をいよいよ売ることに決まり、来月の六月十五日には明け渡すことになっている。

午後十時すぎ、再び東京の空襲だ。まさかこの家がねらわれるはずはあるまいと思おうとするのだが、胸騒ぎがする。大丈夫だろうか。

伊藤が華北種苗協会という会社の銀座にある事務所と牛込の新潮社に勤めていることは前に触れた。かれは小説家、評論家として生計をたてていたのだが、やがて原稿料や印税が入らなくなるのではないかと心配して、昨年、給料取りの生活に入ったのである。

すでに断念してしまったが、アメリカとの戦いがはじまってからずっと考えていたのは、日露戦争を主題にした小説を書こうということだった。

今年に入ってからは、伊藤の頭を占めるようになったのは疎開の問題である。北海道へ引き揚げるかどうかということだった。

かれの一家の疎開の話をする前に、かれが書こうとした日露戦争の話をしよう。長い話になる。

伊藤は日露戦争に出征した人びとの回想録を片端から読んだ。戦いの全体を頭に入れようとして、「日露陸戦新史」を何回もひろげた。長男の礼は父親が外出するときに鞄のほかに赤表紙の小さな本を必ず手にしていることから、その本が父の愛読書なのだと思っていた。

岩波新書となっているその本が最初に出版されたのは、日露戦争の勃発から二十周年になる大正十三年だった。一年間に五版まで出た。参謀本部第四部にいた沼田多稼蔵《たけぞう》大尉が書いた。秀才として知られたかれは、現在、寺内寿一《ひさいち》が指揮する南方軍の総参謀長である。南部仏印のダラットにいる。五十三歳になる。

伊藤は日露戦争の壮大なテーマにどのようなひねりを加えるかを考えつづけた。昭和十七年の秋には、第一巻を旅順にしよう、次巻を沙河《しやが》か、遼陽の戦いにしよう、それともコサックの南下戦にしよう、そして第三巻を奉天の戦いにしようと思った。

一年のちの昭和十八年十月には、二つに分けようと考えた。二〇三高地を中心に、乃木大将とその周囲、前線の兵士たちの戦いを五、六百枚にまとめようと思った。そしてもうひとつ、一千枚以上の長篇小説をべつに書こうと考えた。日露戦争前の東京の有様とペトログラードの状況、そのロシアの首都に派遣されていた日本の若手の軍人たちの日々、たとえば陸軍の町田経宇《けいう》や田中義一、海軍の広瀬武夫とロシア将校との交遊、つづいて旅順と奉天の戦いを描いてみたいと思った。

伊藤は二度、三度読んだ日露戦争の関係書を重ねて読み、人名、地名、師団、艦隊番号の索引をつくった。こうした勉強のついでに主だった本の紹介を書き、批評をまとめ、発表したりもした。かれがいちばん感銘を受けたのは、二〇三高地の血戦を描いた猪熊敬一郎の「鉄血」だった。

猪熊は士官学校十五期生であり、明治三十六年に士官学校を卒業した。開戦にあたっては歩兵第一連隊付きの少尉として出征した。

かれは旅順要塞の外郭防禦線の攻撃に参加した。二〇三高地の前面にある丘の堡塁をひとつひとつ大きな犠牲を払いながら奪い、やっとのことで二〇三高地の攻撃をはじめる。

旅団長からの命令を受けて、猪熊が山を下りたその夜、ロシア軍の逆襲があり、第一連隊の全幹部は戦死し、連隊本部で生き残ったのはかれひとりとなった。

旅順を占領し、かれはそのあと奉天の戦いに加わるのだが、戦争のあと、明治四十年に二十九歳で病死した。士官学校第十五期といえば、梅津美治郎がいるし、蓮沼蕃《しげる》がいる。猪熊が生きていたら、どのような地位にいるだろう、なにをしたことだろうと伊藤は思ったこともあったにちがいない。かれが死んだとき、梅津は関東軍司令官、蓮沼は侍従武官長だった。

昭和十八年十二月に伊藤は日露戦争の古戦場を自分の眼で見ようと満洲へ行った。奉天を訪ね、つづいて旅順のホテルに四日ほど泊まった。毎朝、弁当を入れたリュックサックを背負い、スキー手袋にステッキを持ち、二〇三高地外郭の丘を歩いてまわった。古い戦史地図を頼りに、父が所属した第二十八連隊が二〇三高地攻撃を前に露営した海鼠《なまこ》山の地隙を探した。いきなり飛びでてきたものに驚いたことがあった。野兎だった。

整の父の昌整は広島の生まれで、陸軍教導団の出身だった。日清戦争で戦い、そのあとかれは北海道南端の白神《しらかみ》の燈台に勤務した。旭川の第七師団に属して再び出征し、第一連隊全滅のあとの二〇三高地の攻撃を受け持つことになった。昌整は腹を射ち抜かれた。その功でかれは金鵄勲章を受領した。伊藤が生まれたのは、重傷の父が送還されてきたときのことだった。

塹壕と交通壕跡をたどり、鉢巻山から海鼠山を歩き、雪におおわれた二〇三高地斜面のつづら折りの道をゆっくりゆっくりと登った。この山を攻撃した人びとの気魄が道のほとりに鬼気のようにただよっているのだとかれは思った。この三つの高地の堡塁のひとつひとつの奪取と固守の死闘を繰り返したすえ、猪熊敬一郎が属する第一連隊は全滅したのだとその情景を思い描いたのだった。

伊藤はそのあと旅順の古戦場についてのいくつかの随筆を「新潮」や「文学報国」に発表したが、肝心の小説はまるっきりできていなかった。

だが、草稿が仕上がり、昨十九年の八月に出版へと進んでいたら、思ってもみないごたごたに巻き込まれ、かれは毎日の日記をこの不快な出来事で埋めなければならなくなったはずだった。

その原稿は日本出版会の審査で止められることになったからである。昭和十八年二月につくられた日本出版会は出版界の企業整備と資材の配給が仕事であり、本と雑誌の用紙の割当を決めることから、出版予定の書籍の審査をおこない、印刷の可否を決めることにまで手を伸ばすようになっている。出版社から提出された企画書の審査は週一回おこなわれる。書籍部長の斎藤晌《しょう》、学芸課長の河盛好蔵が顔を並べる。情報局の係官も出席し、会長の久富達夫が中央に坐る。(107)

文章が稚拙だ、それに、いまどき映画女優の伝記でもあるまいといった具合の審査だったから、伊藤の戦記文学にけちをつける者などいないはずだった。ところが、待てよと言う者がいたのであろう。ソ連を刺激してはならないという情報局新聞課長の指示がでていた。旅順の戦いは帝政ロシアとの戦いだ、関係はないだろう、いや、この時期にわざわざこういう本をだすのはまずいのではないかという主張にだれもがうなずくことになったにちがいない。

伊藤は自分の原稿が本にならないと知ってびっくりし、どういうことなのかと説明を求めることになり、日本出版会の会長、久富達夫と会うことになったかもしれなかった。

久富達夫は毎日新聞の政治部長だった。大物記者だから記事など書いたことはなかったが、社会部時代に上海に遊んだ帰り、船中で蔣介石に会い、宋美齢との婚約を知り、これをスクープしたことがある。これがかれの自慢だ。新聞界はもちろん、政治家から軍人にまで交遊がひろく、昭和十五年には近衛文麿に勧められ、情報局に入った。そのあと大政翼賛会の宣伝部長、さまざまの機関の幹部となり、この四月に再び情報局に戻り、次長となっている。

日本出版会は神田の冨山房書店の二階を借りていたが、手狭なので、買収したお茶の水の文化アパートを事務所に変えようとしていた。

久富が伊藤と話し合うことになったなら、久富は伊藤の「得能五郎の生活と意見」を読んで感銘を受けたとおもむろに語り、「文学報国」に載せられた文章も読んでいると言い、つづいて本題に入り、じつは軍の意向で反ロシア的な言論は慎しむようにという通達がでているのだと言い、「露西亜《ロシア》を征伐」するのではまずいということで、「正しい露西亜」と名前を変える始末だと笑いながら語れば、伊藤はなんと情けない話だと呆《あき》れたことであろう。クレオソートを含有する腹薬、日露戦争の数年前に売り出され、長い歴史を持つ「征露《い》丸」は「正露丸」となったのである。

そして、昨年十一月になれば、まだ釈然としない伊藤は情報局の課長に呼びだされ、つぎのような話を聞かされることになったにちがいない。

じつはモスクワで一冊の本が出版されて、たいへんな売れ行きだといわれる。ステパーノフという人が書いた「旅順港」という題の歴史小説だ。あなたの作品と同じく、日露戦争における旅順の戦いを扱ったものだ。作者は旅順を守ったロシア軍司令官、ステッセルの部下だということだ。そんなことはともかく、モスクワの出版社がそうした本をいまこの時点で出版したのは、クレムリンの内意があってのことであるのは疑う余地がない。

この本の出版が明らかにしているのは、ソ連は旅順に請求権があるという意思表示であろう。

あなたの旅順の本がでていたらどうであろう。あなたも私も、ソ連が旅順の戦いの本をだすことを知らなかった。あなたの本の内容がステバーノフの本に対抗するものであるはずもない。だが、ソ連側はけっしてそうは受けとるまい。こちらのほうが早くだしていたとしても、「旅順港」出版に対する日本側の回答と受けとるにちがいない。

伊藤整はこんな話を聞かされれば、はじめは驚き、やがては複雑な思いに沈むことになったであろう。つぎつぎと思い浮かぶのは、かれの作品の登場人物たちであり、最後に金鵄勲章を胸に飾った父の姿となったにちがいない。その昔、三月十日の陸軍記念日に、小樽市に隣接する塩谷《しおや》村の小学校講堂の演壇に立った父の晴れ姿である。

伊藤の旅順の戦いの原稿はできあがらなかったから、かれは久富達夫と会うこともなければ、情報局の課長の話を聞くこともなく、なにも知らないままに終わってしまったのだが、かれの知らなかったことをもう少し述べておこう。

公立図書館では、ソ連を敵視していると判断された本が昨年の八月に閲覧禁止となった。内務省警保局の命令だった。八月末、都立駿河台図書館が西神田警察署にひとつの文書を提出した。八十六冊の本の名前を書きだし、それらの本を閲覧禁止とし、「別置保管」の処置をとったとの報告書である。つぎのような本が並んでいた(108)。

中村敏「満ソ国境紛争史」、武藤貞一「日ソ戦に備える書」、真隅伴雄「日蘇戦争は何時始まるか」、姫田嘉男「赤露の皇帝スターリン」

ところが、都の駿河台図書館では、棚から「日ソもし戦わば」の本を引き抜くと同時に、残っているはずのないマルクス主義関係の本も片づけよとの指示があって、「社会」の二字があれば、棚から「社会学入門」「芸術と社会」といった本までを片づけた。

もう少し説明をつづけよう。

小磯内閣はソ連との関係改善を望み、特派使節を派遣することに決めた。ロシアとの関係改善ができると政府の幹部たちがはやばやと思い、もしかしたら友好条約の締結も可能かもしれないと夢見たとき、かれらが恐れたのは、ソ連に憧憬を抱く者、共産党同調者の動きが活発になるのではないかということだった。こうして反ソ的な本だけでなく、共産主義を啓蒙、宣伝する本がまだ残っているのではないか、閲覧禁止にせよと内務省は命じたのである。

伊藤整が聞く機会のなかったソ連版の旅順の本について、もう少し述べておこう。

モスクワへの特使派遣を決めて二週間足らずあとの九月十六日、ソ連側が日本のこの申し入れを拒否してきて、政府と陸軍幹部の夢ははかなく消えてしまった。「旅順港」という題の本がモスクワで出版されたのはそれから二カ月のちだった。

その歴史小説、というよりは上手につくられた宣伝書がモスクワの本屋にはじめて並んだのは、昨年十一月六日の革命記念日の前夜祭でスターリンが演説して、日本を侵略国と呼んだときだった。

つづいて新聞と雑誌はその本をとりあげて宣伝をはじめた。モスクワの日本大使館員はその七百ページもの厚い本がモスクワでベストセラーになっていることを知り、その本の紹介が新聞や雑誌に載れば、必ずその要点を東京に報告することになった。「旅順港」の書評は、これも計算してのことであろうが、一カ月、また一カ月と時間をおいて、ゆっくりとでた。モスクワ大使館はこれを毎回、東京に報告した。三月二日付のイズベェスチヤに載った書評を要約した電報は三月五日に外務省に入った。

「レーニンハ旅順ノ陥落ハ……帝政政治ノ罪科ノ最大ナルモノナリトイイ、恥辱的敗北ヲ喫セルモノハロシア国民ニアラズ、帝政政治ナリト論破セルガ、本書ノ読者モ同様ノ感想ヲ抱クベク、巻末一兵卒ガ『何人《なんぴと》トイエドモロシア兵ヲ阻ミエズ、日本ハ旅順ヲ将軍ヨリ買イトリタルナリ。日本軍ハ永久ニロシア兵ヲ破リエザルベシ』ト憤激セル場面ニ端的ニ表現セラレル。……(109)」

繰り返し述べることになるが、伊藤整は「旅順港」の本のことも、外務省が受けとっているこのような電報のことも、なにひとつ知らなかった。

かれの旅順の戦いの原稿ができなかったのは、調べに時間がかかったからだが、かれ自身徐々にやる気をなくしてしまったのがほんとうの理由であろう。こんな本をだして、はたして読む人がいるだろうかと思うようになり、昨年の八月には、かれ自身、完全に書く気を失っていたのである。

伊藤整、手付けをもらったが、家が焼けてしまったら

伊藤整の家の疎開の話になる。

一家で疎開をするか、自分だけは東京に残るか、かれはどうしたものかと迷っていたのだが、妻と子だけを疎開させようと唐突に決意したことがあった。三月二十五日、伊藤は区役所へ行き、妻と二人の子の疎開手続きをとり、転出証明書をもらった。うかつなことに、三月十日未明の大惨禍のあと、一般疎開者の引っ越し荷物を鉄道が受けつけていないことをかれは知らなかった。疎開の計画はひとまず立ち消えとなった。

三月末に伊藤は北海道へ行った。種苗会社の出張という名目だった。馬鈴薯、もち米、塩、それに妻の弟の薫の結婚式の食料をリュックサックに詰め、四十キロの荷物を背負って東京へ戻ってきた。四月七日の朝だった。北海道旅行の一週間はギリシア悲劇の幕間劇のようだったとかれは思った。東京へ帰ってくれば、内外の動きは一段とすさまじさを増していた。

家に戻った日に、かれはさっそく三鷹の田居尚の家を訪ねた。田居は華北種苗協会の東京出張所の所長である。同郷のかれに故郷の塩谷村の様子を知らせようとしたのである。田居の二軒の家のうちの一軒は、四月二日未明の爆撃で全壊していた。中島飛行機の武蔵製作所をねらった爆弾が大きくはずれたのだった。しかも、北京に出張中の田居

に召集令状がきていた。田居は明治三十八年一月生まれの整より一歳年上、四十一歳になる。一年さきのことはわからないながら、いまのところはお互い召集はあるまいと話し合ったばかりだった。北京に電報を打ったが、音沙汰がない。入隊は八日までだと夫人が心配しているから、伊藤があらためて北京に電報を打った。

その翌日の四月八日には当真《とうま》が来て、友人の死を教えてくれた。かれは父母や弟妹のことが心配だと語り、苦悩のかげを見せた。かれの故郷は沖縄である。

特別攻撃隊の攻撃、洗いざらいと思える航空部隊が出撃して、敵船舶を数多く沈めているのだが、敵軍は沖縄に足場を固めてしまっている。はるかに遠いドイツの戦局も急速に悪化し、もはやドイツ本土を守り抜くことはできないようだ。小磯内閣は総辞職した。そして三月十日のあとしばらくとだえていた東京への空襲が再びはじまった。四月十三日夜には東京北部の豊島、滝野川、板橋、足立、荒川が焼かれ、十五日夜には東京南部の大森、蒲田、目黒が焼かれた。伊藤は三日あとの日記につぎのように書いた。

「……もういたる所が焼けているという感じとなった。残った町々も明日か明後日には焼かれるであろう。疎開を申請しても、強制疎開者か罹災者が殺到している為、いつ自分の順が来るか見当つかず、それを待っているうちに、荷物は駅や自宅で焼けてしまい、着物も寝具も失った、という人が数限りなく出て来ている。一方には建物の強制疎開で、これまた疎開に優先的扱いを受ける権利を持ちながら、うまく田舎へ出て行けず、残った近所の知人宅などに荷を持ち寄り、そこで焼かれた人たちもいる。誰もみな仕事どころではない。荷をかついだり、電車に持ち込んだり、荷車で運んだりしている。

もう誰も机や椅子や箪笥などを考えもしない。寝具と着物と穿きものと傘、それに鍋や釜や包丁等の台所道具という風に貴重品の種類はきまってしまった。それだけのものが運べないのだ。移って行く先が無いのだ。……[110]」

都民の財産、動産が灰になり、無になろうとしていた。明日のこと、いや今夜のこともわからなかったが、義弟の薫の結婚式はおこなうことにしていた。

今夜、明日にも焼かれるかもしれず、まもなく息子に、婿に召集令状がくることは承知しているが、結婚できるあいだに結婚させようというのが、当事者はともかく近親者の願いとなっている。

伊藤が代田橋の商店街を歩いていて、倉庫からでもだしてきたオムツカバーを見つけ、薫の顔が浮かび、それを四つ買ったことは前に記した。薫の結婚式は四月十六日だった。その日の未明の東京南部市街地の空襲で、品川から横浜までの電車と列車が止まった。大森から戸塚までの線路の破壊は二十カ所に達し、とりわけ蒲田駅がひどい被害を受けた。

結婚式場は中野の大宮町にある大宮八幡宮だった。伊藤の家からは京王線の千歳烏山駅にでて、明大前で井ノ頭線に乗り換え西永福まで行けばいいのだから問題はなかった。

千葉から来る花嫁は京成線を利用しなければならなかった。四月十三日の東京北部市街地の空襲にやられ、電車は動いていなかった。どうしたらいいかの相談もできなかった。電報は至急電報で二日もかかった。連絡をとるすべがなかった。薫の勧める朝日新聞社の上司は来たが、肝心の花嫁とその両親はついに姿を見せなかった。

「その日はこちら側の客のみを私の家に招じて食事を出して、私が北海道から持って来た烏賊《いか》の塩辛、コナゴの佃煮、杉沢がどこからか手に入れて来た羊カン、卵、貞子が昔の蜜柑の罐詰めで作ったお菓子、鶏肉の混った甘煮、乾柿入りの膾《なます》、舞茸の吸物、新竹の子の向付等に赤飯という馳走で、貧弱なものだが客は山海の珍味だと言って賞味する。帰りにするめ二枚ずつを持たせる。とにかく、今の東京では、これがたいへんな馳走であることには間違いない。もう戦争がすむまでは食べられないなどと皆が言う。

　翌十七日やっと英一が向うの家に行き連絡し、十八日に嫁と彼女の一家がやって来て、神社で簡単に式をあげ、私の家で一昨日の残りで食事をし、それから和田本町にある私たちがもといた家に薫夫婦が落ちついた」[11]

　和田本町がでたので触れておこう。伊藤整の一家が和田本町に住んでいたとき、南隣の堀之内町のさきの大宮町に住む伊藤整一という海軍中将宛ての手紙が間違って整の家のポストに入った。転送したところが、一点一画ゆるがせにしない丁寧な礼状を受け取り、そのあと新聞にでている御前会議の写真に軍令部次長という高いポストに就いている伊藤整一の横顔を見つけたときに、整がわけもなく嬉しかったことは前に述べた(112)。

その伊藤整一が帝国海軍最後の艦隊である第二艦隊司令長官として大和に座乗し、艦、艦長、乗員と命運をともにしたことを伊藤整は知らない。四月七日だった。その三週間あとの四月二十八日、特攻隊を掩護する戦闘機に乗っていた整一の長男叡《あきら》が沖縄上空で戦死した。二十一歳だった(113)。

薫の結婚式が終われば、再び伊藤の頭を占めたのは疎開の問題だった。いや、披露宴のご馳走に箸をのばしながらも、薫の上司、あるいは嫁の親たちの話題は、空襲のこと、疎開のことだった。

縁側からそのさきにつづく畑を見やって、ここは東京でいちばん安全だとだれもが口をそろえ、下町と比べたら天国ですよと言った。住まいを褒めるのに、いまやこれ以上のお世辞はない。

多摩川低地のこのあたりは、空から見れば蛇行しつつ西から東へ流れる多摩川を挟み、緑と黄の幾何学的模様で彩られた畑と雑木林がひろがっている。多摩川の北側の平野を平行して走る二本の黒い線が小田急線と京王線だ。

京王電気軌道が千歳村を縫って開通したのは大正のはじめだった。小田急電鉄が砧村《きぬた》を通るようになったのは昭和二年だった。その年に柳田国男が砧村喜多見に移ってきたときには、薄《すすき》の野原と櫟《くぬぎ》林のあいだに丸石がごろごろところがる道路がつくられ、上水道が敷かれただけで、商店などは一軒もなかった。

米を買うには村の水車屋まで行かねばならず、徳富蘆花が「みゝずのたはこと」を書いた大正はじめの千歳村とたいした変わりはなかった。夜になれば狐が鳴き、裏の林からは狸がでてきた。

五キロの間隔をおいてつくられた駅の周りには、この電車を利用して東京に働きに行く人びとの家が畑に食い込んで建ちはじめ、駅の周りに商店が並びはじめたのは昭和十年前後からだった。昭和十一年に千歳村と砧村の両村は世田谷区に編入され、この地域の住宅ブームは、ガダルカナルと東部ニューギニアで敵軍の反攻がはじまった昭和十七年の夏までつづくことになった。

伊藤整が住んでいる祖師谷一丁目の分譲住宅に人びとが移ってきたのは、昭和十七年末から昭和十八年のはじめだった。京王電気軌道が世田谷を中心に四万坪以上の住宅地や土地付きの住宅を売って、不動産の売上げがピークに達したのも、そのときだった(114)。

分譲地ができ、住宅が増えたといっても、庭の片隅にはその昔からの赤松がそびえ、生垣の向こうには大根畑や麦畑がつづき、畑と畑の境界には卯木《うつぎ》が白い花を咲かせ、冬には畑の土を捲いて赤っ風が吹き、地平線は赤く霞む。

こんなところに敵は焼夷弾を落とすだろうか。まさしく、この界隈は「下町と比べたら天国」なのである。

ところが、すでに述べたように伊藤整はここから逃げるつもりでいた。この旧千歳村が東京でいちばん安全な土地だとは信じていなかった。かれだけではない。かれが疎開を決意した四月には、この分譲地の半分の家が疎開するか、疎開しようとしていた。だれもが空襲を恐れるようになっていた。お前は花子と太郎を連れて実家に行け、私は会社の山田君の家に住まわせてもらう。工場は疎開する、私はいっしょにいかなければならない、お前は疎開しろ。こんな話をどこの家でもするようになっていた。

だが、疎開をするもうひとつの理由は、じつを言えばこれがほんとうの動機なのだが、家が高値で売れることへの魅力である。ここに住むようになってわずか二年ののち、いまこれらの家が土地付きで、買ったときの値の五倍、六倍の高値で売れるようになっているのだ。

かれらが旧市内、旧区内と呼んでいる都心に住む人びとが郊外に家を探し、農家の蚕室、物置、空になった牛小屋までを借りようとしている。去年七月に学童疎開で世田谷の人口が大きく減って以来、区内の人口は毎月じりじりと減りつづけていたのが、敵の本格的な焼き討ちがはじまったこの三月には、焼けだされた人びとが逃げてきて、所帯、人口の数とともにわずかではあったがはじめて増大するようになっている。[115]

当然ながら、「下町と比べたら天国」のこの分譲住宅はただちに買い手がついたし、借り手はすぐに見つかった。五万円で売った、七万円で買いたいという人がいるといったニュースはまたたくまに分譲地すべての人の知るところとなった。

老松さんが家を売って疎開した。江口さんも家を売った。加持さんも売った。こういう話を聞くと、いてもたってもいられなくなる。もしこの家が焼けてしまったら、五万円を儲けそこなったうえに、家財道具すべてを失うことになる。自分の家が焼けなくても、この界隈にも焼夷弾が落とされることになったら、下町で五、六万円の家が千円でも買い手がつかなくなってしまったのと同じように、ここらの家の価値も暴落するだろう。都の共同生活寮にされてしまうかもしれず、強制収用されるかもしれない。いま、この高値のときに売ってしまうのが賢明なのだ。

暗い電灯の下でいつサイレンが鳴るかと怯えながら、夫婦は毎晩こんな問答を繰り返してきた。

伊藤は迷いつづけていた。小樽市に隣接する塩谷村がかれの故郷だ。塩谷村には整の母と弟がいる。食糧の心配はないが、家が狭い。そこへ疎開したのでは、妻が気づまりだろう。渡島《おしま》半島の東岸にある貞子の実家は広いが、隣村には大きな陸軍の飛行場ができている。そんな不便と不安のなかで離ればなれに暮らすぐらいなら、みんないっしょにここにとどまっていたほうがいいと貞子は主張した。

貞子と二人の子を北海道へ送り、自分は東京に残るというのがずっと伊藤の考えてきたことだった。

だが、この家を売り、大金を握りたいという気持ちが強い。

四百坪の広い土地に建てられたこの二階家は、京王電気軌道から昭和十八年はじめに買った。「得能五郎の生活と意見」と「得能物語」の印税四千円と貯金をはたき、貞子の実家と友人から借金し、一万六千円の代金のうちの半分の八千円を支払った。そのあと、千百円を一度、三百円を一度払っただけで、半年に八百円ずつの割賦金の支払いが遅れていた。平時なら、とうの昔に差し押さえとなっているところだが、昨年五月に京王電軌は東京急行と合併したことから、事務の遅滞がつづき、人手不足、さらに空襲がつづく毎日となって、やいのやいのの催促がないことで、助かっている。

いま売ってしまえば、すべてが解決する。売らなければ、どうなるか。新潮社から二百円、種苗協会から二百円、文学報国会から百円、計五百円の収入があるが、北海道へ行ってしまえば、どこへ勤めたところで月収百五十円どまりとなり、この家を百円で貸したとしても、割賦金の支払いはできなくなる。

文学報国会が北海道に支部をつくるという話がある。支部事務長となれば、給料は二百五十円だ。どうにかなるかもしれない。北海道へ行こうと考えると、今度は新潮社文化部企画部長の仕事を捨てるのが惜しくなる。戦後、平和産業は復興するであろうが、世の中が不景気になるのは間違いない。新潮社を辞めるべきではない。

だが、戦争が終わったあとに新潮社の勤めをつづけるなどといった予測は甘い夢だろう。それより前に自分は戦いのなかで死ぬだろう。女子供は流浪して悲惨な目にあうことになるかもしれない。

新潮社にしたところで、紙と印刷工場が焼けてしまえば、廃業することになるかもしれず、それとも三十人の社員のうち数人を残して、あとをお払い箱にするかもしれない。嘱託の身の自分など真っ先に馘を切られるにちがいない。そこで再び、文学報国会の仕事で北海道へ行くといった考えに戻る。

だが、各地を飛びまわり、人を訪ね、会合に出る毎日となって、はたして病弱な自分の体がもつだろうかと考えれば、これまた悲観的になる。それでいて、「文学報国」編集長、伊藤と同じ北海道松前郡生まれの岡田三郎から、支部設置は予算の目処が立たないと聞けば、がっかりすることにもなった。とめどもない堂々めぐりだった。

友人の杉沢仁太郎は自分の村へ来いと言ってくれた。同じ塩谷出身の杉沢は小学校の先輩である。かれは南多摩郡の横山村に疎開している。八王子から歩いて一時間のところだ。埼玉の児玉町に住む峰岸東太郎もまた、こちらへ来いと勧めてきていた。峰岸はかれの作品の愛読者である。勤めがあるかぎり横山村や児玉町へ引っ込むわけにはいかなかったが、いよいよとなればどちらかへ行くのがいいのではないかと思った。

五月三日の新聞はヒトラーの死とベルリンの陥落を伝えた。伊藤は決意を固めた。一家をあげて北海道へ行く。この家を売る。貞子が賛成した。

五万円、六万円といった金は、いかにインフレの世の中とはいえ、大金であることに間違いはない。月に三百円の月給をとる人はそう多くはいない。三百円の高給をとっても、年に三千六百円、十年で三万六千円だ。六万円を手にしたら、杉沢仁太郎が住んでいる横山村に土地を買おう。杉沢は宅地という名目で一反歩、三百坪ほどの土地を買った。四千五百円だった。かれの買った南向きの傾斜地を見て、いいなと思った。一万円出せば、同じ広さの土地に六畳と四畳の藁屋根、土壁の家を建ててやるとかれは言っていた。

六万円があれば、もう一個所、ほかにも土地を買っておきたい。新聞の広告を切り抜いてあった。府中に近い多摩村の桜ヶ丘という丘陵地である。三千坪で一万八千円だ。戦争が終わって生き残っていたら、鶏を飼い、麦と芋を植え、静かに生活するのだ。それよりも、北海道に五、六反の土地を買い、畜農をしたいとも思う。

だが、ほんとうにこの家は売れるのだろうか。広い林や畑を持つことができるのだろうか。うまく売れるだろうか。そうこうしているうちに、畑と同様、宅地も売買禁止になるにちがいない。自分の夢は夢に終わってしまうのだ。

急がねばならない。

翌五月四日、区役所へ行き、転出用紙をもらってきた。前に用紙をもらい、手続きをしたときから四十日がたっていた。今度は転任ということにする。家族だけをさきに送りだすつもりだった。貞子の故郷の隣町の八雲《やくも》町にある北海道種苗圃への転任証明書をつくった。だが、マル特やマル建ではなく、転任ということで、はたして引っ越し荷物としての鉄道の許可がおりるだろうか。

マル建とは強制疎開の立ち退き者のことだ。マル特とは、六十五歳以上の老人、幼児、国民学校尋常科の児童、妊産婦手帳を持っている妊婦、病弱者、そしてその家族たちのことである。四月十四日に、切符と疎開荷物の許可証の発給はマル建とマル特を第一優先にすると発表した。だが、第二優先、第三優先などはない。三月下旬から、マル特、マル建以外の一般疎開者の荷物は受け付けていないのが実情である。

翌五月五日、新聞を見てかれはびっくりした。「一般疎開は当分中止」という見出しの記事だった。三月下旬からの実態を追認する措置だった。老幼妊婦と病弱者、強制疎開立ち退き者、それにこれも最初から絶対的な優先を与えられてきた罹災者、集団疎開者、疎開施設の随伴者を除いて、一般の疎開者には転出証明書を出さないことになった。

一足遅かったと顔から血のひく思いだったが、よく読むと、疎開施設随伴者の下に括弧があり、地方転出者を含むとあった。いまのうちだと思った。敵機が東京への爆撃を再開すれば、また罹災者の輸送が最優先となってしまい、汽車に乗れなくなる。そのうちに敵は鉄道をねらいだすかもしれない。疎開要項はもう一度改められようし、事実上、疎開は不可能となるにちがいない。

翌五月六日、かれは町会で判をもらい、その足で旧砧村の区役所出張所へ行った。日曜だったから、ただひとり老人が受付にいるだけだった。転任証明書に目を通し、簡単に転出証明書をくれた。つぎに駅へ行き、その転出証明書に判を押してもらい、乗車日を指定した疎開者乗車票をもらわねばならない。つづいては指定乗車日の三日前に貨物取り扱い駅で疎開荷物の申請をする。乗車一日前に駅へ荷物を運び込むといった手順である。

すさまじいの一語につきる駅の混乱と麻痺はどうにか終わっていた。鉄道輸送崩壊の根本原因となっていた疎開荷物の扱いに大鉈をふるったからである。マル建は一世帯最高五十個だったのを三十個にしたことは前に述べた。三月二十三日のことだった。三週間あとの四月十四日、マル建とマル特の疎開を優先と定めたとき、その三十個を一挙に五個に切り下げてしまった。一個は五十キロまでであり、衣類、寝具、炊事用具に限られることになった。強制疎開者以外の疎開荷物は、四十個から二十個としていたのを、同じ四月十四日にこれも五個に減らしてしまった。

果てしのない行列に一晩、そして二晩と並び、それでも疎開荷物を送りだすことができない状態だったのだから、疎開荷物がわずか五個となっても、だれもがしかたがないとあきらめることになった。

伊藤整が四月十八日の日記に書いたとおり、都民にとっての貴重品は、人数分の寝具、当座の衣料、穿きもの、傘、鍋、釜、包丁となってしまったのである。

五月七日、伊藤は荻窪駅へ行った。小口扱いの貨物の申告と持ち込みを受け付けるのは荻窪駅である。小荷物を扱うのは阿佐ヶ谷駅だった。小口貨物と小荷物の双方を利用できないことになっていたから、一世帯三個まで、一個三十キロまでの小荷物のほうを選ぶ考えははじめからなかった。

ところが、駅の窓口で、転出証明書を突き返された。工場の地方疎開に伴って転勤する者でなければだめだと言われた。目の前が真っ暗になった。

マル特にするのがただひとつの逃げ道である。次男の礼がまだ国民学校に在学していることにするのがいちばんだと教えられた。礼は二月末に上諏訪の集団疎開地から帰ってきて、成蹊高校の尋常科に入学の予定だったが、体の弱いかれは家にいた。

知人に頼み、区役所の係の人を紹介してもらい、転出証明書にマル特の判を押してもらったのが五月十三日だった。翌十四日に荻窪駅で乗車票を手に入れた。乗車は五月十七日だった。そこで荷物を荻窪駅に運ぶのは十六日となった。伊藤家は四人だったから、荷物は四個だった。一世帯五個までというのは、世帯が六人以上の場合だった。

あわただしい毎日がつづき、十六日の朝、伊藤は妻と二人の息子を上野駅まで送った。午後三時二十分発の青森行きが疎開専用列車だった。

こうして、家が売れるまで、かれひとり東京に残ることになったのだが、転出証明書にかれの名を載せてしまったから、配給はなにも受けられないことになった。これははじめから覚悟の上だった。

米は一斗二升あり、昨年収穫した籾《もみ》のままのもち米が一斗ほどある。澱粉と豆もある。二カ月のあいだは心配ない。貯えがなくなったころには、畑の馬鈴薯が食べられようし、麦も一斗から二斗は収穫できるだろう。つづいては玉蜀黍、南瓜が食べられる。甘藷、陸稲も収穫できる。醬油は五合あるし、塩は北海道から持って帰ったのが二升ある。炭は六俵、煉炭は三、四十個ある。一人なら冬まで大丈夫だと思い、それを考えることはいささかのスリルがあった。だが、ほんとうはここにそんなに長いあいだいるつもりはなく、一日も早く売ってしまわねばたいへんなことになると思っていたから、持久戦などする考えは毛頭なかった。

伊藤整の家が疎開すると聞いて、近くに住む人たちが知人に貸してもらえまいかと言ってきた。植木屋をやっている農家の吉岡という男が町会で転出を聞いてきたのだがとやって来た。つぎには買い手を連れてきて、六万円ぐらいで買いたいがともちかけた。四月にこの近くの家を五万六千円で買い、この分譲地の住人になったばかりの鈴木という人だ。

そして伊藤が家族を送りだして一週間あとの一昨日の五月二十三日のことになる。

その夜、吉岡は買い手の鈴木暦太郎という男を連れて、もう一度やって来た。髪を短く刈り込んだその太った工場主はてきぱきと話をすすめた。家に風呂、薪、畑の作物、庭木をつけて六万二千円で買おうと言った。話は決まり、六月二十五日に引き渡すことになった。明日午前中に手付金として五万円を届けると鈴木は言った。

そしてかれは部屋の端に積みあげられている本を見まわして、なにを考えてか、本もまとめて買いたいと言った。

一家で北海道に疎開すると決める前から、伊藤はもっとも大切な本と辞書を塩谷村の弟と妻の故郷の野田生《のだおい》に送っていた。一般小包は受け付け停止中だったから、一個一キロ二百グラムまでの書籍小包の四種便を利用した。

大空襲のあとは、この四種便も停止になるので、郵便局にいつも立ち寄らなければならなかった。小さな局では受け付けず、二等局でも文句を言うので、東京駅前の中央郵便局まで行かねばならない。四月三十日に四種便が復活した。つぎの空襲までにできるかぎりの本を送ろうとした。岩波新書なら六冊ほどだが、ふつうの本なら二冊までだ。毎晩荷造りをして、翌朝リュックサックにこれを入れて持っていく。

およそ百冊を送った。五月に入って、南多摩郡の横山村の杉沢のところへトラックの便があり、布団の包みと四箱の本、日露戦争の資料二箱を運んでもらった。それでも五百冊ほどの本が家に残っていた。

鈴木が帰ったあと、伊藤は興奮して眠れなかった。多摩村の桜ヶ丘、それとも南多摩の横山村で送る晴耕雨読の田園生活を思い浮かべた。夢が実現する。やっと眠りに落ちようとしたそのとき、サイレンが聞こえた。ラジオをつけた。こちらへ来ることは間違いなかった。

壁に書かれた不吉な文字が浮かびあがった。やっぱり夢は実現しないのだ。身支度をして肩掛け鞄を手にしたが、どうにでもなれと再び布団にもぐり込んだ。

爆音が聞こえ、高射砲弾が炸裂する乾いた音がつづいた。西の調布周辺にある高射砲陣地からの迎撃だ。やがて音は遠ざかり、また新たな爆音が近づいてきた。半鐘が間をあけずに鳴りつづけ、ぷつりと切れた。続け打ちは退避せよと告げる危急の合図である。高射砲の爆発音が頭上でする。布団を抜けでて、二階に駆けあがった。心臓が喉まで跳ねあがる思いだった。東南方向は一面の火炎が空にひろがっている。南はすぐ近くが燃えている。三キロさきの成城学園だ。東端の初等部の校舎が燃えているようだ。つぎはここがやられると戦慄が走った。

トランク、外套、洋傘、靴を縁側に持ちだし、盥《たらい》とバケツに水を汲み、外へ出た。

西の八王子の方向からつぎつぎと敵機が探照灯に照らされながら頭上を越え、渋谷と思われる火の海のなかへさらに新しい火の粉を撒いている。一機が頭上に迫る直前、火の粉を落とした。落ちながらしだいに流れてこちらに近づいてきた。火の粉の形が大きくなった。ここへ落ちてくるのだと気づいた。長靴のまま家へ駆けあがった。真っ暗ななかでじっと耳をすました。もう落ちてくるころだ。落ちてこない。近くに落ちたにちがいないと思っていると、「焼夷弾落下」と女の金切り声が聞こえた。

表へ飛びでると林の向こうに火焔があがっている。家にひとりだけだから、応援には行けない。つぎにはここへ落ちてくるかもしれない。縁側からトランクを畑へ運んだ。燃えたつ炎で麦畑はほの明るい。米の入っている箱、日記と写真の入っている鞄をつぎつぎと運んだ。邪魔になり、胸を締めつける鞄を肩からはずし、生け垣の根元に置いた。布団をかつぎだし、電気焜炉を持ちだした。蒸しパンをつくるにはこれが欠かせない。

まだ大切なものがあるはずだが、気がせくばかりで考えることができない。精根つきはて、縁側に横になった。荒い息をしながら、もう動けないと思った。

予感どおりになってしまった。これでだめになった。こんな危険な場所にある家を六万円もだして買う者などいるはずがない。

林の向こうの火は下火になった。隣家の花村夫人がやって来た。張りつめていた緊張がゆるんだ彼女が、応援に行った火災現場の話を興奮しながら語っているうちに、彼女の夫も来た。

話をしながらも、伊藤は気が重かった。この売買がだめになったら、ずっと安い値で売るか、それとも貸すことにするか。最後の敵機が頭上を通って行ったのは、午前四時前だった。

朝になって、鈴木に会って昨夜の約束は実行するのですかと聞きたい衝動に駆られ、かれの家の近くまで行った。門内に入る勇気がなく、家に戻った。昼まで寝た。午後、新聞の切り抜きを終えてぼんやりしていると、縁側に鈴木暦太郎が現れた。カネを取りに銀行へ使いをやっている、遅くなって失礼と言い、「昨夜は驚きました。この辺ではじめてだそうですな」と笑いながら語った。解約する気はないようだ。冷静を装い、何時ごろになりましょうと尋ねると、もうすぐ参りますと答え、くるりと背を向け足早に立ち去った。

ほっとした。三月十日の大空襲で、家も、工場も、妻も、子供も失い、自分は川に一晩中つかっていて助かったというあの男は、昨夜の空襲などなんとも思っていないのだ。

一時間ほどして、鈴木が再び来た。百円札三百枚、二百円札百枚の札束は大きな弁当箱ほどあった。手付金を受けとってしまったら、急に気が大きくなった。

それにしても、この家のほかにこの近くの家三軒を買ったあの男はよっぽどこのあたりを安全だと思い込んでいるようだ。明るい性格だが、遠いさきまでのことを考えない人のようだと伊藤は思った。

貞子が心配しているだろうと思い、彼女に宛てて、空襲のこと、家が売れたことを書いた。

そして今日、五月二十五日のことになる。

かれは東京急行の渋谷の事務所に行き、支払いが遅れていた割賦金の七千円を支払い、土地と家屋の名義変更を頼んだ。そのあと新潮社へ行く途中、牛込局で五百円の為替を組み、貞子への手紙に入れた。

夜十時四十分、四十三時間をおいて、再び空襲は東京である。旧市内は火の海となった。周囲もあちこちに火の手が上がっている。南の方では点在する農家が十軒ほど燃えあがり、東の側の八幡山、西の調布と思われるあたりも燃えている。十二時ごろに停電となり、ラジオが聞こえなくなった。

この家が焼けてしまったらどうなるのか。手付金の半額は返さねばならなくなるのか。借金の七千円を支払ったので、四万三千円しか残っていない。四万三千円の大金を風呂敷に包み、腹に巻きつけ、しっかりと結んである。とにかくこの家に火がついたら、なんとしてでも消さねばならない。

隣家の花村夫妻とその娘とともに両家のあいだの畑に立つ。敵機がまっすぐこちらの頭上に向かってくる。ここに焼夷弾が落ちてくるかどうかは、七十度の角度まで来たときにわかる。握っているシャベルに力が入る。焼夷弾を落とすことなく、ほんの数瞬のあいだに敵機は頭上を通りすぎる。筋肉の緊張がゆるむ。それでもまだまだ心配で、庭に立ったまま空を見上げている。(116)

岸信介、新党づくりに失敗

星野直樹は妻を見失ってしまった。そしてどこへも進むことができなくなり、山口邸のコンクリート塀のところへ戻り、これも逃げ場を失った、かれと同年配の男と六メートル四方の防火用の貯水池に身を沈めている。ものすごい風が吹きすさぶなか、真っ赤な燃えさしが頭上をかすめる。コンクリート塀に遮られた火の粉があたり一面に舞い、渦を描いている。

ここにいて大丈夫だろうか。三月十日の未明、火に追われ、二葉国民学校のプールに飛び込んだ数百人が焼け死んだという話を思い浮かべ、深川の川に飛び込み丸太にまたがっていた人が、両岸からの火の輻射熱のために絶えず水をかぶっていたという話を思いだす。前の空き地と背後のコンクリート塀が頼りだと星野は思う。その間にも焼けた葉、焼けた木切れが矢のように飛んできて、水のなかで夢中で頭を動かす。

かれはこのコンクリート塀に囲まれた邸を何度か訪ねたことがある。最後にここへ来た夜のことは忘れることができない。

十カ月前になる。昨年七月十六日の深夜だった。すでに翌十七日の午前一時半になっていた。その数時間前、首相東条、国務相大麻唯男、蔵相石渡荘太郎、そして星野の四人が内閣改造問題の最終討議をした。政府をとりまく状況は悪化し、不穏な情勢となっていた。なにごとも思いどおりにいかないのは、最高責任者の東条と嶋田のせいだと息巻いて自分を納得させることになった海軍省や軍令部の部長や局長、課長たち、マリアナ失陥という思ってもみない事態となり、戦いの将来に不安を抑えきれなくなった人びと、重臣から皇族たちまでが首相兼参謀総長にたいする不満と反感をぶちまけるようになり、感情を高ぶらせた代議士や政治部の記者たちが駆けずりまわり、おずおずとした、ためらいがちな倒閣の動きは、一気に煮えたぎる勢いとなった。

東条がこの危機を内閣改造で乗り切る決意を固めたのは、星野がこの山口邸を訪ねる三日前、七月十三日のことだった。東条は木戸に向かって、内閣に重臣の代表を加え、元首相の米内光政と阿部信行を国務相として、大本営政府連絡会議の構成員とし、首相の軍需相兼任をやめるといった考えを示し、合意を求めた。これにたいして木戸は、陸海軍大臣が総長を兼任するのをやめるようにと要求した。そこで軍機構の改造をまずはおこなうことになった。参謀総長の後任に梅津美治郎を据えることにし、嶋田は軍令部総長の椅子にとどまり、海相に呉鎮守府長官の野村直邦をもってきた。

つづいて内閣改造に取り組むことになり、最初に述べた七月十六日深夜の東条、大麻、石渡、星野の討議となったわけだが、問題は国務相の椅子が四つしかないことだった。

国務大臣の官職が設けられたのは昭和十五年十二月だった。その人数は三人以内と定められていた。昭和十八年に軍需省がつくられたときに、勅令によって国務大臣の人数はもう一人増やされ、大麻唯男、後藤文夫、藤原銀次郎、それに岸信介の四人が国務相となっていた。この枠をさらに増やすための時間的余裕はなかった。藤原に軍需相就任を求めることにし、岸には辞めてもらい、それによって空く二つの椅子に米内と阿部を坐らせることを考えた。

東条と大麻、石渡、星野の協議が終わり、その夜遅く、すでに午前零時半であったが、東条は木戸を訪ねて内閣改造をおこなうと伝え、大麻と石渡は阿部、米内を訪問して入閣を要請し、星野は藤原に会い、つづいて岸を訪ねようとして、この塀に囲まれた邸に来たのだった。

星野は岸に辞表をだしてくれと言った。岸は応じなかった。挙国一致内閣ができるなら自分はよろこんで辞めるが、そうでなければ辞める意思はないと頑張った。

星野や東条が知らなかったことだが、すでに岸には木戸の手がまわっていた。農商務省、つづく商工省で岸は木戸の部下であり、木戸の長州系の中心メンバーだったことは前に述べた[117]。

つづいてこれも前に述べたことを繰り返すことになる。七月十三日に木戸は東条に統帥部確立の要求をだし、東条が示した内閣改造案に曖昧にうなずきはしたものの、すでに東条内閣を支える考えはまったくなかった。十五日、木戸は岸に会った[118]。木戸が会いたいと電話したのであろう。同じ日のことか、倒閣のために駆けずりまわっていた高木惣吉は松平康昌からでも聞いたのであろうが、備忘録につぎのように記した。「木戸は岸に犬死するな（と言った）」[119]

木戸はなにを考えていたのか。反東条の動きがどれもこれもヒステリックな叫びにすぎず、東条を倒しさえすればあとはどうにかなるといった粗雑な主張でしかないことはかれにはわかっていたし、政府と統帥部をまとめていくだけの力を持った人物は東条以外に存在しないとも承知していたはずである。

だが、かれがもうひとつ知っていたことは、あくまで東条を支持すれば、非難と責任追及の怒声が自分に集中することだった。これも前に述べたことを繰り返すことになるが、かれは東条と向こう岸までいっしょに泳ぎ渡れるとはもはや思っていなかったし、東条と心中するつもりもなかった。東条をかれの手で突き放すことができるかどうかに、かれ自身の浮沈がかかっていた。

軍最高幹部の任命に時間がかかってしまい、内閣改造の腹案を東条が木戸に告げてから三日を無為に過ごしてしまったことは、東条にとって、政府側にとって、致命的な失策となった。三日間の余裕は反東条の個々の火点が大火流となるのに充分すぎる時間であった。そして東条の改造案をだれかれにそっと洩らした木戸は、倒閣のシナリオを描きもした。米内の説得は、三年町のかれの家へ押しかけている反東条派の騒々しく血が頭にのぼった連中に任せることにし、かれ自身は岸を使って、内閣不一致で東条内閣を潰そうとした。米内と岸にそれぞれ頑張らせ、俺は入閣しない、俺は閣僚を辞めないと言わせれば、東条の進路を完全にふさぐことができるわけだ。

七月十七日の未明、星野が岸の官邸を訪ね、国務大臣を辞めてくれとどれだけ頼んでも、岸はついにうんと言わなかった。裏切りが平気なら、危険を冒すことも平気なこの野心にあふれる男は、土壇場で東条よりも木戸を選んだのである。

翌七月十八日、精根尽きた東条内閣は総辞職した。それから十日ほどあと、すでに浪人の身となった星野の二番町の家へ武藤富男が訪ねてきた。「岸は先物《さきもの》を買った」と星野は冷たい憤りをぽつりと洩らした。[120]

星野、岸、武藤の三人は満洲国総務庁で同じ釜の飯を食べた仲だった。武藤はなかなかに目先のきく弘報処長だった。星野はそのときに長官だった。かれは自分の右腕にと産業部次長の岸を総務庁の次長にもってきた。星野と岸がいっしょに仕事をしたのは一年間だった。岸が昭和十四年十月に東京へ戻って商工省次官となった。翌十五年七月に星野が東京へ帰り、企画院総裁となった。武藤もまた東京へ戻り、情報局の第一部長となっていた。

先物を買ったとはどういう意味かと重ねて尋ねる武藤に、「東条内閣を岸が潰したことだ」と星野は答えたのだった。

星野は岸が十カ月前にやったことを思いだす。そしてかれの思いは妻のことに戻る。

操は津雲国利の家まで行けたのだろうか。いかに敏捷でも、あの火の壁を突破できまい。私と同じようにこの近くで、貯水池か水槽に漬かっているのだろうか。それとも……。

今夜、岸信介は火のなかをどこへ逃げているのか。

かれは東京にいない。

淀橋区柏木三丁目の邸にいるのは、岸の弟の佐藤栄作の妻と子供たち、岸、佐藤の親類の者たちである。

佐藤栄作は四十四歳になる。兄の信介より二歳下だ。栄作は運輸通信省に勤めている。以前の鉄道省だ。昭和十六年に監督局長になったときには、「三段とびの栄作」と言われて、省内の噂になった。ところが、昨年四月、大阪鉄道局長に左遷されて、省内で再び噂の種になった。大鉄局長は鉄道勤めの終着駅なのである。

栄作は単身赴任である。長男の竜太郎、次男の信二の学校があるから、妻の寛子は東京に残っている。住まいは目黒区の柿ノ木坂だった。

この三月に岸の一家が故郷の山口に疎開することになり、柏木に移ってこないかと言われた。寛子は柏木より柿ノ木坂のほうが安全ではないかと思っていた。昭和十七年四月の東京初空襲のとき、柏木に焼夷弾が落とされ、何軒か焼けたという話をよく覚えていた。だが同じ柏木であっても、広大な岸邸となれば、話はべつかもしれない。邸内は二千坪もあるし、大きな防空壕もある。おまけに家族を疎開させた親類の男たち四、五人が住んでいるから、いざというときには頼りになる。空襲があっても安全だということで、柏木に引っ越すことにした。

さて、今夜である。

竜太郎は中学校から勤労動員で工場に通っていたが、工場が焼けてしまい、一時休暇となった。この機会とばかり、竜太郎は父のいる大阪に行っている。父親が大鉄局長だから切符はわけなく手に入る。信二は集団疎開から帰ってきて、中学生になったばかりだ。

上空をB29がひっきりなしに飛ぶ。西の方角、富士山のほうから飛んでくる。壕に入る。大津正が壕をでて、外の様子を壕内に伝える。まだまだ大丈夫と言っていた大津が「逃げましょう」と叫ぶ。大津は岸の秘書だ。すでに外は真昼のように明るい。火柱がいくつも立っている。

寛子は信二の首に手拭いを巻いた。煙に巻かれたときにガスマスクの代わりとなる。そして防空頭巾の紐をしっかり結びなおす。背中のリュックサック以外なにも持たない。水の入ったバケツを持つ。寛子は空いた右手でしっかり信二の手を握る。「行きましょう」と大津が先頭に立つ。

道路は逃げる人でいっぱいだ。信二の手をいつまでも握っていることはできない。ばらばらになる。大津の姿が見えなくなる。火の粉が体についたのをたたき落とし、物凄い風をよけて頭を下げたりしているうちに、義弟の恒光四郎の姿も見えなくなり、それっきりとなる。

道路の両側の家が燃えている。信二がバケツの水をかぶり、防火用水の水をバケツに汲む。こちらに向かってなにか叫んでいるが、燃え盛る音にかき消されてなにも聞こえない。そして刺激臭の強い煙が周りに立ちこめ、信二が見えなくなり、彼女は咳き込む。

岸信介は柏木の邸にいないと前に言った。

かれは逃げたのか。

かれが東条を裏切り、東条内閣を潰してしまったことで、当然ながら東条が怒り、かれの部下たちが憤慨した。

柏木の岸の大邸宅の表門の前にはボックスが置かれ、憲兵が立ち、出入りする者を調べるようになった(121)。町内では、憲兵は岸さんの邸を警備しているのではなく、監視しているのだ、前軍需次官はなにか悪いことをしたらしいという噂になった。

東京憲兵隊長の四方《しかた》諒二はそんな噂を面白がっていたにちがいない。テロの脅威がある、前国務大臣を危害から守るために護衛憲兵を置くというのが表向きの口上だったが、岸を殺してやると岸の耳に入るように語っていたのが、ほかならぬ四方諒二だったことは前に記した。

むろん、岸は黙ってはいなかった。岸は内大臣の木戸幸一に頼んだのであろう。木戸は陸軍大臣の杉山元に向かって、東条の東京に残っている子分を早く外地へだしてくれと要求することになった。昨年十一月、四方は上海憲兵隊長に飛ばされた。岸はほっとした。門の前のボックスも消えた。

岸は動きだした。かれがやろうとしたこと、生産軍と新政党の構想、そしてその試みが失敗に終わったことについては前に詳しく記したが、(122)もういちど述べよう。

かれは毎日新聞社新館五階の自分の事務所に通い、議員や役人、経営者に会い、柏木の自宅に人を招くようになった。だれもが語るのは、どうにもならない戦いのことにはじまり、小磯総理はしょうがない、これではどうにもならないということだった。

議員のひとりはつぎのように語った。議会の閣僚室に入って、驚いた。閣僚が首相の小磯になんの敬意も払わないのにびっくりした。閣僚たちは首相を軽蔑しているのだ。小磯は曖昧な口のきき方をして、陰謀好き、小細工をするが、いよいよとなれば俺はなにも知らないと逃げ、自分で責任をとろうとしない。これでは尊敬されるはずがない。

だれもが小磯はだめだと口をそろえた。小磯にとって、気の毒なところもあった。昨年十月の台湾沖航空戦の大勝利は戦局を大きく変えるのではないかとだれもが思った。ところが、二十日たち一カ月たち、巻き返しもなければ戦線の安定もなかった。戦いは相変わらず押されっぱなしだった。閣僚をはじめ国民のいらだちは小磯に向けられることになった。

それだけではなかった。東条英機に反対した人びとは、東条を排除したからといってアメリカと和平交渉ができると思っていなかった。ルーズベルトは日本にたいして無条件降伏を要求していたからである。そこでモスクワを仲介役にできないか、重慶政府と話し合いはできないか、延安政府を利用できないかとだれもが説くことになった。ところが、いよいよやろうというときになって、外務省の首脳がもたもたし、陸軍の幹部が怖じ気づき、きまってやめようということになり、そのあげくなにもできないことから、首相はだらしがないと人びとが言うことになったのだった。

今年の一月になって、強力な政治力を発揮しなければならない、強力な政党をつくらねばならない、強固な国民組織をつくらねばならないと議員たちが言い、新聞の論説委員が社説に書くようになった。そして大政翼賛会の再編成、翼賛政治会の解体が論じられるようになった。じつはこれらは岸信介が最初に言いだし、かれが動きだしてはじまったことだった。

そこで、岸の動きについて、さまざまな情報が内務省警保局、あるいは首相小磯の私的情報組織、陸軍省軍務課、政治部の新聞記者の耳に入るようになった。

決起大会を帝国ホテルで開いた。[123]岸は鮎川義介、久原房之助、松岡洋右の支持を集め、寺内寿一内閣をつくり、岸自身は副首相になって、実権を握る算段のようだ。

岸は松岡洋右内閣を樹立しようとして、新党をつくる計画だ。でてくる名前はいずれも長州系である。

だが、松岡洋右は体が悪い。岸は本気で松岡を担ぐつもりなのか。

寺内寿一はどうか。かれについて述べておこう。

寺内は南方軍総司令官だ。昨年十一月にマニラからサイゴンに移った。六十六歳になる。昨年七月十八日の後継首相を選ぶ重臣会議で、若槻礼次郎、平沼騏一郎、米内光政、広田弘毅、阿部信行の五人が一位に推したのが寺内寿一だった。木戸が望んだのも寺内だった。残る三人はなにも言わなかった。間違いなく寺内が首相になると思えた。前もっての木戸の根回しが成功したかに見えた。ところが、そのときまだ参謀総長だった東条が天皇に向かって、第一線の総司令官を一日たりともあけるわけにいかないと反対した。東条は自分を裏切った木戸に一矢報いたのだ。おまけに、かれは寺内と犬猿の仲でもあった。こうして二位の小磯が首相になったのだった。

岸信介の名前を中心にして、次期総理に松岡、寺内といった長州人の名前が取り沙汰される情報を読んだり、耳にした人びとは、岸の背後には内大臣の木戸幸一がいるのだとうなずくことになった。

報告書には、長州人でない人びとの名前も載るようになった。

岸の邸に市川清敏、迫水久常《さこみずひさつね》、美濃部洋次が集まったという情報が流れた。菅太郎のグループとも協議をしたという噂も語られた。いずれも、岸が商工省の次官、そして大臣だった時代の各省の俊英であり、活動家だった。岸はかれらから高く買われていた。

そして議会内の岸の仲間たちが多数派工作をはじめていると、議員たちが語りはじめた。

なにが岸内閣だ、お笑い種《ぐさ》だと陸軍が言っているという噂もひろがった。岸は引っ張られると陸軍理事官の依光《よりみつ》好秋が語ったという話は、たちまちのうちに予算委員会の全員が知った。依光は衆議院における陸軍の代理人である。

津雲国利が語ったところの、岸は危ない、陸軍は岸が関係した北千島硫黄の疑獄事件を暴露するつもりでいるという情報も流れた。津雲が東条・星野ラインの議会における代表であったことは前に述べた。

いや、津雲国利の一派と岸のグループは急接近しているらしいという話も語られた。陸軍首脳陣は岸を嫌っていない、東条子飼いの軍務課長、赤松貞雄とかれの部下たちが打倒岸に執念を燃やしているだけだという話もつぎつぎと語り継がれた。

木戸内府は岸のやろうとしていることを了解していないと内大臣秘書官長の松平康昌が語ったと政治部の記者が喋ってまわれば、内大臣はすべてを了承していると岸派の議員が語ったという話がそのあとを追った。

そして岸派が翼賛政治会に揺さぶりをかけ、解体をねらい、強力な新党をつくろうとすれば、岸勢力の野党的色彩の強さを警戒する政府幹部は与党議員の動揺を抑え、引き締めに懸命となり、岸の向こうを張り、新しい政党をつくることに発展した。岸は「煙突男」にすぎないと攻撃、嘲笑する与党の幹部もいた。

二月中旬、与党幹部議員の松村謙三が本間雅晴に向かって、「岸信介は焦っている。二十人で終わるだろう」と語った。本間は小磯国昭の私的な情報収集組織を主宰していた。

そのとおりになった。六十人を結集し、つづいて与党を分裂させるという岸の計画は破綻した。かれの集まり、護国同志会は三十人で終わった。

山口で新組織をつくろうとするが

三月三十日、翼賛政治会を名称変えした大日本政治会は、三百五十三人の衆議院議員を集めて結成式を挙げた。

総裁には南次郎が就任した。

南は七十歳になる。陸軍大臣をやったことがある。昭和十一年に予備役となった。朝鮮総督をやり、枢密顧問官をつづけてきた。前の翼賛政治会は海軍提督の小林躋造《せいぞう》が総裁だったことから、今度は陸軍からということで、小磯国昭と陸軍首脳から推されて、南の登場となったのである。

大日本政治会結成式の翌日の三月三十一日、面白いことが起きた。南次郎の使者として三好英之が岸を訪ねてきた。岸に大日本政治会の幹事長をやってもらいたい、一切は岸に任せるという伝言だった。

三好は岸の協力者である。岸が商工大臣だったときから、商工省委員会に所属していた衆議院議員の三好とずっと親しくしてきたことは前に語った。そこで、岸の失敗に終わった政治構想のことに戻れば、三好が翼賛政治会の幹部であることから、自分が六十人を結集できれば、必ずや道が開ける、三好の勢力と大連合すればよいし、それができると考えていたのであろう。

すべては思いどおりにいかなかったが、敗者復活のチャンスがめぐってきたと岸は思ったにちがいない。かれは南の申し出を受けたかったのであろう。だが、護国同志会のメンバーはいずれも反対した。野党にとどまるべきだと説いた。

それから数日あと、護国同志会の幹部たち、船田中《なか》、赤城宗徳、井野碩哉《ひろや》らは、しまったと歯噛みしたはずだった。四月五日、小磯内閣が突然に総辞職した。岸が幹事長になっていれば、新内閣の重要ポストを護国同志会が握ることができたのだとそのときになって気づき、かれらは地団駄を踏んだのである。

ここで、ある疑問を語らねばなるまい。

小磯内閣を倒したのは、前に何度も述べたとおり木戸である。(124)かれは三月二十六日に決意した。それより二日前に、小磯が天皇に向かって、内大臣を批判し、更迭すべきだと言上したと知ってのことだった。早くも四月三日にチャンスがやってきた。繆斌《ミヨウヒン》問題を利用することにした。天皇の口から、閣内不統一の事実を小磯に突きつけることでかれを叩きだすことができる。そのとおりにやった。

ところで、この同じとき、木戸は内務省警保局から、また秘書官長の松平康昌から、新聞記者から、何本ものルートから、新しい与党の党首となった南次郎が党の幹事長に岸を望んでいるということを聞き知ったはずであった。

木戸は岸の新党運動にはじめからある期待をかけていたことは間違いない。木戸は、小磯を逐《お》う決意を固めていなかったときでも、小磯のあとの内閣はどうしてでも戦争終結にもっていく政権でなければならないと思い、そのときに必要となるのは岸だと思ったはずだからである。

岸が戦争をやめねばならないと言ったか、言わなかったかというようなこと、あるいは、かれのもとに集まっている連中が徹底抗戦派であるといったことは障害にはならないし、さほど重要なことではないと木戸は思っていたにちがいない。明治維新を完遂したのは、最高国策を素早く変える戦略眼をもった長州の指導者だった。どのようにして国を救うかというときに必要となるのは、決断ができ、ごたごた言う連中を抑え込むことができ、辣腕を振るえる男である。

長州出身者の面々のなかで、岸しかいないと木戸はずっと考えていたのであろう。長州以外の世界を見渡しても同じと思ったにちがいない。

木戸が小磯を辞任に追い込む手筈を整えたとき、かれはすぐに岸を招き、どうあっても大日本政治会の幹事長になるようにと説くべきであった。なぜ、岸に会おうとしなかったのか。

木戸幸一はどう考えていたのであろう。

東条を倒すのに、内府は岸の力を借りたと言われた。今回、小磯内閣の退陣は内府がやったことだとは小磯は言わないだろうから、(125)かれが喋らなければ、まずだれにも勘づかれまい。だが、岸が大日本政治会の幹事長に復活してみせ、その直後に小磯内閣の総辞職となれば、岸と内府との親密な関係から倒閣は岸が関与したことだ、そうか、また も内府と岸の合作なのだと言われかねない。

そして、自分で小磯を選んでおきながら、都合が悪くなれば自分の手で突き落としたと非難され、東条英機を首相にしたのも木戸だった、そして東条の足をすくったのも木戸だったとあらためて過去をほじくりかえされることになるだろう。

岸信介が登場しさえしなければ、新聞記者も、議員も、重臣たちも、小磯の退陣は私が仕組んだこととは気づかないだろう。小磯は陸軍大臣の杉山と争って思うようにいかず、内閣を投げだしたのだとだれもが思うだろう。そう思わせておかねばならない。

木戸はこのように思案をめぐらしたからこそ、幹事長になるべきかどうかと迷っている岸に向かって、小磯内閣は向こう数日のうちに倒れるという重大な情報を教えなかったのであろう。

岸信介は木戸幸一に裏切られた。

岸は護国同志会のお山の大将になるつもりはなかった。少数政党の独立を維持することに汲々とし、異見と抗議の党を率いてもしょうがないと思ったのであろう。かれは昭和十八年に新設の軍需省の事務次官となったとき、衆議院議員の議席を失っていた。船田中、赤城宗徳、井野碩哉に護国同志会を任せ、かれは故郷に帰ることにした。

じつは妻と娘の洋子は三月にかれの実家の熊毛郡田布施《たぶせ》に疎開していた。洋子は白百合高女に通い、日本橋の落下傘製造工場で働いていたが、現在は山口銀行の田布施支店に通うようになっている。

岸は山口に戻るにあたって、木戸に挨拶しなかった。木戸幸一に怒りを抱いていたことは間違いない。もっとも肝心なときに、もっとも肝心なことを、内大臣は私に告げようとしなかった。

岸は故郷でのんびりと過ごし、毎日、碁を打っているのか。とんでもない。一からやり直す決意だ。中安閑一《なかやすかんいち》、土屋基雄、厚東《こうとう》常吉らと話し合った。

中安は山口県下に大きな影響力を持つ宇部興産の専務であり、第一の実力者だ。中学時代から岸の友人だ。

中安が石炭液化装置に不可欠な反応筒をクルップ工場で見たことは前に記した[126]。かれがはっきり覚えていることがある。朝鮮セメントの経営で命をちぢめる苦労からやっと脱した昭和十六年のことだ。十二月八日、上京していたかれは商工省の大臣室で岸に会った。「とうとう、やったなあ」と言った。「始めたよ。仕方がなかった」と岸が答えたのだった[127]。

土屋基雄と厚東常吉は山口の地方政治家だ。昭和十七年に岸が山口二区から出馬したとき、かれの選挙をとりしきったのがこの二人だった。厚東は六十歳、県議会議長である。土屋は五十四歳、三十代で県議会議長をやったことがあり、厚東とともに山口政界の最大の実力者である。

岸はかれらに向かって、空襲が激化し、鉄道が寸断される、やがてそれぞれの地方だけでやっていかねばならなくなる、役所に任せておくわけにはいかなくなる、地方の指導者が立ちあがらねばならない事態になっていると説いた。だれもが協力すると言った。

つづいて岸は宇部、下関、その他の町をまわり演説会を開いた。警察が慌てた。大政翼賛会が解散したあとには、国民義勇隊が組織されることになっている。国民義勇隊との関連ははっきりしないながら、大日本政治会の支部も設置の予定だ。岸の私党を認めることはできなかった。岸の集まりの出席者に圧力をかけはじめた。

岸は黙っていなかった。内務大臣の安倍源基（げんき）に電話をかけた。妨害をやめさせてくれと言った。山口中学で岸の後輩であり、長州系の一員でもある安倍は困惑したにちがいない。それでも、知事の上田誠一に電話をし、手加減せよと命じた。

次官と警保局長はつぎのように語り合ったのであろう。あの実力者を野に放しておくのはまずい。今月末か来月はじめには、地方総監府をつくり、地方総監を任命しなければならなくなる。かれを山口から引き離し、北海道か東北、それとも中国の地方総監にすべきだ。

山口では、防長尊攘同志会の結成大会となった。防は周防《すおう》、長は長門、二藩を合わせて山口県であるところから、防長という。五月十日を選んだのは、防長人にとって大きな意味があった。

防長回天史の記念すべき日だった。攘夷決行の期日を迎え、最初に外国船に砲撃をおこない、対外戦の火蓋を切ったのがこの日だった。

山口公会堂で岸はどんな演説をしたのであろうか。つぎのように話したにきまっていた。馬関海峡でアメリカの船に第一弾を放ったのは、庚申《こうしん》丸に乗り込んだ久坂玄瑞《げんずい》が率いる一隊だった。「竟《つい》に諸侯恃《たの》むに足らず、公卿恃むに足らず、草莽《そうもう》志士の糾合義挙の外にはとても策之れ無きこと」と説いた玄瑞の言葉を、岸がゆっくりと語って、席を埋める人びとの顔をぐるっと見回したとき、堂内の拍手の波音は外まで聞こえたにちがいなかった。

今夜、岸信介はどこにいるのか。

田布施の家に戻っているのではないか。

昨夜は空襲警報がでた。敵は深夜、関門海峡に機雷を投下している。この五月に入って六回目になる。日本を大陸から切断しようとしている。今夜は来ないようだ。ラジオは東京の空襲を告げている。

柏木の家にいる者はどうしているだろうと岸は思っているのかもしれない。

そして、かれは眠れないままに考えるのは、山口ではじめる「草莽志士の糾合義挙」はどれだけの力になるのかということであろう。

会合を開き、大会を開いてかれがはっきり気づいたことは、町にも村にも若い者、壮年者がいないことであったにちがいない。三年前の総選挙のときとはまったくちがった。壮年団や在郷軍人会の三十代の男たちはいない。もちろん、青年団もとっくになくなっている。熱狂の渦に巻き込まれるといった感じの昭和十七年の総選挙に挺身した人びとはどこにもいない。防長尊攘同志会の結成大会に集まった人びとのあいだに、三年前のあの持続する熱気はないのだ。

そして、かれはつぎのように考えるはずだ。国民義勇隊ができれば、かれがつくろうとしている組織は消えてしまうだろう。ところで、国民義勇隊は各地で発足、編成されようとしているが、これは、かれがこの一月から二月に唱えた生産軍と同じ性格のものとなるのか。生産軍は生産システムを活性化しようとするものだった(128)。それからわずか三カ月あと、現在つくられる国民義勇隊は軍の補助部隊となるしかない。

そんな具合に考えてくれれば、この戦争をいつまでつづけることができるのか、どうやって終わりにしたらいいのかをかれは考えることになる。つづいては、自分の運命に思いをはせることになるのではないか。

用賀の東条英機の家にも焼夷弾が落ちた

今夜、東条英機はどうしているのだろう。

昨年七月に退陣してから、東条は玉川用賀の家に住んでいる。

佐藤栄作の長男が「すごい」とびつくりした柏木の伯父の「御殿のような」家は邸《やしき》と呼ばねばならないだろうが、東条の用賀の家を邸と呼ぶ必要はあるまい。家族が多いにもかかわらず、六畳、六畳、十畳、そして客が来たときに通す部屋がないということでつくった八畳の洋間があるだけだ。

ところが、昨十九年になって、近衛のグループと霞ヶ関の海軍幹部が東条を非難するようになって、東条の豪邸新築の話がひろまるようになった。前に語ったことを繰り返そう。

そんな話を聞かされた東条と陸軍士官学校同期の将官が東条の家を訪ねて、狐につままれた思いとなった。それでも、あとで言った。「家は貧弱だが、庭はたいしたものだ。三千坪はある。世間で騒ぐのも一理ある」

東条の家に隣接した松林を東条の所有地と思いちがいしたのである。隣の鍋島直庸《なおつね》子爵の邸を東条の家と間違える者もいた。東条の家ではないと知りながら、鍋島子爵の邸を撮った写真を議会でばらまく者もいた。

鍋島子爵は肥前小城藩の殿様の家柄だ。当主の鍋島直庸は六十六歳になる。

首相だった当時、東条はこの小さな家に日曜日に行くのが、ただひとつの息抜きだった。だが、雑事があって、なかなかゆっくりできなかった。そして夕刻には、必ず官邸に戻った。

隣町の新町に住む志賀直哉の家の茶の間でも、東条首相の豪邸新築の噂は話題になり、三菱に建てさせたのだそうだと話はつづいて、直哉と娘たちはひとしきり憤慨したものだった。

直哉は東条に親しみを感じたことがなく、好意を持っていなかった。それも当然で、東条についての話は、妹のつれあいで、貴族院勅選議員の松村義一や近衛のとりまきから聞かされ、東条の政策とそのやり方についての悪口雑言ばかりだったからである。そして毎日の生活がひどい状態になり、東京が廃墟に変わろうとする昨今となれば、あの眼鏡の玉を光らせた男が国を戦争に突入させた疫病神だと思うようになっているのである。

東条の家は、直哉の家と同じように女性ばかりである。長男の英雄は鴨緑江《おうりよつこう》発電、次男の輝男は三菱重工業の名古屋航空機製作所に勤め、三男の敏夫は陸軍士官学校に在学している。用賀の家にいるのは東条夫婦と四人の娘たちだ。長女の光枝がいる。次女の満喜枝とその子供がいる。彼女の夫の古賀秀正は近衛師団の司令部に泊まり込んでいる。少佐だ。十四歳の幸枝と十三歳の君枝は櫻町高女に通っている。

櫻町高女は東条の家から大根畑のつづくすぐさきにある。学校は陸軍衛生材料廠の下請工場となり、一千人を超す女生徒たちが学校内で働いている。親は娘たちが三鷹や川崎の危険な工場に通わないで済むことで喜んでいる。

鋳型からとりだした鋏の素材にやすりをかける仕事があり、アンプルにラベルを貼る作業がある。多くの女生徒は白衣の仕立てをやっている。ミシンの数が足りず、手縫いだ。はじめは真っ白なキャラコだったのが、いつしか黄ばんだ粗い布地に変わった。桑の皮の繊維だ。縫うのはやさしいが、穴かがりが面倒だ。

一部の生徒たちが特攻隊員の圧縮食糧の詰め合わせの作業をしたときには、みんなが羨やんだ。そして上級生には宿直がある。当番は五月になって一カ月に二度まわってくる。教室のひとつに畳を敷きつめ、彼女たちはそこに雑魚寝する。

今夜も二十人の女生徒が当番だ。空襲のサイレンが鳴った。校長の中路正義が学校へ駆けつけた。今年に入ってから、かれは向島から新町へ引っ越してきた。B29の爆音が真上で響き、大量の砂利が落ちて来るような音がして、壕の入口が明るくなった。校庭から畑のいたるところに炎があがっている。そこここに焼夷弾が突き刺さり、燃えている。ほうっておいてかまわない。女生徒たちは手分けをして南校舎と北校舎の二階に駆けあがり、暗闇の廊下を走った。どこも真っ暗だ。火の手があがったのは校庭の隅にある農具小屋だ。これを消し止めた。

女生徒の半分は八幡山へ向かう。東条の家と松林がある亀の背のような小さな丘は八幡山と呼ばれている。櫻町高女にとって東条家は隣組だ。前に触れたとおり、首相を辞任したあと、東条一家は八幡山へ移ってきた。新聞の写真やニュース映画で馴染み深い首相は、櫻町高女の学校工場を視察に来たことがあり、女生徒たちは前首相に親しみを抱いている。娘たちの弁当を届けに小使室に来る女性が勝子夫人であることを彼女たちは知っている。そして現在、八幡山の畑で土を掘りかえしている人が元首相であることも承知している。昨日まで国じゅうの関心と人気を一身に集めた人物が朝から畑に出て草むしりをしていることに、彼女たちはなぜなのかと腑に落ちない。

元首相の東条は陸軍を代表する重臣だが、すでに陸軍にはなんの影響力も持っていない。終身現役の元帥でもないかぎり、軍人は現役を退いたら古巣になんの力もない。政界にも力はなく、かれは一介の市民にすぎない。

もっとも、かれは一度、政界復帰というより、権力奪回を考えたことがある。岸信介が動きだそうとする前のことだった。台湾沖航空戦の大勝利とはいったいなんだったのだろうとだれもが思い、小磯首相の無力な指導力に失望がひろがりはじめたときだった。

東条は腹心の軍務課長赤松貞雄を呼んだ。私が復帰する以外にないと思うと語り、宮廷、陸軍、議会に打診するようにと命じた。政界の実力者、枢密顧問官の伊沢多喜男、そして山中湖畔に疎開している徳富蘇《そ》峰《ほう》の考えを聞いてくるようにと命じたのかもしれない。

かれ自身は、まずドイツ駐日大使と会った。だが、国際関係の問題に月並みな関心と理解を持つだけのそのドイツ人の無駄話にかれは失望した。失望はそれにとどまらなかった。

赤松は親しくしていた内大臣書記官長松平康昌に[129]、第二次東条内閣の可能性を尋ねた。まったく見込みはないという返事だった[130]。赤松はかつて東条首相に協力した大麻唯男や前田米蔵といった議会の指導者をつづけて訪ねる気力を失ったのではないか。

東条は再起を断念した。

今夜のことになる。東条家では、家のなかに三発の焼夷弾が落ちたが、家族の手で消した。屋根にひっかかった焼夷弾が燃えはじめた。東条の護衛憲兵が屋根にのぼった。駆けつけた女生徒たちがバケツ・リレーをした。

少し離れた邸が盛大に燃えているが、ここまで延焼する心配はない。学校は無事だったし、東条家の火も消し止め、一棟を焼いただけに終わった。彼女たちはすばらしい仕事をやったと鼻が高い。

東条夫人に丁寧に礼を言われ、彼女たちは学校へ帰ろうとして、激しく燃え盛るそこここの火の手を眺め、異様な朝焼けのような真っ赤に映える空を仰ぎ、東条家の向かいの家では人が爆死したらしいとだれかが口にするのを聞いたとき、突然にわが家はどうなっているのだろうという不安が彼女たちの胸に湧いた。

学校に戻っていく少女たちを見送り、焼けている都心の赤い空を見ながら、東条はなにを考えているのであろう。

首相兼陸相だったときに、かれは「なんとしても戦局の永続を願わねばならぬ」と統帥部の幹部に向かって言い、すべての資源を投じる決戦に反対をつづけた。それは、六カ月にわたるガダルカナルを失うまでの戦いで、二万五千人の兵士、五百機の航空機、戦艦から駆逐艦まで二十四隻、そして百三十隻、六十万総トンの輸送船を失ってしまい、決戦をつづけようとするかぎり、このような膨大な犠牲をこのさきも覚悟しなければならないのだと気づき、自分のはじめてしまった戦いの現実をはっきり知ってからのかれの変わらぬ戦略原則となった。

「戦局の永続」を図り、そのあいだに航空機の年産を五万機にしようとした。だが、マーシャル群島がたちまちのうちに敵の手に落ち、つづいて、かれが定めた「絶対国防圏」という名の防衛ライン内の要衝、マリアナ諸島が奪われ、航空機の増産も思いどおりにいかないまま内閣総辞職となった。

「戦局の永続」を願ったのは、後継内閣も同じだった。航空戦力を増強できる見込みはいよいよなかったから、前にも見てきたとおり、米ソの裂け目がひろがることに期待をかけ、ソ連との外交交渉に希望をつないだのだった。東条が考えることも同じとなった。

二月二十六日に天皇に上奏してから三カ月がたつ。これも前に述べたことだが、そのとき東条は一時間の奏上のあいだに、四月二十五日という日付を十数回繰り返した。日ソ中立条約の廃棄か延長かを予告する期限が四月二十五日であることと、サンフランシスコ会議の開幕日が同じ日であることは、偶然の一致ではないとかれは思い込んだ。

東条がそのように上奏する前の十日間、アメリカ政府がサンフランシスコ会議の開催を発表した直後の二月の中旬のことになるが、ペルー、チリ、ベネズエラ、エクアドル、ウルグアイ、トルコ、エジプトが、たてつづけに日本とドイツに宣戦を布告した。これら中立国にアメリカの圧力があったことは明白だった。

アメリカはソ連にたいしても対日宣戦を促しているのだと東条は考えた。ソ連は日ソ中立条約の延長に踏み切り、サンフランシスコ会議には出席せず、ソ連とアメリカとの対立は決定的となるのではないかとかれは予想した。

そして、上奏をした二月二十六日、東条はまだ「戦局の永続」を図ることができると考えていた。二カ月さきの四月二十五日までは「戦局の永続」は可能だと思った。そして、その日まで持ちこたえることができさえすれば、連合国は分裂し、日本はソ連とある合意ができ、ソ連の協力を得ることができるようになるとかれは考えた。いったい、ソ連の協力が得られるとして、どのようにしてアメリカの攻撃を阻止できるのか。かれは漠然とスターリンが戦争終結の仲介をしてくれると想像するだけだったのであろう。

だが、その上奏から三カ月のあいだに、すべてがとてつもなく大きく変わった。四月二十五日を待たず、ソ連は日ソ中立条約の延長をしないと告げてきた。ソ連はサンフランシスコ会議に代表を派遣した。B29の空襲といっても、たかがしれている、五日から七日の間隔をおいて百機が来るだけにすぎないと東条は二月二十六日に天皇に言上したのだが、現在は五十時間足らずの間隔をおくだけで二百五十機が襲来している。もっとも、これは大本営の発表数字であり、東条は知っているのかどうか、実際にはその倍の五百機の敵機が来襲してくる。そして沖縄に敵は上陸してしまい、まもなく九州が戦場となる。

「戦局の永続」を願うことはもはやできない。時間と交換できる空間はもはやない。空間と時間の双方を使いはたしてしまった。どうしたらよいのであろう。東条はどう考えるのか。

（第7巻、了）

引用出典及び註

(1)　特に重要と思われるものについてのみ出典を明記した。
(2)　引用中の旧仮名は新仮名に改めた。また読みやすさを考慮し、表記を改めたり、言葉を補ったりした場合がある。
(3)　「木戸幸一日記」「天羽英二日記」等、文中にて出典がわかるものは、特に出典を明記しなかった場合がある。
(4)　同一資料が二度以上出てくる場合は、発行所及び発行年度は初出時に記載するにとどめた。

第21章　「一体此戦争ノ終末ヲ何レニ帰着セントスルヤ」

(1)「三田村鳶魚全集　27巻」中央公論社　昭和五二年　三一七頁
(2)重光葵「重光葵手記」中央公論社　昭和六一年　四四三頁
(3)東郷茂彦「祖父東郷茂徳の生涯」文藝春秋　平成五年　三三五頁
(4)清沢洌「暗黒日記　昭和17年12月9日―昭和20年5月5日」評論社　昭和五四年　六八一頁
(5)トリアッティのイタリア帰国については、「昭和二十年　第2巻」二三九頁を見よ。
(6)守島康彦編「昭和の動乱と守島伍郎の生涯」葦書房　昭和六〇年　一九五頁
(7)前芝確三　奈良本辰也「体験的昭和史」雄渾社　昭和四三年　二九〇―二九一頁
(8)ジョナサン・ハスラム〈ソ連の対日外交と参戦〉「太平洋戦争の終結」柏書房　平成九年　九〇頁
(9)河辺虎四郎「市ヶ谷台から市ヶ谷台へ」時事通信社　昭和三七年　二三四頁

(10) 新関欽哉「第二次大戦下ベルリン最後の日　ある外交官の記録」日本放送出版協会　昭和六三年　一四五頁
(11) 西原征夫「全記録ハルビン特務機関——関東軍情報部の軌跡」毎日新聞社　昭和五五年　一四五頁
(12) 池田純久「陸軍葬儀委員長」日本出版協同株式会社　昭和二八年　八一頁
(13) 西原征夫「全記録ハルビン特務機関」一四六頁
(14) アルヴィン・D・クックス「ノモンハン　草原の日ソ戦　一九三七　上」朝日新聞社　平成一年　四二〇頁
(15)「社史住友電気工業株式会社」住友電気工業株式会社　昭和三六年　九一二頁
(16)「合同酒精史」合同酒精株式会社　昭和四五年　四一二頁
(17) 小林節太郎「私の履歴書」日本経済新聞社　昭和五二年　六七頁
(18)「朝鮮交通回顧録　工作・電気編」鮮交会　昭和四六年　一〇二頁
(19) 防衛庁防衛研修所戦史室「戦史叢書　大本営陸軍部⑽」朝雲新聞社　昭和五〇年　一八一頁
(20)「昭和二十年　第2巻」四五頁
「昭和二十年　第4巻」三一八頁
(21) 韓愈の「進学解」の原文はつぎの通りである。「命與仇謀　取敗幾時」
(22)「大本営陸軍部戦争指導班　機密戦争日誌　下」防衛研究所図書館所蔵　錦正社　平成一〇年　六九九頁
(23)「海軍航空年表」海軍航空外史刊行会　原書房　昭和五七年　一二九頁
(24) 読売新聞社編「昭和史の天皇　7」読売新聞社　昭和四四年　二八二―二八三頁
(25)「日魯漁業経営史1」日魯漁業株式会社　昭和四六年　四二五頁

(26)「大本営陸軍部戦争指導班　機密戦争日誌　下」七一五頁
(27)〈岡田啓介秘話〉「毎日新聞」昭和二五年一〇月九日
(28)横山一郎「海へ帰る　横山一郎海軍少将回想録」原書房　昭和五五年　一八八頁
(29)「昭和二十年　第6巻」九四頁
(30)E・M・ザカリアス　日刊労働通信社訳「日本との秘密戦」朝日ソノラマ　昭和六〇年　二〇頁
(31)「日本との秘密戦」三〇一頁
(32)「昭和二十年　第2巻」六五頁
(33)「阿南惟幾陸軍大臣日記」（昭和二〇年四月〜八月）五月一二日付
(34)「昭和二十年　第1巻」三五五頁
(35)高木惣吉「高木海軍少将覚え書」毎日新聞社　昭和五四年　二三〇—二三一頁
(36)清沢洌「暗黒日記」六一二頁
(37)「戦史叢書　大本営陸軍部(10)」二二二頁
(38)「昭和二十年　第3巻」四七頁
(39)「三田村鳶魚全集　27巻」三二二頁
(40)「新宿区教育百年史」東京都新宿区教育委員会　昭和五一年　五二二頁
(41)斎藤茂太〈私の履歴書〉「日本経済新聞」平成七年一二月一九日
(42)「阿南惟幾陸軍大臣日記」四月一三日付
(43)「三田村鳶魚全集　27巻」三一七頁
(44)〈小林光次郎証券史談〉「戦後証券史を語る　上」日本証券経済研究所　昭和五九年　五六頁
(45)「昭和二十年　第4巻」一八六頁

(46)「富士銀行七十年誌」富士銀行　昭和二七年　一六六頁
(47)「大和証券60年史」大和証券株式会社　昭和三八年　一九二頁
(48)「松竹百年史　演劇資料」松竹株式会社　平成八年　七一〇頁
(49)「松竹百年史　本史」松竹株式会社　平成八年　二四七頁
(50)「昭和二十年　第2巻」二七三―二七六頁
(51)三島由紀夫「芝居日記」中央公論社　平成三年　八〇頁
(52)「放送50年史」日本放送協会　昭和五二年　一六四頁
(53)田中純一郎「大谷竹次郎」時事通信社　昭和三六年　二二一頁
(54)「昭和二十年　第6巻」八一頁
(55)「植草甚一スクラップ・ブック39　植草甚一日記」晶文社　昭和五五年　六二―六三頁
(56)中島親孝氏からの直話。なお中島氏については、「昭和二十年　第6巻」二〇四頁に記述あり。
(57)中島親孝「聯合艦隊作戦室から見た太平洋戦争」光人社　昭和六三年　二六〇頁
(58)中牟田研市「情報士官の回想」朝日ソノラマ　昭和六〇年　二二七頁
(59)寺田貞治〈日吉台地下壕〉「武蔵野」平成九年八月　武蔵野文化協会　三四―三五頁
(60)高橋亀吉「大正昭和財界変動史　下巻」東洋経済新報社　昭和三〇年　一八九三頁
(61)安村太郎「三田村玄龍先生の印象」掲載誌失念　二〇四頁
(62)「三田村鳶魚全集　27巻」三二六頁

第22章　市街地爆撃、火から逃れて、火と闘って

(1)中山定義「一海軍士官の回想　開戦前夜から終戦まで」毎日新聞社　昭和五六年　一一頁

(2) 巌谷二三男「中攻」原書房　昭和五一年　一四七頁
(3) 防衛庁防衛研修所戦史室「戦史叢書　海軍航空概史」朝雲新聞社　昭和五一年　一二〇頁
(4) カーユス・ベッカー　松谷健二訳「攻撃高度4000ドイツ空軍戦闘記録」フジ出版社　昭和四九年　二三一頁
(5) リデル・ハート　上村達雄訳「第二次大戦」フジ出版社　昭和五三年　一三〇頁
(6) フリーマン・ダイソン　鎮目恭夫訳「宇宙をかき乱すべきか――ダイソン自伝」ダイヤモンド社　昭和五七年　四〇頁
(7)「戦史叢書　大本営海軍部・連合艦隊(5)」二九四頁
(8) 鳥居民「横浜山手」草思社　昭和五二年　二三六頁
(9)「新北海道史　第五巻」北海道庁　昭和五〇年　一三五八頁
(10)「東京朝日新聞」昭和一五年一月一六日
(11)「東京朝日新聞」昭和一五年六月二二日
(12) 三菱地所株式会社社史編纂室「丸の内百年の歩み」三菱地所株式会社　平成五年　四八八頁
(13) E・バートレット・カー　大谷勲訳「戦略東京大空襲　一九四五年三月十日の真実」光人社　平成六年　三〇頁
(14)「焼夷弾」大日本防空協会　昭和一六年　一二〜一三頁
(15)「戦史叢書　大本営陸軍部・大東亜戦争開戦経緯(5)」五一五頁
(16)「矢部貞治日記　銀杏の巻」読売新聞社　昭和四九年　四八一頁
(17)「天羽英二日記・資料集第四巻」天羽英二日記・資料集刊行会　昭和五七年　二七八頁
(18) 篠原一ほか編「岡義武　ロンドン日記　1936―1937」岩波書店　平成九年　三〇〇頁
(19) 林三郎「関東軍と極東ソ連軍」芙蓉書房　昭和四九年　二二四頁

(20) 伊藤隆ほか編「東條内閣総理大臣機密記録」東京大学出版会　平成二年　一八三頁
(21) 伊藤整「太平洋戦争日記（一）」新潮社　昭和五八年　三五二頁
(22)「帝都防空学校教育資料　隣組防空群指導要領」帝都防空学校　警視庁防空課　昭和一九年四月　二一五頁
(23)「帝都防空学校教育資料　隣組防空群指導要領」二一七頁
(24)「昭和二十年　第5巻」二〇七頁
(25)「丸山製作所五十年のあゆみ」株式会社丸山製作所　昭和六三年　二八頁
(26) 米陸軍航空隊　仲村明子訳「B29操縦マニュアル」光人社　平成一〇年　三一七頁
(27) 大越一二編「東京大空襲時における消防隊の活躍」警察消防通信社　昭和三二年　五一―五六頁
(28) ロナルド・シェイファー　深田民生訳「アメリカの日本空襲にモラルはあったか」草思社　平成八年　一七〇頁
(29)「長崎原爆戦災誌　第一巻」長崎市役所　昭和五二年　五六頁
(30) 佐々木正直〈身を殺し、仁をなす〉大越一二編「東京大空襲時における消防隊の活躍」一〇九頁
(31)「日本製鋼所社史資料　下巻」㈱日本製鋼所　昭和四三年　一六五頁
(32)「続・現代史資料4陸軍　畑俊六日記」みすず書房　昭和五八年　五一四頁
(33)「終戦時に於ける横須賀鎮守府関係参考資料」横須賀地方復員局　昭和二二年　一六頁
(34)「戦史叢書　本土防空作戦」三八四―三八六頁
(35) ジェイムズ・ダニガン　小川敏訳「戦争のテクノロジー」河出書房新社　昭和五九年　一二一頁

(36) イアン・V・ホッグ　自衛隊高射学校「対空戦」原書房　昭和五七年　一四五頁
(37) アドルフ・ガーランド「栄光のドイツ空軍　始まりと終り」フジ出版社　昭和四七年　三三五頁
(38) カール・バーガー　中野五郎訳「B29〈日本本土の大爆撃〉」サンケイ新聞出版局　昭和四六年　一五二頁
(39) E・バートレット・カー「戦略東京大空襲　一九四五年三月十日の真実」三五頁
(40) 小山仁示訳「米軍資料　日本空襲の全容　マリアナ基地B29部隊」東方出版　平成七年　四一頁
(41) ロナルド・シェイファー「アメリカの日本空襲にモラルはあったか」一六一頁
(42) E・バートレット・カー「戦略東京大空襲　一九四五年三月十日の真実」一四六頁
(43) 高橋省吾〈改4型電波標定機の思い出〉「技術資料」防衛庁技術研究本部技術部調査課　昭和五三年　第八二号　一六六頁
(44) 高橋省吾〈改4型電波標定機の思い出〉「技術資料」第八二号　一六七頁
(45) E・B・ポッター　南郷洋一郎訳「提督ニミッツ」フジ出版社　昭和五四年　五一五頁
(46) E・B・ポッター「提督ニミッツ」五一四頁
(47)「米軍資料　日本空襲の全容　マリアナ基地B29部隊」（東方出版社　平成七年）から作成。
(48) 酒井又平〈赤湯のぶどうが電波探器になった話〉「聞き書き　昭和のやまがた50年」東北出版企画　昭和五一年　一三四頁
(49)「中野区史　昭和編二」東京都中野区　昭和四六年　三〇二頁
(50) 永井壮吉「荷風全集二十五巻」岩波書店　昭和四〇年　三〇四頁
(51)「東京芝浦電気株式会社　八十五年史」昭和三八年　五三頁

(52) 内田百閒〈餓鬼道肴蔬目録〉「御馳走帖」（中公文庫）一七八―九頁
(53)「昭和二十年　第1巻」二〇―二一頁
(54)「昭和二十年　第5巻」二九六頁
(55)「アメリカ合衆国戦略爆撃調査団・石油・化学部報告　日本における戦争と石油」石油評論社　昭和六一年　一二三頁
(56)「昭和二十年　第1巻」三八三頁
(57) 山本登〈空襲下の小泉先生と私〉「小泉信三先生追悼録」「新文明」発行所　昭和四一年　四五―四九頁
(58) 秋山加代〈空襲と父の負傷〉「父　小泉信三」毎日新聞社　昭和四三年　三六―四三頁
(59) 茂原照作「帝都炎上」太平出版社　昭和四九年　二一七頁
(60)「東京の消防百年の歩み」東京消防庁　昭和五五年　三〇〇頁
(61) 渡辺善吉〈毎日新聞に五段抜き〉大越一二編「東京大空襲時における消防隊の活躍」一〇七〇―一〇七三頁
(62) カール・バーガー「B29〈日本本土の大爆撃〉」一六九頁につぎのような記述がある。
「この先導機群の、いちばん密集した下町二五平方キロの方形の地域に焼夷弾投下を開始した。たちまちに火を吹いて、ほとんど完全なXの形にもえあがった」

また、リチャード・ローズ　神沼二真訳「科学と国際政治の世界史　原子爆弾の誕生　下」啓学出版　平成五年　三〇三頁は、つぎのように記している。

「ルメイの誘導機（複数）が、まず、三月十日、真夜中をわずかに過ぎたころ、東京上空に到着した。隅田川東岸の平坦な下町地区には、七五万の人々が木造家屋にひしめき合うように住んでいた。誘導機は、そこへ一本の対角線の火をつけ、次いでその線と交わるようにして巨大な真っ赤に燃えるX字を描き出した」
(63) 奥住喜重　早乙女勝元「東京を爆撃せよ——作戦任務報告書は語る——」三省堂　平成二年　一四五頁
(64)「東京新聞」平成七年六月二日
(65)「朝日新聞」平成七年六月五日
(66) 星野直樹「時代と自分」ダイヤモンド社　昭和四三年　二二七頁
(67) 清沢洌「暗黒日記」三七二頁
(68)〈ひとり〉「網野菊全集　第2巻」講談社　昭和四四年　二八六頁—二九六頁
(69)「大蔵省印刷局百年史　第二巻」昭和四九年　三七六頁
(70) 岩佐凱実氏からの直話。
(71)「日本鋼管株式会社四十年史」日本鋼管株式会社　昭和二七年　二八〇頁
(72)「横浜市史Ⅱ資料編4㊦」横浜市　平成六年　四二四頁
(73) 岩佐凱実氏からの直話。
(74)「武見太郎回想録」日本経済新聞社　昭和四三年　一〇四頁
(75)「武見太郎回想録」一六六—一六八頁
(76)「昭和二十年　第2巻」二四〇—二七〇頁
(77)「田尻愛義回想録　半生を賭けた中国外交の記録」原書房　昭和五二年　一一六頁
(78) 読売新聞社編「昭和史の天皇　7」四一一頁
(79) 江波洋三郎〈本省勤務雑記帳〉「滄溟　海軍経理学校補修学生第十期」文集刊行委員会　昭和五八年　一〇五七—一〇五八頁
(80) 柴田銀造〈私の戦時ノートから〉「滄溟　海軍経理学校補修学生第十期」二〇七—二〇八頁

(81) 浅野祐吾「帝国陸軍将校団」芙蓉書房　昭和五八年　二〇七頁
(82) 村上兵衛「桜と剣　わが三代のグルメット」光人社　昭和六二年　三一七―三二三頁
(83) 村上兵衛「近衛連隊旗」秋田書店　昭和四二年　二七一頁
(84) 藤山楢一「一青年外交官の太平洋戦争」新潮社　平成一年　一九〇頁
(85)「山本為三郎翁伝」山本為三郎翁伝編纂委員会　昭和四五年　二二〇頁
(86) エルヴィン・ヴィッケルト　佐藤真知子訳「戦時下のドイツ大使館　ある駐日外交官の証言」中央公論社　平成一〇年　八〇頁―八六頁
(87) 史料調査会訳編「第二次大戦米国海軍作戦年誌」出版協同社　昭和三一年　一一四頁
(88) エルヴィン・ヴィッケルト「戦時下のドイツ大使館　ある駐日外交官の証言」五〇頁
(89) Gar Alperovitz "The Decision on to use the Atomic Bomb" New York Vintage Books, 1995, p.118.
(90) エルヴィン・ヴィッケルト「戦時下のドイツ大使館　ある駐日外交官の証言」一五七頁
(91)「昭和二十年　第5巻」七三頁
(92) 小林茂〈長門、筑波航空隊〉「最後の海軍士官　海軍経理学校生徒第三十五期の記録」珊瑚会　昭和五九年　一八二頁
(93) 野口富士男「海軍日記　最下級兵の記録」文藝春秋　昭和五七年　一六二―一六三頁
(94)「高見順全集　第十七巻」勁草書房　昭和四八年　四一頁
(95)〈嬉しい転手古舞〉「朝日新聞」昭和二〇年五月三一日
(96)「高見順日記　第三巻」勁草書房　昭和三九年　三六六頁
(97) 川端康成「ナアシッサス」冬樹社　昭和五二年　二二一―二二二頁
(98) 陸戦史研究普及会「陸戦史集9　沖縄作戦」原書房　昭和四三年　二二〇頁

(99) 宇垣纏「戦藻録」原書房　昭和四三年　五一九頁
(100) 安延多計夫「ああ神風特攻隊　むくわれざる青春への鎮魂」光人社　昭和五二年　二二〇頁
(101) 米国陸軍省　外間正四郎訳「沖縄」光人社　平成九年　三九八頁
(102) 史料調査会訳編「第二次大戦米国海軍作戦年誌」二六三頁
(103) 「昭和二十年　第4巻」三九五頁
(104) 「私の履歴書　文化人　7」日本経済新聞社　昭和五九年　二三三頁
(105) 「大佛次郎　敗戦日記」草思社　平成七年　二一八頁
(106) 「高見順日記　第四巻」勁草書房　昭和三九年　七七—七八頁
(107) 久富達夫追想録編集委員会「久富達夫」昭和四四年　二七三頁
(108) 千代田区「千代田図書館八十年史」昭和四三年　二〇〇—二〇一頁
(109) 外務省外交史料館所蔵　件名失念
(110) 伊藤整「太平洋戦争日記（三）」新潮社　昭和五八年　二九四—二九五頁
(111) 伊藤整「太平洋戦争日記（三）」二九六頁
(112) 「昭和二十年　第2巻」三四七頁
(113) 吉田満「提督伊藤整一の生涯」文藝春秋　昭和五二年　一三七—一三八頁
(114) 「街づくり五十年」東急不動産株式会社　昭和四八年　六八頁
(115) 「新修世田谷区史　下」東京都世田谷区　昭和三七年　七二四頁
(116) 伊藤整「太平洋戦争日記（三）」三〇一—三〇七頁
(117) 「昭和二十年　第3巻」三一九頁
(118) 「木戸幸一日記　下巻」一一一八頁
(119) 高木惣吉「高木少将覚え書」昭和五四年　八六頁

(120) 武藤富男「私と満州国」文藝春秋　昭和六三年　四三一頁
(121) 安倍洋子〈父岸信介の素顔〉「中央公論」昭和六二年一〇月号　一八七頁
(122) 「昭和二十年　第3巻」三六七―三七八頁
(123) 「昭和二十年　第3巻」三七五頁
(124) 「昭和二十年　第3巻」二二五頁からの「内府対総理」を見よ。
(125) 小磯国昭は内閣総辞職の理由を説明するのに、辞任のときにも、そののちも、繆斌問題に絡み、木戸幸一内大臣が仕組んだ倒閣の陰謀にしてやられたのだとは明かさなかった。巣鴨に拘禁中に書いた自伝のなかで、かれは、予備役からの現役復帰、陸軍大臣の兼任を陸相杉山元に要求したが、杉山はこれを容れることができないと書簡で告げてきた、そこで総辞職したのだと記録したにとどまっている（小磯国昭「葛山鴻爪」小磯国昭自叙伝刊行会　昭和三八年　八二八頁）。
(126) 「昭和二十年　第1巻」二九二頁
(127) 中安閑一「私の履歴書　第三十三集」日本経済新聞社　昭和四三年　一六八頁
(128) 「昭和二十年　第3巻」三七八頁
(129) 東条英機首相の秘書官だった赤松貞雄と内大臣秘書官長、松平康昌とが親しかったことは前に記した。「昭和二十年　第3巻」一三二頁を見よ。
(130) 赤松貞雄「東条秘書官秘密日記」文藝春秋　昭和六〇年　一六七頁

＊本書は、二〇〇一年に当社より刊行した著作を文庫化したものです。

草思社文庫

昭和二十年

第7巻 東京の焼尽

2015年10月8日 第1刷発行

著 者 鳥居 民

発行者 藤田 博

発行所 株式会社 草思社

〒160-0022 東京都新宿区新宿5-3-15

電話 03（4580）7680（編集）

03（4580）7676（営業）

http://www.soshisha.com/

本文組版 有限会社 一企画

本文印刷 株式会社 三陽社

付物印刷 日経印刷 株式会社

製本所 大口製本印刷 株式会社

本体表紙デザイン 間村俊一

ISBN978-4-7942-2162-9 Printed in Japan

鳥居民著　昭和二十年　シリーズ13巻

第1巻　重臣たちの動き

☆　1月1日～2月10日

米軍は比島を進撃、本土は空襲にさらされ、日本は風前の灯に。近衛、東条、木戸は正月をどう迎え、戦況をどう考えたか。

第2巻　崩壊の兆し

☆　2月13日～3月19日

三菱の航空機工場への空襲と工場疎開、降雪に苦しむ東北の石炭輸送、本土決戦への陸軍の会議、忍び寄る崩壊の兆しを描く。

第3巻　小磯内閣の倒壊

☆　3月20日～4月4日

内閣は繆斌工作をめぐり対立、倒閣へと向かう。マルクス主義者の動向、硫黄島の戦い、岸信介の暗躍等、転機の３月を描く。

第4巻　鈴木内閣の成立

☆　4月5日～4月7日

誰もが徳川の滅亡と慶喜の運命を今の日本と重ね合わせる。開戦時の海軍の弱腰はなぜか。組閣人事で奔走する要人たちの４月を描く。

第5巻　女学生の勤労動員と学童疎開

☆　4月15日

戦争末期の高女生･国民学校生の工場や疎開地での日常を描く。風船爆弾、熱線追尾爆弾など特殊兵器の開発にも触れる。

第6巻　首都防空戦と新兵器の開発

☆　4月19日～5月1日

厚木航空隊の若き飛行機乗りの奮戦。電波兵器、ロケット兵器、人造石油、松根油等の技術開発の状況も描く。

第7巻　東京の焼尽

☆　5月10日～5月25日

対ソ工作をめぐり最高戦争指導会議で激論が交わされるなか帝都は無差別爆撃で焼き尽くされる。市民の恐怖の一夜を描く。

第8巻　横浜の壊滅

5月26日～5月30日

帝都に続き横浜も灰燼に帰す。木戸を内大臣の座から逐おうとするなど、戦争終結を見据えた政府･軍首脳の動きを描く。

第9巻　国力の現状と民心の動向

5月31日～6月8日

資源の危機的状況を明らかにした「国力の現状」の作成過程を詳細にたどる。木戸幸一は初めて終戦計画をつくる。

第10巻　天皇は決意する

6月9日

天皇をめぐる問題に悩む要人たち。その天皇の日常と言動を通して、さらに態度決定の仕組みから、戦争終結への経緯の核心に迫る。

第11巻　本土決戦への特攻戦備

6月9日～6月13日

本土決戦に向けた特攻戦備の実情を明らかにする。グルーによる和平の動きに内閣、宮廷は応えることができるのか。

第12巻　木戸幸一の選択

6月14日

ハワイ攻撃９日前、山本五十六と高松宮はアメリカとの戦いを避けようとした。隠されていた真実とこれまでの木戸の妨害を描く。

第13巻　さつま芋の恩恵

7月1日～7月2日

高松宮邸で、南太平洋の島々で、飢えをしのぐためのさつま芋の栽培が行われている。対ソ交渉は遅々として進まない。

☆は既刊。以降、各偶数月に1巻ずつ刊行予定。

草思社文庫既刊

鳥居 民
毛沢東 五つの戦争

朝鮮戦争から文革まで、毛沢東が行なった五つの「戦争」を分析し、戦いの背後に潜む共産党中国の奇怪な行動原理を驚くべき精度で解明する。いまなお鋭い輝きを放つ鳥居民氏処女作、待望の文庫化!

鳥居 民
近衛文麿「黙」して死す

昭和二十年十二月、元首相・近衛文麿は巣鴨への出頭を前にして自決した。近衛に戦争責任を負わせることで一体何が隠蔽されたのか。文献渉猟と独自の歴史考察から、あの戦争の闇に光を当てる。

鳥居 民
原爆を投下するまで日本を降伏させるな

なぜ、トルーマン大統領は無警告の原爆投下を命じたのか。なぜ、あの日でなければならなかったのか。大統領と国務長官のひそかな計画の核心に大胆な推論を加え、真相に迫った話題の書。

草思社文庫